阜阳市2016年社科规划课题

培根润心

·教子用好辩证法·

张新宇 / 著

中国发展出版社
CHINA DEVELOPMENT PRESS

图书在版编目（CIP）数据

培根润心：教子用好辩证法/张新宇著．—北京：中国发展出版社，2016.10

ISBN 978-7-5177-0577-2

Ⅰ.①培…　Ⅱ.①张…　Ⅲ.①家庭教育　Ⅳ.①G78

中国版本图书馆 CIP 数据核字（2016）第 225850 号

书　　　名：培根润心：教子用好辩证法
著作责任者：张新宇
出 版 发 行：中国发展出版社
（北京市西城区百万庄大街 16 号 8 层　100037）
标 准 书 号：ISBN 978-7-5177-0577-2
经　销　者：各地新华书店
印　刷　者：北京市密东印刷有限公司
开　　　本：710mm×1000mm　1/16
印　　　张：20
字　　　数：260 千字
版　　　次：2016 年 10 月第 1 版
印　　　次：2016 年 10 月第 1 次印刷
定　　　价：35.00 元

联 系 电 话：（010）68990642　68990692
购 书 热 线：（010）68990682　68990686
网 络 订 购：http://zgfzcbs.tmall.com//
网 购 电 话：（010）68990639　88333349
本 社 网 址：http://www.develpress.com.cn
电 子 邮 件：fazhanreader@163.com

特序

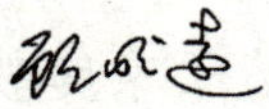

现在家庭教育越来越被大家所重视。家庭教育之所以重要，是因为父母是第一任教师。儿童呱呱坠地，第一个接触的就是母亲。在成长过程中不断与父母交流。父母的一举一动，一言一行都在影响着儿童。我们常常会听到二三岁的孩子说大人话，并以此为惊喜，其实他（她）都是从父母口中学来的。我们长大了，甚至老了还常常说：“妈妈做的饭菜最好吃。”其中不仅包涵了母亲的爱，子女的怀念，还蕴涵着深刻的意义，说明小时候养成的习惯和信念会影响一辈子。我小时候母亲教育我，饭粒掉在地上要捡起来吃掉，不能浪费，至今我见到浪费的现象，心里就非常不舒服；小时候母亲告诉我打碎的玻璃杯要把碎片捡起来，免得扎破赤脚的农民，长大了我就非常尊重劳动者。可见家庭教育影响之大。

当前家庭教育存在许多误区。最主要的误区是只关注孩子的学习，不重视良好品德和习惯的养成；过度地溺爱孩子，不重视培养孩子尊重别人、关心别人，与他人沟通交流的能力，养成了自我中心的思想；不重视培养孩子自我管理的能力，处处代替孩子料理本该孩子自己做的事情。这样的结果是，孩子长大以后只顾自己，既

顾明远是中国著名教育家、资深教授、博士生导师、北京师范大学教育管理学院原院长、中国教育学会原会长、现任中国教育发展研究中心专家咨询委员会副主任、教育部教师专家委员会主任。

不会工作，又不会生活。

张新宇的新作《培根润心：教子用好辩证法》给我们展开了家庭教育的另一个场景。他论述了家庭教育的重要性，提出要提升家庭教育的功能，为孩子的一生打好基础。他不仅从理论上论述家庭教育，而且用名人家庭教育的事例，来说明家庭教育对名人成长的影响和作用。书中特别讲述自己教育孩子的经历。当我读到培根润心篇中讲述他的次子张勇14岁时舍身救人的事迹，张勇身前写的日记、周记的摘录，不禁潸然泪下，感人心脾。张勇少年时，热爱家庭、热爱学习、关心同学、乐于助人，并且能够捕捉善良，赞美生活。有了这样的基础才能做出舍己救人的行动。张勇是家庭教育培养出来的少年英雄。

张新宇为了撰写这部家庭教育的著作，还作了上千份家庭教育问卷调查，掌握了大量信息和实例。他用了大量正反案例说明家庭教育对孩子成长的影响。在这个基础上，他为父母提出了教育孩子的上百条建议。他说："婴养体、幼养性、童养正、少养志。"这是符合儿童成长规律的科学概括。俗话说："三岁看大，七岁看老。"小时候养成的体魁、性格、兴趣、志向，影响他的成长、事业的成功和生活的幸福。张新宇同志还从生理心理的角度论述儿童天赋的差异、家庭环境的不同，因此，要辨证施教，顺应自然，因势利导。全书充满了张新宇同志对教育情怀，对教育下一代的高度责任感。全书有理念、有案例、有故事，文理清新，具有可读性，是一部生动鲜活的家庭教育教科书。

2016年8月29日

序

宁义南

《培根润心：教子用好辩证法》是张新宇同志新的一部力作。是他对家庭教育长期坚持理论研究和实践探索新的总结成果。书的主要内容是讲家庭教育、学校教育、社会教育。虽各有侧重，但使命相同，辩证统一。全书分四篇，分别为：领袖导论篇、名人受教篇、培根润心篇、辩证施教篇。既写了习近平总书记注重家教、关心下一代的论述，又写了习近平总书记和其他世界著名领导人受教育成长的故事；既写家教的理念、主要内容，又写自身对家教认识的升华，如何培根润心，不断提升家教的功能作用；既写家教的常规技能方法，又写家教的辩证法，如何有效做好孩子的家教工作。可谓角度很高，力度很大，份量很重，有所创新，发人深思。

本书名人受教篇介绍的当今世界4位国家领袖习近平、普京、奥巴马、朴槿惠受教成长成功的经验值得人们学习。他们突出的共同特点是：小时候受到了家庭的优良教育、有梦想有抱负有志气、多读书经磨炼长才干，将自己的人生定格在自强不息、为国为民富强上。教子成才成功，应尽其努力，顺其自然。最重要的是教子学会做人、有梦想有志向、不怕吃苦、敢于成才、向上向善、为国为民。

宁义南是阜阳市家庭教育指导委员会副主任、阜阳市关心下一代工作委员会常务副主任。

书中培根润心篇，论述的弘扬优良传统家风，提升家庭教育的功能，做好儿童早期的家教，让孩子爱上学习，父母教育子女的差异、问题及对策等，是家庭教育的几个节点，很重要，讲得很实在。列举的古今中外家教成功、失败的典型案例发人深思。

书中英烈——颍上县一中初二14岁的学生张勇，是张新宇同志的次子，其舍己救人的英勇事迹和高贵品质感人至深，值得人们永远敬仰、颂扬、学习！张勇闪光的年华、炙热的日记，记述了家庭、学校、社会共同教育，紧密配合，互相促进，使之健康成长的路径，揭示了少年强则家庭家族强、国家强的真谛。张勇爱学习、爱劳动、爱人民、爱祖国，以及诚信、友善、乐于助人的品质，是社会主义核心价值观个人层面的真实生动体现。他有益的兴趣爱好、勇于克服缺点、胜不骄败不馁、走进社会生活认真学习的态度，以及自主自强、观察处理事情的能力等也值得青少年借鉴。

张新宇同志爱子、思子，重教、忧教、爱教，退休后多年参与市关工委家庭教育和市老年学会公益服务活动的精神可嘉，成绩可喜。

阜阳市的家庭教育取得可喜成绩，努力构建家庭教育大格局正在广泛深入发展。

辩证施教篇，讲了家庭教育的辩证法，初步探索了一些做法。这是家长面临的一个突出问题，要教育好孩子，提高功效，必须学会运用辩证法。

家庭教育是孩子成长的培根教育，是基础教育的基石。当今，在知识经济的时代、信息化的时代，教育决定了国民素质的高低，也决定了国家竞争力的强弱，一个社会、一个家庭对教育、对孩子的关爱和培养更为重要。教子成才是父母的事业，每一个家庭都应该把对孩子的教育当作家庭的头等大事。家长是孩子的榜样，要注重言传身教，做合格家长、优秀家长、智慧家长，掌握孩子成长的规律和不同年龄段教育的重点和特点，因人因时施教、辩证施教、科学育人。父母要当好教育孩子的主角，多陪孩子，多尽责任；祖辈也应尽力参与孙辈的教育，家国情怀，扬长避短，优势互补，共同培育好祖国的下一代。

总之，家庭教育是人人面临的重要课题和难题。好书，作为生活的指导老师，对望子成才、成龙的广大家长是大有帮助和裨益的。鉴于此，新宇同志的这部新作，主线鲜明、内容丰富、事例生动、深入浅出，具有较强的指导性、激励性、趣味性，值得一读。

强化家庭教育，强吾少年，强国富民。

是为序。

2016 年 7 月 20 日

目录

培根润心篇

辩证施教篇

领袖导论篇

一、习近平总书记论注重家庭、注重家教、注重家风

习近平总书记在国务院 2015 年春节团拜会上，他在讲话中说："中华民族自古以来就重视家庭、重视亲情。家庭是社会的基本细胞，是人生的第一所学校。不论时代发生多大变化，不论生活格局发生多大变化，我们都要重视家庭建设，注重家庭、注重家教、注重家风，紧密结合培育和弘扬社会主义核心价值观，发扬光大中华民族传统家庭美德，促进家庭和谐，促进亲人相亲相爱，促进下一代健康成长，促进老年人老有所养，使千千万万个家庭成为国家发展、民族进步、社会和谐的重要基点。"

二、习近平总书记论述加强对青少年教育

▲在 2015 年“六一”国际儿童节，中国少年先锋队第七次全国代表大会上，习近平寄语全国各族少年儿童从小学习做人、从小学习立志，从小学习创造，强调童年是人的一生中最宝贵的时期，今天做祖国的好儿童，明天做祖国的建设者，美好的生活属于你们，美好的中国梦属于你们。

▲2014 年 5 月 30 日，习近平到北京市海淀区民族小学看望少年儿童。听了同学们齐声背诵《少年中国说》，习近平表示，你们就是要从小精神起来，抖擞起来。国家进步靠青出于蓝胜于蓝。文化软实力是国家综合实力的重要体现，同学们要多背一些优秀古诗词，长大以后才能文思泉涌。总书记还希望孩子们要文明精神、野蛮体魄，把身体锻炼好，把知识学好。习近平表示：“少壮不努力，老大徒伤悲。”千里之行，始于足下。每个人的生活都是由一件件小事组成的，养小德才能成大德。听说有的同学比吃穿，比有没有车接车送，比爸爸妈妈是干什么工作的，这样就比偏了。一定不能比这些。要比就比谁更有志气、谁更勤奋学习、谁更热爱劳动、谁更爱锻炼身体、谁更有爱心。

习近平还强调说："长江后浪推前浪。我相信，今天这一代少年儿童一定能立志向、有梦想，爱学习、爱劳动、爱祖国，从小自觉培育和践行社会主义核心价值观，在星星火炬的照耀下，在党的阳光的沐浴下，为实现中华民族伟大复兴的中国梦时刻准备着。"

▲2013 年 5 月 29 日，习近平同来京参加交流体验活动的全国 56 个民族、革命老区、灾区、患有先天性心脏病的少年儿童和农民工子女，以及首都城乡少年儿童代表 1600 多人，一起参加"快乐童年放飞希望"主题队日活动。习近平对孩子们说，生活靠劳动创造，人生也靠劳动创造。你们从小就要树立劳动光荣的观念，自己的事自己做，他人的事帮着做，公益的事争着做，通过劳动播种希望、收获果实，也通过劳动锻炼意志、锻炼自己。得知正在进行"美好家园创意搭建"的是来自汶川、玉树、舟曲、芦山等灾区的少年儿童，习近平走过去听孩子们介绍，肯定他们建设美好家园的决心和信心，称赞他们体现先进建筑理念的创新创造意识。习近平对孩子们说，想象力、创造力从哪里来？要从刻苦的学习中来。知识越学越多，知识越多越好，你们要像海绵吸水一样学习知识。既要学书本知识，又要学课外知识，还要勤于思考，多想想，多问问，这样才能培养自己的创造精神。

▲2013 年 12 月 5 日，在中国青年志愿者行动实施 20 周年暨第二十八个国际志愿者日之际，习近平给华中农业大学"本禹志愿服务队"回信，肯定他们在服务他人、奉献社会中取得的成绩和进步，勉励他们弘扬志愿精神，为实现中华民族伟大复兴的中国梦作出新的更大贡献，并向这支志愿服务队和全国广大青年志愿者致以诚挚问候和崇高敬意。

回信写到，历史和现实都告诉我们，青年一代有理想、有担当，国家就有前途，民族就有希望，实现中华民族伟大复兴就有源源不断的强大力量。希望你们弘扬奉献、友爱、互助、进步的志愿精神，坚持与祖国同行、为人民奉献，以青春梦想、用实际行动，为实现中国梦作出新的更大贡献。

▲2014 年年 5 月 4 日，习近平到北京大学考察，代表党中央，向全国各族青年致以节日问候，向全国广大教育工作者和青年工作者致以崇高敬意。

他在座谈会上指出，每一代青年都有自己的际遇和机缘，都要在自己所处的时代条件下谋划人生、创造历史。青年是标志时代的最灵敏的晴雨表，时代的责任赋予青年，时代的光荣属于青年。

习近平谈到，现在在高校学习的大学生都是 20 岁左右，到 2020 年全面建成小康社会时，很多人还不到 30 岁；到 21 世纪中叶基本实现现代化，很多人还不到 60 岁。也就是说，实现“两个一百年”奋斗目标，你们和千千万万青年将全过程参与。有信念、有梦想、有奋斗、有奉献的人生，才是有意义的人生。当代青年建功立业的舞台空前广阔、梦想成真的前景空前光明，希望大家努力在实现中国梦的伟大实践中创造自己的精彩人生。

▲2016 年 5 月 30 日习近平总书记给大陈岛老垦荒队员的后代、浙江省台州市椒江区 12 名小学生的回信：

张婧怡等小朋友：

你们好！看了你们的来信，我想起了 10 年前的大陈岛之行，也想起了当时同你们爷爷奶奶交谈的情景。60 年前，你们的爷爷奶奶远离家乡，登上大陈岛垦荒创业，用青春和汗水培育了艰苦创业、奋发图强、无私奉献、开拓创新的垦荒精神。正如你们所说，他们是最可敬的人。请代我向你们的爷爷奶奶、乡亲们问好。

你们在信中表示，你们是老垦荒队员的后代，决心牢记爷爷奶奶当年的奋斗精神，好好学习，砥砺品格，长大后报效祖国和人民，我感到很欣慰。希望你们向爷爷奶奶学习，热爱党、热爱祖国、热爱人民，努力成长为有知识、有品德、有作为的新一代建设者，准备着为实现中华民族伟大复兴的中国梦贡献力量。

“六一”国际儿童节即将来临，我祝你们节日快乐，祝全国小朋友节日快乐。

习近平

2016 年 5 月 30 日

▲2015 年 8 月 25 日，纪念中国关心下一代工作委员会成立 25 周年暨全国关心下一代工作表彰大会上，习近平总书记作出重要指示，代表党中央，向受到表彰的先进集体和先进个人致以衷心的祝贺，向全国从事关心下一代工作的广大老同志和关工委干部表示诚挚的问候。

习近平指出，十年树木，百年树人。祖国的未来属于下一代。做好关心下一代工作，关系到中华民族伟大复兴。中国关工委成立 25 年来，为促进青少年健康成长做了大量工作。希望同志们坚持服务青少年的正确方向，着力加强青少年思想道德建设，引导青少年树立和践行社会主义核心价值观，支持和帮助青少年成长成才，团结教育广大青少年听党话、跟党走。广大老干部、老战士、老专家、老教师、老模范等离退休老同志是党和人民的宝贵财富。我们要弘扬“五老”精神，尊重“五老”，爱护“五老”，学习“五老”，重视发挥“五老”作用，推动关心下一代事业更好发展。

习近平强调，各级党委和政府要关心和支持关心下一代工作，支持更多老同志参加关心下一代工作，在时代的舞台上老有所为、发光发热。

▲2016年9月9日，习近平在北京八一学校考察时指出：让每一个孩子都对自己有信心。在第三十二个教师节来临之际，习近平9月9日上午来到北京市八一学校，看望慰问师生，向全国广大教师和教育工作者致以节日祝贺和诚挚问候。

习近平同教师学生代表座谈，发表重要讲话。他指出，时代越是向前，知识和人才的重要性就越发凸显。我国正处于历史上发展最好的时期，但要实现“两个一百年”奋斗目标，实现中华民族伟大复兴的中国梦，必须更加重视教育，努力培养出更多更好能够满足党、国家、人民、时代需要的人才。

习近平强调，基础教育是立德树人的事业，要旗帜鲜明加强思想政治教育、品德教育，加强社会主义核心价值观教育，引导学生自尊自信自立自强。基础教育是提高民族素质的奠基工程，要遵循青少年成长特点和规律，扎实做好基础的文章。基础教育要树立强烈人才观，大力推进素质教育，鼓励教师教出风格。

习近平指出，教育公平是社会公平的重要基础，要不断促进教育发展成果更多更公平惠及全体人民，以教育公平促进社会公平正义。要加强对基础教育的支持力度，办好学前教育，均衡发展九年义务教育，基本普及高中阶段教育。要优化教育资源配置，逐步缩小区域、城乡、校际差距，特别是要加大对革命老区、民族地区、边远地区、贫困地区基础教育的投入力度，保障贫困地区办学经费，健全家庭困难学生资助体系。要推进教育精准脱贫，重点帮助贫困人口子女接受教育，阻断贫困代际传递，让每一个孩子都对自己有信心，对未来有希望。

习近平指出，党和国家事业发展需要一支宏大的师德高尚、业务精湛、结构合理、充满活力的高素质专业化教师队伍，需要一大批好老师。各级党委和政府要满腔热情关心教师，让广大教师安心从教、热心从教、舒心从教、精心从教，让广大教师在岗位上有幸福感，事业上有成就感、社会上有荣誉感，让教师成为让人羡慕的职业。

习近平强调，中小学生是青少年的主体，是国家的未来和希望。他希望同学们敞开胸怀拥抱自然，点点滴滴播撒阳光，经年累月铸就美好，努力做一个心灵纯洁、人格健全、品德高尚的人，努力做一个有文化修养、有人文关怀、有责任担当的人。

名人受教篇

一、艰难困苦　玉汝于成

——习近平总书记的家庭教育和他成长的故事

2012年的中共十八大，不到60岁的习近平当选中共中央总书记，挑起了治理这个世界上最大的发展中国家的重担。他任总书记、国家主席、中央军委主席几年来，领导有方，成绩显著，深得民心，被誉为亲民书记。他是怎样成长起来的呢？他青少年是怎样度过的呢？他年少时的经历对我们有何启示呢？事实上，习总书记在生命中经历了很多考验和磨难。他9岁时，父亲被打成反革命，母亲也受到株连，含冤16年才平反昭雪。他下放农村7年，后在清华大学先后学习化工有机合成专业、马克思主义理论与思想政治教育专业，获法学博士学位。他在国务院办公厅、中央军委办公厅当过秘书，在河北省正定县当过县委书记，在福建省18年逐级提升为省长，后到浙江省，又到上海市当书记。一步步走来，是曼德拉一级的人物——有极大的感情自制力。他年少时在逆境中成长的经历和事迹，对当今的家长和青少年有很好的教育作用。

优质家教育栋梁

习近平说，在他一生中，对他帮助最大的“一是革命老前辈，一是我那陕北的老乡们”。习近平说的革命老前辈，主要指的是他的父母。他早期接受的教育既是父母的教育，也是革命老前辈的教育，是两位一体的优质家教、高效家教。

习近平的父亲习仲勋是党和国家的领导人之一。习仲勋出生在陕西富平一个农民家庭，父亲习宗德和母亲柴氏都是本分的农民，整日为了生计奔波，勤俭持家，夫妻二人育有7个子女，习仲勋是老大。在教育子女问题上，习宗德认准一个“严”字。习仲勋五六岁时，父亲就带他下地做些简单的农活。习仲勋的父亲于1928年病故，年仅40岁，母亲柴氏也在次年去世，年仅35岁。苦难的家史对习仲勋一生产生了极大影响。习仲勋13岁上初中时，因参加进步活动，被关进了国民党陕西省监狱。他不满21岁就担任陕甘边区政府主席，被毛泽东称为“从群众中走出来的领袖”。新中国成立以来，他长期主持西北党政军全面工作，1959年4月任国务院副总理兼秘书长。但习仲勋1962年因小说《刘志丹》遭遇康生诬陷，蒙受不白之冤，继而被审查、下放，“文化大革命”中又横遭批斗、关押、含冤16年，至1978年才平反昭雪。后任广东省委书记，第十一届中央委员会书记处书记，第十二届中央政治局委员、书记处书记，第五、第七届全国人大委员会副委员长。他的一生，参与完成了党的两大历史使命：一个是与刘志丹、谢子长等一起，创建了众所周知的陕甘边革命根据地，后来成为中央红军的落脚点和红军抗日的出发地；而另一个，则是在邓小平、叶剑英的亲自支持、中央的直接领导下创建了广东经济特区，“杀出一条血路”，对此后中国的经济腾飞，成为世界第二大经济体起到了“先行一步”的引领作用。参与完成这两大历史使命，他都是“授命于危难之时”，没有无私无畏的政治胸襟，这两大使命的完成是根本无法想象的。

习近平的母亲齐心是一位老干部、老党员。1939 年随姐姐齐云来到山西屯留“抗大”，成为一名八路军战士，后到延安学习。1943 年，她在陕北绥德师范做学生工作时，与习仲勋相识，同年 8 月 14 日加入中国共产党，次年 4 月 28 日与习仲勋在绥德地委后院的一个窑洞里举行了婚礼。婚后，她生了 4 个孩子，两女分别是齐桥桥和齐安安，皆随母姓，两个儿子习近平、习远平。齐心工作在中央党校。在丈夫受审查和迫害的日子里，她和孩子们也都受到株连。“文革”中齐心因没有和习仲勋划清界限一直在受审查，被列入康生 500 人黑名单。仅在五七干校劳动就有 7 年之余。

习仲勋与齐心是亲密无间的革命战友。刚结婚时，习仲勋对齐心说：“从此以后，我们就休戚相关了，但是我不愿陷在小圈子里，今后我可能在很多方面照顾不了你。”齐心深爱着丈夫，但更理解丈夫，知道他肩上的担子很重，所以都自己克服困难，从没有要求丈夫和组织上更多的照顾。他们由于忙于革命事业，常常分多聚少，多用鸿雁传书。齐心既要工作，又要照顾 4 个孩子，一辈子很辛苦。齐心了解自己的丈夫，坚信丈夫对党无限忠诚，坚决地和丈夫站在一起，始终如一地深爱着他。齐心和习仲勋携手相伴 58 载，他们互相关爱、相敬如宾。最让齐心感动的是 1998 年 4 月的一天，习仲勋给他打的一个长途电话。那是 4 月 28 日的中午，在深圳休养的习仲勋给回北京的齐心打来电话，问齐心："我们结婚多少年啦？"齐心说："55年啦！"习仲勋饱含深情地说："我祝你健康长寿，福如东海，寿比南山。"齐心感到了这些话的分量，顿时心生感激，她对"光辉一生，历经坎坷"的丈夫深情地说："我对你照顾得很不够啊！"习仲勋听后急了，说："你怎么能这么说？你对党对人民忠诚，一生为革命做了很多工作，也为我做了大量的工作，这些是很重要的……你要把我们这次通话记录下来，告诉孩子，让他们明白事理。"通过电话，习仲勋对陪在身边的桥桥说："你妈妈是个优秀的共产党员！"这是习仲勋对妻子齐心的高度评价和衷心赞誉。

习近平的父母这两位老革命，非常重视关心下一代的工作，很重视对子女的教育，2000年，齐心写下回忆录《我与习仲勋风雨相伴的55年》。文章回忆，习仲勋特别重视从严教子，在他的影响下，勤俭节约成了家风。儿子习近平从小就生活俭朴，常常和弟弟习远平一起穿姐姐们穿过的衣服和花布鞋。有时候因为被同学笑话而不愿意穿，习仲勋哄着说："染染穿一样。"习仲勋和齐心经常鼓励儿女多读书、多学习。《习近平用典》一书，从他数百篇讲话和文章中遴选出他治国理政的典故135则，分敬民、为政、修身、任贤、天下、法制等13个章节，体现了"习式"的治理思想和风格，这是非一日之功所能及的，说明他从小就注重博大精深的传统文化学习。习仲勋严格要求子女不搞特殊化。女儿习乾平在"文革"之前毕业于外交学院，学习的是法语，分到《国际商报》工作。1983年，王光英筹建光大公司，想调她去，习仲勋谢绝了好意。女儿有些委屈，习仲勋严肃地说："人只要有才能，在哪里都可以发挥作用，就怕你没有本事。你是习仲勋的女儿，就要夹着尾巴做人。"习仲勋每过一段时间，就会对子女提出更高要求。有一次，齐心对儿女们说："家中的小事不能影响工作。"习仲勋听到后却严厉地说："大事也不能影响工作！"

习近平的父亲是农民的儿子，人民是父亲的根。父亲对人民的那个亲，人民对父亲的那个好，对子女们的教育影响特别大。他父亲经常鼓励、敦促乃至命令他的孩子们走近人民、与人民不离不弃、与人民同甘共苦。无论什么时候，孩子们只要与最底层人民贴近了，他就特别高兴。他的小儿子习远平说，父亲在洛阳耐火材料厂时，我19岁，在北京服务机械厂当工人，先当翻砂工，后来当车工。当车工时，起先干16车床，后来进步了，干18车床、20车床，直至干30车床。节假日回到北京看父亲，很得意自己的"进步"，告诉父亲说，终于干上30车床啦，我可以不那么累啦！父亲沉默半晌，语重心长地说："我看你去干翻砂工更好，在最脏最累的岗位上，才能与工人的心贴得更紧，知道幸福来之不易！"父亲的话，对远平影响至深，当工人4年，他几乎每年都评上先进生产者、师徒模范。

习仲勋重视对孩子进行感恩教育。1975年秋天，他安排习近平带弟弟回老家富平县看大姑和乡亲们。习近平的大姑一辈子在老家当农民，虽然才50多岁，但头发已经灰白，苍老得让人心酸。家徒四壁，没有一件像样的家具。富平地处八百里平川，曾是汉高祖的粮仓，是陕西的富庶平安之地。当时处于困厄之中，老家的农民生活很苦。习近平兄弟俩，将父亲平时一点一点攒下的鹿邑大曲、宝丰大曲、张弓大曲、林河大曲带回老家，对大姑表达救回近平生命的感激，同时，也是在尽自己当时能尽的最大努力，力图犒劳一下在他们一家艰难时伸出援手的老家乡亲们。礼物分给大姑和乡亲们的时候，真的激起了一片欢腾。酒可不是一人一杯那么多，而是倒在一个小盅里，一人一小口，转着圈喝。

习近平在任福建省省长时，齐心依照家里的规矩给他写信，语重心长地说“高处不胜寒”，嘱咐他更要从严要求自己。齐心曾专门开家庭会，要求子女不得在习近平工作的领域经商。受父母的影响习近平每到一处工作，也都会告诫亲朋好友：“不得在我工作的地方从事任何经商活动，不得打着我的旗号办任何事，否则别怪我六亲不认。”无论是在福建、浙江还是在上海工作，他都在干部大会上公开表态：不允许任何人打他的旗号谋私利，并欢迎大家监督。习近平对他爱人彭丽媛的要求更为严格，曾约法三章：“我是党员干部，你可不能走穴。”他们为女儿取名明泽：“清清白白做人，做个对社会有用的人”。这是对儿女的期许。

他们的女儿在父母和祖辈的教育下，很懂事。说起孩子，彭丽媛非常动情：“当时我希望生个儿子，近平却希望生个女儿。结果还是他如愿了。女儿很像他，也和他最亲。我带女儿时，她老是调皮捣蛋，可是一跟她爸爸，就乖得像只听话的小猫。”

因为父母的低调，习明泽很少出现在公众的视线中，她和寻常人家的孩子一起念书，曾经就读于杭州外国语学院，2009 年进入浙江大学外国语学院学习。

彭丽媛接受央视记者采访，透露了女儿的一些故事：“2008 年汶川大地震发生的时候，16 岁的女儿习明泽就向老师请假，从北京来到四川绵竹的汉旺东汽小学，当了一名志愿者。她在这里参与抢救伤者的工作，为地震灾区群众做心理辅导。”记者听了十分吃惊：“去灾区你放心吗?”彭丽媛说：“大地震给群众带来那么大的灾难，女儿应该到地震前线来工作，她不仅得到了很大的锻炼，学到了很多知识，还与当地的灾区群众，尤其是同龄人交上了朋友。她工作很认真，没叫过苦。回家后不停地对我说：‘我发现四川人非常好，又坚强又善良。地震那么大的灾难，四川人没有倒下，他们对志愿者那么关心，对未来始终充满信心。’”

曾有人问过彭丽媛将来是否让孩子步入歌坛？彭丽媛坦言：“女儿读书成绩不错，读书才是一条正路，只有用知识把本身武装起来，才有资本到社会上闯荡。将来她喜欢干什么就干什么，如果她不喜欢，强加于她是不公平的，顺其自然。至于她是否和我一样选择歌唱事业，那要看她本人。”

2001 年 10 月 15 日，家人为习仲勋举办了 88 岁“米”寿宴。全家人欢聚一堂，唯独时任福建省省长的习近平缺席。由于公务繁忙，他难以脱身，于是抱愧给父亲写了一封拜寿信，提出学习父亲的五个方面：“一是学父亲做人。正像毛泽东说的，‘一个人做点好事并不难，难的是一辈子做好事，不做坏事。’二是学父亲做事。从不居功，从不张扬，对自己的辉煌业绩视如烟云。三是学父亲对信仰的执著追求。无论是白色恐怖的年代，还是极“左”路线时期；无论是受人诬陷，还是身处逆境，您的心中始终有一盏明亮的灯，永远坚持正确的前进方向。四是学父亲的赤子情怀。您是农民的儿子，您热爱中国人民，热爱革命战友，热爱家乡父老，热爱您的父母、妻子、儿女。您用自己博大的爱，影响着周围的人们。您像一头老黄牛，为中国人民默默地耕耘着。五是学习父亲的俭朴生活。父亲的节俭几乎苛刻，家教的严格，也是众所周知的。我们从小就是在父亲的这种教育下，养成勤俭持家习惯的。这是一个堪称楷模的老布尔什维克和共产党人的家风。这样的好家风应世代相传。”这五个方面是习仲勋优秀的思想品质，也是他言传身教培育子女的真谛和主要内容。这种精神财富比物质财富更为宝贵，是无价之宝。润物无声，在父母的教育和影响下，习近平姐弟个个都很优秀，是好公民、是英才、是国家的栋梁，习近平成了人民衷心爱戴的领袖。纽约大学终身教授熊玠在他主编的《习近平时代》一书中提出，习家的家风正是一个典范，习近平“继承了父亲实事求是、节俭诚朴的品格，并直截了当地呈现在施政方略的每一个细节之中”。

“重视家庭，重视亲情。”“家庭是社会的基本细胞，是人生的第一所学校。”习近平办公室书架上几张家庭合影（习近平推着坐轮椅的父亲习仲勋、习近平和母亲齐心牵手散步、习近平与彭丽媛在福建东山岛、习近平在福州骑自行车载着女儿）是最好的注释，是他有情有义、重情重义的性格魅力最好的注释。是他对家庭建设亲身经验的总结，是他对全国人民重视家庭、家教、家风的要求，深得人心，鼓舞人心。

磨难长才干

习近平青少年时期在逆境中，坚强地面对命运的坎坷和人生的磨难。逆境比顺境重要，磨难增强了习近平的恤民之情，磨难增强了习近平的革命意志，磨难增长了习近平的才干。他在磨难中茁壮成长起来。

习近平9～25岁这一黄金期、青春期经历了三个重要方面的磨难和考验。

一是家庭的不幸。1962年9月，父亲习仲勋遭受不白之冤，继而被审查下放，在“文化大革命”中又横遭批斗、关押。直到1978年才平反昭雪。母亲齐心也受到株连而被审查，下放到河南“五七干校”7年多。一家人不仅生活艰辛，还忍受着“反党分子”家属、“黑帮子女”的精神压力。

二是习近平本人被当作“现行反革命分子”关押。1968年，习近平15岁时，因父亲问题有牵连，被有关部门多次关押，出来时，身体非常虚弱，全身都是虱子。到关中富平老家大姑家里，休养很长时间，大姑一天一碗鲜羊奶喂着，他才慢慢调养好。

三是下放农村当7年农民的磨炼。1969年12月，16岁的习近平前往陕西延安延川县文安驿公社梁家河大队，当了一名普通农民。那些年，习近平种地、拉煤、打坝、挑粪……什么活儿都干过，什么苦都吃过。在乡亲们眼中，能挑一二百斤麦子走10里山路长时间不换肩的习近平，是个“吃苦耐劳的好后生”。“干活不惜力”“有知识、点子多”的他，逐渐赢得乡亲们的信任，不但入团入党，还担任了大队党支部书记。他带领村民率先搞成了陕北第一个沼气基地，解决了村子里点灯、烧饭难题，成为《人民日报》当时表彰的“知青”模范，并以当时所谓“可以教育好的子女”的身份，考上了清华大学化工系。

了解习近平青少年时期在逆境中成长的情况，对我们当今的青少年有什么启发和教育呢？新时代的很多青少年，多是在温室里成长，喝蜜浆长大的。尤其是独生子女，没吃过苦，父母太娇惯、太溺爱、太包办，衣来伸手，饭来张口，这对他们的成长很不利。我们不是苦行僧，但对他们进行艰苦奋斗、挫折的教育，让他们吃点苦、受点挫折和磨难是很有益的。“再穷不能穷孩子”的想法是有害的。有钱难买少时苦，梅花香自苦寒来。贫困挫折，能磨炼人的意志，促使人有所作为。孟子曰：“天将降大任于斯人也，必先苦其心志，劳其筋骨，饿其体肤，空乏其身，行拂乱其所为，所以动心忍性，曾（增）益其所不能。”马克思讲：“在科学的道路上没有平坦的大道，只有不畏劳苦沿着陡峭山路攀登的人，才有希望达到光辉的顶点。”吃自己的饭，流自己的汗，自己的事自己干，不怕艰险和困难，勇往直前，向上向善，做个新时代的好少年、好青年。

争气有出息

人生就是一口气。有志气、争气，才能有出息，才能改天换地，旧貌换新颜。

习近平小时候是个争气的孩子，他为爸爸妈妈争气，为全家争气。他弟弟习远平值父亲诞辰101周年之际，在《深圳特区报》发表纪念文章，深情回忆父亲往事，文中谈到哥哥习近平的一个“人生转折点”，一次终身难忘的讲话。

“从父亲蒙难到重新出山，风雨16年，母亲始终没有与父亲划清界限，但她因此备受煎熬。既不能揭发、交代父亲的所谓‘政治问题’，也不能为了自己思想过关书写违心检讨，母亲内心痛苦至极。几乎天天熬夜思考，一天要抽两包香烟。现在母亲身患肺气肿，就是当年落下的病根。有一次我和姐姐半夜醒来，突然发现母亲不在身边。姐姐一把拉起我的手说：快走，去找妈妈，别出什么意外！我们马上起床，摸黑起来去外面寻找母亲。当我们姐弟俩来到党校人工湖畔的牌坊下，只见母亲一个人抽着烟，默默仰望天空，孤独地徘徊。当她转过身，看到我们姐弟俩，愣住了，一把紧紧抱住我们，泪流满面。后来母亲说，那时，她几乎快坚持不住了，但是想到父亲，想到我们这些幼小的孩子，她不停地鼓励自己要坚强，要相信党、相信人民、相信父亲。”

“当时，哥哥在陕西省延川县梁家河插队，专程从陕北赶来看望我们，每天也和母亲一起下地插秧劳动。一天，母亲早晨天刚放亮就出工，到吃午饭的时间，已将近6个小时，她累得坐在田埂上。平时，干校指导员对母亲就刁难多多，这次又提出无理要求，说，齐心，今天中午的班，你继续值！哥哥看不下去了，走过去，拉住妈妈的手，说，妈，咱们走，咱们吃饭去！指导员也意识到了自己的过分，悻悻放了一马。”

“在我们住处不远的清水塘，哥哥与我有过一次令我终身难忘的谈话。……哥哥那天穿着洗得发白的父亲的制服，沉默了半晌，他说，弟，我不待了，我也待不下去！我不忍心看见妈妈忍受这一切！我明天就走！回陕北梁家河！哥哥要为爸爸妈妈争口气，为咱们全家争口气！你要好好照顾妈妈。哥哥没待够请假期限，只5天，就回了陕北。从1968年他被当作‘现行反革命分子’关押，再到陕北插队，他已近3年没和家人团圆了，他这次回家，就是带着浓浓的思念、浓浓的亲情来的，这么短短的相聚，就不得不离开，此情此景，宛如昨日。”

习近平很争气，很坚强，他没有倒下，他顽强地生活工作着，他自立自强，起来了。他成了梁家河战天斗地的带头人、领路人。他考上了清华大学，深造学习，博文强健，提升了自己的本领。他一路走来，一步一个脚印，一步一个台阶，越走越稳，越走越高，俯视天下，忧国忧民，为国为民。

亲民情怀深

习近平是老革命的后代，他传承父母的恤民之情，青少年时期又在逆境中经受坎坷磨难，这为他走上高位更为亲民爱民奠定了坚实的思想基础。

他重情重义。对父母非常孝敬，关爱备至，对亲朋非常友善，尽力相助。对百姓体察疾苦，爱民如父、如子。

习近平的朋友很多，但有一类朋友更值得关注，他们与习近平“言交于未贵时”。梁家河的农民吕侯生就是其中一位。1994 年吕侯生右腿患了骨髓炎，在延安治疗两个多月，花了 6000 多元医药费，仍不见好转。生活贫困，没钱治疗，在家里耗了一年。他走投无路，给时任福州市委书记的习近平写信说了自己的状况。信发出不到半个月，习近平给他寄来 500 块钱路费，请他到福州看病。行走不便的吕侯生到了福州，住进福州市第一医院。当天晚上 11 点左右，习近平忙完一天的工作，饭都没吃就赶到医院。他对吕侯生说：“看到你的腿成了这个样子，我鼻根发酸，我的腰和腿上也有疾，是在梁家河村打坝遭的病。”

习近平说的是 1973 年冬天的事。他刚当上支部书记，就领着社员到寨子渠打坝。天气非常寒冷，河渠里冰块厚。不处理掉冰块，坝基就不会稳，春天冰雪一消，坝就会塌。于是，习近平动员大家下渠挖冰块。当时寒风刺骨，社员们没有一个敢动，习近平第一个走进冰水里，往外搬冰碴，跟着他第二个下去的就是吕侯生。这带动了社员们，大家都脱掉棉衣干了起来。习近平记得当初吕侯生对他的支持，他承担了吕侯生全部的医药费。经过治疗，吕侯生的病有所好转，习近平看到他可以拄着拐棍下床行走了，非常高兴。吕侯生要回陕北，习近平设宴为他送行，还给他买了一张飞机票，又把2000块钱塞在吕侯生手里。吕侯生感动地说："近平，真不好意思呀，这一趟花了你这么多钱。"习近平说："谁让我们是朋友哩！"

1999年8月底，因为旧病复发，吕侯生第二次到了福州，习近平热情接待，并安排住院。这一次医生告诉吕侯生：他的右腿保不住了。习近平安慰老朋友，任何时候都要坚强，要有战胜疾病的勇气。"万一要截肢，你自己在别的地方联系医院，不论联系到哪里治，要让我知道，没钱给我打个电话，钱由我出，花多少，你不要管。"

1999年10月底，吕侯生在山西太原做了截肢手术，习近平闻讯后，替他支付了全部的医疗费。回忆起当时的情况，吕侯生感动地说："如果不是习近平帮忙，我早就病死了。"2015年春节前，习近平回梁家河村，再次见到了吕侯生。他和吕侯生并肩坐在窑洞的土坑上，问老朋友戴着义肢行动方便不方便，还回忆当年两人一起吃饭、共同劳动的场景。

习近平对他插队的梁家河村怀有浓厚的感情。1993年，正在福建工作的习近平回到阔别18年的梁家河村，看望乡亲们并合影留念。还写了一篇《我是黄土地的儿子》的文章。文章中他回忆了自己在梁家河时的情况。起初，他干活老想偷懒，工分比妇女还少。后来，他过了跳蚤关、饮食关、生活关、劳动关和思想关，成了种地的好把式，"吃苦耐劳的好后生"。4年后，还当上了大队支部书记。

梁家河他待了7年，从少年到成年，他称为第二故乡，对他来说，一草一木总关情，他对乡亲们更是情深意浓。2015年2月13日，农历腊月二十五，官方语境里的"总书记来了"，乡亲们称"近平回来了”，还带了夫人彭丽媛，还自己掏钱给全村置办了年货。梁家河村突然炸了锅，大家可高兴啦。老支书梁玉明还跟招呼当年的知青一样，招待习近平夫妇吃饭。习近平和当年的“小伙伴们”围坐在一起，吃起油糕、羊肉、鸡肉、酸菜、饸饹、南瓜……都是地道的陕北农家饭。梁玉明本来准备了小米、红枣、苹果等特产，打算送给习近平，但习近平没收。土特产不能要，但习近平也没有空手而归。高彩梅送给他自己做的衣物——三双绣花鞋垫。“他最喜欢我家的鞋垫了，一有机会我就让人给他捎几双，这次给他的鞋垫里专门绣了‘常回家看看’，希望他常回来。还送给彭丽媛一双‘幸福好运’。”这份礼物彭丽媛收下了，但给了高彩梅200块钱。

习近平回到梁家河拜年，特地去看了当年他领着村民建的第一口沼气池。到1975年，梁家河村建起了几十口沼气池，基本上解决了村民烧饭、照明问题。那第一口沼气池旁的窑洞外墙上，是一幅褪色的宣传画，上面写着“自力更生，艰苦奋斗。”习近平招呼大家在这里合影。他说：“这画也40年了。”

40年很漫长，有的人变了很多，有的人不变初心。习近平是后者。陕北始终是他的根。“15岁来到黄土地时，我迷惘、彷徨；22岁离开黄土地时，我已经有着坚定的人生目标，充满自信。作为一个人民公仆，陕北高原是我的根，因为这里培养出了我不变的信念：要为人民做实事！”用习近平的话说，这种“黄土情结”“恤民之情”在他心里，让他遇到困难时，就会坚信没有解决不了的问题。习近平常说，我们工作的目的是为人民服务，不仅要对上面负责，而且要对群众负责，为人民做主。习近平一路走来，在冀、在闽、在浙、在沪，直到成为中央总书记，都保持了深耕基层、踏实亲民的作风，说他是“平民书记”毫不为过。在太行山深处，他与贫困村的村民坐炕头聊家常，在甘肃兰州，他给养老餐厅里一位七旬老人端饭；在海南，他戴上黎族群众递上的斗笠；在四川芦山，他亲吻地震安置帐篷里一个一岁半的小男孩；在湖南湘西，他称呼年长的老人说：“你是大姐……”

民以食为天，一粥一饭总关情。翻看习近平这几年的食谱，在河南兰考那两天，吃的是烩面、胡辣汤、大烩菜、烧双菇、清炒西兰花、萝卜烧牛肉，每天自己交80块钱；在河北吃的素包子、乱炖、缸炉烧饼，一顿饭20块钱；在北京，去了庆丰包子铺，吃的是包子、炒肝、芥菜，总共21块钱。他体察百姓的疾苦，也是奔厨房、掀锅盖、开冰箱，看盘中冷暖。“德莫高于爱民”“利民之事，丝发必兴”“但愿苍生俱饱暖，不辞辛苦出山林”“安得广厦千万间，大庇天下寒士俱欢颜”。习近平的所想所忧所乐所急所做，都是为了天下的百姓。

领筑中国梦

2012年11月，党的十八大选举习近平为总书记，半个月后他在中国国家博物馆，用“中国梦”一词描述了他心中的未来。“我认为，实现中华民族伟大复兴，就是中华民族近代以来最伟大的梦想。”此后，习近平多次阐述了“中国梦”的不同含义，讲了数百次“中国梦”。“中国梦就是人民幸福，民族振兴，国家富强”，“中国梦归根到底是人民的梦，必须紧紧依靠人民来实现，必须不断为人民造福”，“实现中华民族伟大复兴是一项光荣而艰巨的事业，需要一代又一代中国人民共同为之努力，空谈误国，实干兴邦”。他已经把那份“黄土情结”、亲民之情，放在了自己的、人民的“中国梦”里。正如那首歌所写，“看这锦绣山河，给我已经太多，让我全心全意，把这土地建成理想国”。

“功崇惟志，业广惟勤”，“审度时宜，虑定而动，天下无不可为之事。”治国有术，胸有成竹。习近平任总书记、国家主席、军委主席几年来，高瞻远瞩，良策多多，以实治之，成效卓著。探索求真，集中到一点，那就是为实现中国梦，他带领全党、全军、全国人民认真实施“四个全面”的伟大战略，即全面建成小康社会、全面深化改革、全面依法治国、全面从严治党。实施强军战略，从严治军，实现军队现代化，作风过硬，能打胜仗，无敌于天下。实施一带一路的对外经济战略，与世界一些国家结成命运、利益、责任共同体，使中国更加富强，人民更加幸福，也为世界人民谋福祉。坚持道路自信、理论自信、制度自信，一定能够实现中华民族伟大复兴的梦想。

践行习近平家教指示，培养好孩子

习近平总书记基于个人成长的特殊经历及其使命感、责任感，他对家庭、家教、家风特别重视，对儿童的成长特别关心。他多次作出重要指示。

在2015年春节团拜会上他的讲话，近三分钟讲的是这方面的内容。他说：“中华民族自古以来就重视家庭、重视亲情。家庭是社会的基本细胞，是人生的第一所学校。不论时代发生多大变化，不论生活格局发生多大变化，我们都要重视家庭建设，注重家庭、注重家教、注重家风，紧密结合培育和弘扬社会主义核心价值观，发扬光大中华民族传统家庭美德，促进家庭和谐，促进亲人相亲相爱，促进下一代健康成长，促进老年人老有所养，使千千万万个家庭成为国家发展、民族进步、社会和谐的重要基点。”

习近平教我们“好孩子”咋培养。

在2015年“六一”国际儿童节，中国少年先锋队第七次全国代表大会上，习近平寄语全国各族少年儿童从小学习做人、从小学习立志，从小学习创造，强调童年是人的一生中最宝贵的时期，今天做祖国的好儿童，明天做祖国的建设者，美好的生活属于你们，美好的中国梦属于你们。

2014年5月30日，习近平到北京市海淀区民族小学看望少年儿童。听了同学们齐声背诵《少年中国说》，表示，你们就是要从小精神起来，抖擞起来。国家进步靠青出于蓝胜于蓝。文化软实力是国家综合实力的重要体现，同学们要多背一些优秀古诗词，长大以后才能文思涌泉。总书记还希望孩子们要文明精神、野蛮体魄，把身体锻炼好，把知识学好。习近平表示：“少壮不努力，老大徒伤悲。”千里之行，始于足下。每个人生活都是由一件件小事组成的，养小德才能成大德。听说有的同学比吃穿，比有没有车接车送，比爸爸妈妈是干什么工作的，这样就比偏了，一定不能比这些。要比就比谁更有志气、谁更勤奋学习、谁更热爱劳动、谁更爱锻炼身体、谁更有爱心。

2013年5月29日，习近平同来京参加交流体验活动的全国56个民族、革命老区、灾区、患有先天性心脏病少年儿童和农民工子女，以及首都城乡少年儿童代表1600多人，一起参加“快乐童年放飞希望”主题队日活动。习近平对孩子们说，生活靠劳动创造，人生也靠劳动创造。你们从小就要树立劳动光荣的观念，自己的事自己做，他人的事帮着做，公益的事争着做，通过劳动播种希望、收获果实，也通过劳动锻炼意志、锻炼自己。得知正在进行“美好家园创意搭建”的是来自汶川玉树、舟曲、芦山等灾区的少年儿童，习近平走过去听孩子们介绍，肯定他们建设美好家园的决心和信心，称赞他们体现先进建筑理念的创新创造意识。习近平对孩子们说，想象力、创造力从哪里来？要从刻苦的学习中来。知识越学越多，知识越多越好，你们要像海绵吸水一样学习知识。既学书本知识，又要学课外知识，还要勤于思考，多想想，多问问，这样就能培养自己的创造精神。

我们要认真学习践行习近平关于家庭教育的系列指示，努力做智慧家长、培养好孩子。

要多学习，不断提升自己。要多投入教子育孙的工作中去。

要言传身教，给孩子树立良好表率。

要教孩子学习做人。文明礼貌、爱国敬业、诚信友善、孝敬感恩，多做公益事。养小德才能成大德。

多教孩子从小学习立志，有理想、有抱负、有目标。

要教孩子刻苦学习。像海绵吸水一样学习知识。既要学书本知识，又要学课外知识。学优秀传统文化。知识越多越好。

要教孩子从小学习创造。培养学习能力、做事能力、交往能力。勤于思考、多想想、多问问，提高自己的创造精神。

要教孩子从小把身体锻炼好。

要不断改进教育孩子的方法。

以德立身、以学立业、以体为本，科学教子，一定能培养出好孩子，使之成才成功。

2015年6月28日

参考文献

[1] 习远平．父亲往事——忆我的父亲习仲勋．中国青年报，2013－10－11
[2] 习近平．陕北的老乡们对我的帮助最大．七常委的三农情怀．中国剪报，2014－1－2
[3] 习仲勋与齐心：亲密无间的革命伴侣．光明日报，2013－10－15. 中国剪报，2013－10－22
[4] 习远平：一次终身难忘的谈话．值习仲勋诞辰 101 周年之际，习远平专门在《深圳特区报》刊发纪念文章，深情回忆父兄往事，文中提到哥哥习近平的一个“人生转折点”．中国剪报，2014－10－21
[5] 戴玉刚．揭秘习近平母亲革命往事——跟着姐姐走上革命路．中国剪报，2014－11－20
[6] 许陈静，余亦青，石文忠．重情重义习近平．环球人物，2015（6）
[7] 余亦青．习仲勋家风．环球人物，2016（18）

二、践行梦想铸造辉煌

——普京受教成长给家长和青少年的感悟

普京是一个奇迹，是21世纪一个新的政治传奇。他平民出身，从特工克格勃跃升为总统。他为俄罗斯而生长，他是俄罗斯复兴的灵魂，他心里充满着自信，他有伟大的梦想与抱负。他是个硬汉，他是个鹰一样的男人，他能“上天、下海、打虎、摔跤”，文武双全、气度非凡、魄力无限、胆识过人、处事果断、务实创新，他践行梦想铸辉煌。他先期任两届总统八年，俄罗斯经济翻了八倍；他以64.4%的高得票率第三次当选了俄罗斯总统，又增加了更加耀眼的光芒；他很可能第四次当选俄罗斯总统，实现“给我20年，还你一个奇迹般的俄罗斯”的伟大梦想。

普京是一个谜，他的克格勃背景让他披上了一层神秘的外衣；普京是一首歌，“普京情结”深深地扎根在俄罗斯人的内心深处，大多数俄罗斯民众唱出“非他不可”的赞歌；普京是一本百科书，符合各种人的胃口和嗜好，每个人都可以从中读到不同的感悟；普京是一块黑板，每个人都可以在上面写下自己的期望，谁都认为普京可以接受。

普京无疑是一位英明的政治家，然而他更是一个高效率的现代管理者，拥有杰出管理智慧和独到管理心得的管理大师。他的成长路径，他的性格、品质，他的才能、政绩等等，值得各行各业的人们借鉴学习，特别是家长和青少年更应该从普京身上受到感悟，得到启迪，汲取营养，使自己强大起来。

家庭是普京的第一座堡垒

普京出生在一个平凡的工人家庭。爷爷斯彼勒道恩是位技艺精湛的名厨，有着许多不寻常的经历，第一次世界大战后，他应邀到莫斯科郊区哥尔克镇，为当时住在那里的列宁及家人做饭。后来他又给斯大林做饭。普京的奶奶奥利娅出生于一个普通家庭，生下了普京的父亲弗拉基米尔·斯皮里多诺维奇。普京父亲和普京的母亲玛丽亚·伊万诺芙娜在特维尔城的舞会上相识，最终结婚。此后，除了战争这一不可抗拒的因素，两人基本上没有分开过。

普京的父亲不苟言笑，是个非常严肃、做事专注且规规矩矩的人，不喜欢毫无意义的闲聊。普京的母亲是一名普通的俄罗斯妇女，她心地单纯，善良的眼神宛如一泓清澈的秋水。夫妻俩深深地爱着普京，并且十分关心普京的成长。普京的母亲对普京更是舐犊情深，处处围着普京转。玛丽亚先前生过两个孩子，但不幸都夭折了。41 岁那年，她才生了普京，普京因此被称为“迟到的孩子”，是父母的掌上明珠。普京自己说：“这辈子除了我，母亲没有其他任何追求。每件琐碎小事，都时刻体现着她对我的这种疼爱。”普京的性格和他父亲有很多相似之处，两个人都性格坚毅，都能在瞬间决定自己的意志。

普京的家庭很平凡，甚至有些清贫。普京出生后，他们一家就局促地窝在巴斯科维胡同里20平方米的公用房间里。用水时还不得不用水桶把水从一楼提到五楼。甚至还有大老鼠沿着楼梯乱跑乱窜，孩提时的普京常常在地板上追赶这些大老鼠，有时候他还会和小伙伴们把赶到角落里的老鼠捉住扔到人群里。有一年，普京到科米自治共和国一个建筑队参加了一次义务劳动，回来后，才买了第一件新大衣。此前，他连一件像样的衣服也没有。那时的俄罗斯差不多家家如此。在列宁格勒市内，家家户户住的大都是公房，各家的居住条件、生活水平大致都不相上下。

年少时的普京家庭环境是和睦温馨的。他曾看着身边一个个家庭走向破裂、解体，其中许多是因为男主人毫无节制地酗酒酿成的。而他的家庭是一座呵护他的堡垒，普京说："家是我的堡垒，父母心中最珍贵的是我这个人。"平凡温馨的家庭，父母的良好言传身教，带给普京的是善良、沉稳、严肃、专注、内敛且守规矩等性格上的宝贵精神财富，父母所做的一切都是为了使普京生活得更好。正是有了优秀的父母、良好的家庭，才使普京拥有一个良好的人生开端。

普京的童年是在大杂院里度过的，这也是那个年代苏联大城市里的孩子们最为普通的经历。当时实行的一种特殊住房使用机制：即多户人家共用一套单元房，而由于文娱活动的匮乏，孩子们幼年时多聚在院子里，形成了一种复杂而原始的大杂院"生态"。在大杂院里，小普京和伙伴们玩各种和他们年龄相符的游戏，如踢足球、藏猫猫儿、玩绿林好汉和"勇士"决斗等。普京成了维护公正、无视权威的小侠客。小普京经常打架很大程度上是因为一种对"权威"的无视，对公平和正义的追求和维护。大杂院里的玩伴都这样评论他：普京从没有惧怕过谁，一旦遇到有谁欺负人，他就会毫不犹豫地加以干预，即使是面对比他年龄大的孩子也一样。普京的同班女同学奥莉加·丹尼洛娃说："瓦洛佳（普京的小名，昵称）从来不依仗自己的力气第一个侵犯别人或给别人施加压力。外在的朴实和内心的尊严在他身上得到了完美的结合。"小普京是个善于总结反省的孩子，他清楚地记得自己在大杂院第一次打架的情形，他从中归纳了几点"正儿八经的有意义的教训。"普京坦诚这次打架错误在于自己，他这样回忆："可站在我面前的偏偏是个不起眼的丑八怪，所以我以为可以对他无礼。但是，当我挨了打，我马上明白这样做是不对。我的结论是：不论对谁都不能这样，应该尊重别人。这是一个非常具有典型意义的教训！"普京从小就养成了这种正义和公平的理念，对他以后的成长很有益处。他在克格勃时对人命的珍惜，他在当总统后的亲民形象和强国富民思想的提出，儿时这段"侠客"风范的经历无疑已经是一种公正意识的萌芽。

小普京的人缘非常好，会交往、会做事，有很强的人格魅力。他的大学同学列昂尼德博罗霍夫回忆说："我马上就喜欢上普京了，我这样说，并不是因为他现在是总统，事实上，他是个朴实的小伙子，一看就知道受过良好的教育……别看他年纪轻轻，为人处世却非常有分寸，从不强人所难。第一次见面，我就被他折服了，据我的观察，我确信这个年轻人不会出卖朋友，不会挤对人，不会暗中使坏，也不会踩着别人的肩膀向上爬，对我来说，这才是最重要的。"

小普京正直、善良，特别孝敬父母。大学三年级时的暑假，他和朋友在建筑队里，一个夏天每人挣到1000卢布，普京从建筑队回来时，带回来了500卢布，并马上用自己挣到的第一笔钱到点心店里买了一个最大最漂亮的蛋糕送给母亲，母亲玛利亚感动得泪流满面。

啃书求知，普京成为学校里的风云人物

学校是知识的海洋。普京上学读书的路径，使他逐步认识到知识的重要性，不断增强学习的自觉性，从而刻苦学习，成为学生中的强中强，学校里的风云人物。

1. 小学六年级开始认真学习，加入少先队，成为班里领袖人物

普京是大杂院里长大的孩子，比较自由放任，刚上学时，他是个不太听话的孩子，不守学校的规矩。课堂上，总是坐不住凳子，不是往窗外望望，就是朝课桌里看看。不过，小普京脑子好使，记忆力特好。六年级之前，普京的学习成绩极为一般，中等偏下。期末考试，3分、4分最为常见。成绩在他心目中也就那么回事儿，课余时间照玩不误。有时候直到老普京要下班了，他才磨磨蹭蹭地离开小伙伴，抢在父亲进家门之前回到家，然后装模作样地打开书本做功课。

然而，让人吃惊的是，一上六年级，小普京竟然开始认真地学习了。同学们都知道小普京是个非常独立的人，他的转变绝不可能是棍棒教育的结果。“能够根本上影响他的人只有一个——那就是他自己。从这个意义上说，普京是个自己造就自己的人。”他的转变有三个原因：一是他厌倦了自己的成绩总是一般，要进步；二是内心萌生了对知识的渴望；三是入学考试的压力。于是，普京开始认真学习，他利用课余时间大量读书，考试成绩也开始明显上升。终于，普京在六年级时戴上了红领巾，而且，不久之后的一次班会上他被全班同学选为少年队的中队长，一夜之间就从一个“从未有过少先队组织生活的人”成了班级少先队组织正式的领袖人物。

2. 中学，普京选择对学生成绩的要求较高的 281 中学，担任了学校的政治时事宣传员

小学八年级毕业后，在全班同学都决定进入 197 中学继续学业时，普京转入化学类的实验学校 281 中学。281 中学对学生入学成绩的要求较高，所幸普京的毕业成绩中没有 3 分，因此很顺利地被 281 中学录取了。别人问他为什么要选择 281 中学时，普京回答："就想到那里上学！"至于具体动机，他却从未细说。这和他父亲老普京的性格非常相似，都是只讲决定，从不多做解释。进入 281 中学的普京，纯粹是来学习的：上学——上课——回家。他非常热爱文学。在文学课和历史课上，同学们无不为普京回答问题的"深度和个性"所折服。一位女同学这样描述当时的情景："每当老师叫普京回答问题时，他们就小声或打手势求他把时间拖得长一些，好让老师没时间问其他同学。他差不多总能有求必应。"甚至有一次，普京应同学们要求，竟然和历史老师聊了整整一节课。在这些有趣的细节中，表达了普京那种豁达的心境和丰富的知识。

在 281 中学，普京的德语水平得到飞速提高，这要归功于当时他对德语的兴趣和一直以来的不懈努力。

此外，他突然对当时刚刚列入学校教学大纲，以马列主义的哲学和政治经济学为主要内容的社会科学基础课产生了兴趣。他第一批参加了政治通讯员小组，积极参加政治晚会，关注国际形势，并大胆发言。他还担任了 281 中学的政治时事宣传员。在当时苏联，政治时事宣传员在各中学地位很高，一般由本校学生担任。这可是当时每个中学不可少的大人物，也是整个中学时代最令普京自豪的一件事。普京定期要向全体师生通报近期的国内和国际政治事件，并配上合适的评论，让普京对政治时事的敏锐度和大局观得到了启发和挖掘。普京中学的校友说，普京现在那出众的表达能力就是在那时锻炼出来的。从正在发表演说的普京身上看到当年那个瘦小的男孩的影子。他的同学这样描述："他讲话时惯用的手势、他的面部表情、他得意的浅笑，以及他在无人注意时的窃窃一笑，和当时没什么两样。"

普京从做政治时事的宣传中明白了许多为人处世的道理——永远不要让别人成为你的敌人，也不要和太多人表现得过于亲近。

中学时代的普京已经非常独立，他绝对不依赖别人。他对任何事情总有自己的看法，有时，他会把它说出来，也可能放在心里不说。这种独立，对他日后的政治生涯助益不浅。

3. 列宁格勒大学里的"5 分学生"

列宁格勒大学，今为圣彼得堡大学，1924 年创建，坐落于涅瓦河北岸，和冬宫遥遥相对，是俄罗斯最早，也是世界上最优秀的大学之一。建校 200 多年来，这所大学培养出各方面的优秀人才数以百计，在世界上享有盛誉。其中最优秀的毕业生包括——俄国资产阶级临时政府总理克伦斯基，苏联的创始人、伟大的无产阶级革命导师列宁，现在俄国的总统普京。

这所学校的门槛特别高，一直是有志学子积极报考的最热门高校之一。而法律专业更是该校最热门的专业之一。法律专业每年的招生考试都极为残酷。在普京报考的时候，法律系报考人数和录取学生的平均比例是20∶1。而那一年最为热门的国际法专业比例更是高达40∶1。经过残酷的筛选淘汰，普京终于如愿以偿进入了这所大学的国际法专业中，开始了他的大学生涯。

据相关调查显示：普京中学的成绩为物理、化学、几何——3 分

（及格），地理、语文、文学——4分（良好）、历史、体育、德语——5分（优秀）。

也许这份成绩单并不能显示普京的真实水平，也很难进入列宁格勒大学最热门的专业。对此，有不同的说法，有人认为普京沾了当时苏联高考制度的光，有人说，普京为了克格勃，却固执地选择了法律专业。但无论如何，普京从残酷的高考竞争中脱颖而出、雀屏中选。

大学时代，普京学习非常刻苦，有高度的自觉性。在校期间，他的各种成绩都是5分，用他们的话讲就是："我用5分说话！"

在列宁格勒大学，校园文化丰富多彩。夜晚来临，各系都要组织各种晚会或各种各样的聚会。但是在这些活动中却很难看到普京，这个时候他通常正躲在宿舍或者教室里看书。后来，聚会改在宿舍里举行，他就把阵地转移到图书馆。看着他认真的神情，同学们不好意思打扰他或拉他去参加什么晚会。

在当时的社会环境下，列宁格勒大学中的每个人似乎都对时事政治有着浓厚的兴趣，普京更是如此。他的毕业论文就是《论国际法中的最惠国原则》，并获得优秀论文。年轻的普京从当时苏美关系缓和、经贸往来增多的政治现象中敏感地捕捉到了经济生活中最为关键的问题，表现出他政治嗅觉的敏锐和政治见解的独到。

普京23岁时，以优秀的成绩大学毕业，可以称为法学家。

4. 热爱体育活动，钟情于摔跤

普京非常热爱体育运动，在这方面他也是强者。少年时代，普京开始尝试各种体育锻炼，一般的活动项目，他都能够以很快的速度上手。他先学了一阵儿拳击，但在一次练习拳击对打时，他的鼻子被打骨折，于是，拳击就练不下去了。他后来跟摔跤教练拉赫林学摔跤，拥有无比强烈的学习愿望，表现得很顽强。每场比赛都竭尽全力，付出200%的努力，战斗到最后一刻。普京勇敢、机灵、有活力又肯下功夫，从新手中脱颖而出，并且总是第一名。拉赫林教练这样评价普京："我认为这是一个人的最高境界——上了比赛场就变成了斗士，走下地毯马上又恢复那种哲人和思想者的状态，他就具有这种惊人的品质。"上大学之前，普京的桑勃式摔跤成绩就已经达到了成人甲等，并且达到了运动健将的候选资格。在教练的心目中，普京是一个有目标的人，他一步步把自己教育、培养、造就成一名运动员，更重要的是为自己缔造了一种完整的个性和有目的、有规划的人生。

上大学之后，普京并没有放弃摔跤。学习之外，他最大的爱好就是摔跤。他曾经拒绝了列宁格勒大学里"海燕"体协的邀请，而是回到拉赫林的摔跤队中继续训练，并经常参加比赛。对于普京没有改换门庭这件事，拉赫林教练至今仍旧非常自豪。

普京钟情于摔跤，对其有深刻的理解：摔跤除了健身外，自有其独特的乐趣。狭路相逢勇者胜这句话并不可靠。摔跤比赛运动员是双方综合实力的一种较量，胜者既是强者，有体力，更是智者，有技能。

在普京看来，摔跤比赛中这种只以成败论英雄的游戏规则和做人的道理相通。他通过这种运动挑战自我、磨炼意志，从而铸就了在复杂条件下迅速准确判断形势的能力、坚强的意志以及少有的冷静和耐心，这些也是他以后在克格勃和政坛挥舞风云的重要基础。

体育界的最高荣誉是奥运会冠军，桑勃式摔跤不是奥运项目，柔道是奥运项目。为了实现奥运梦想，拉赫林决定改练柔道。一般来说，体质强壮的人适合摔跤，而轻快、灵活的运动员更适合柔道。普京无论是摔跤还是柔道，都练得非常刻苦。在赛场上，他得到了无数的荣誉，也经历过痛苦。

青少年时代的摔跤运动，让普京培养出一种果敢而坚定的性格，造就了一个永不服输的自我，同时也带给他许多真正的挚友。这些经历本身是一种真正的财富。

普京的克格勃生涯

普京间谍的产生

作家瓦季姆·科热夫尼科夫写的小说《盾与剑》，后改编为同名电影，描述的主人公苏联侦察员约翰·魏斯，赤胆忠心、疾恶如仇、智勇双全的形象，深深地感染了普京。于是，他放弃了成为一名飞行员的理想，做出了决定自己一生命运的选择：当间谍去！到克格勃当间谍。当时普京 16 岁。在他心目中，一个人能办到一支军队办不到的事情，一个间谍可以决定上千人的命运。这种刺激，是每个做过英雄梦的少年都难以抵挡的诱惑。

当时的普京很坚定，他在一篇作文《我的理想》中写道："我的理想是做一名间谍，尽管全世界所有人对这个职业都不会有任何好感，但是要报效祖国和人民，我一定要去做一名出色的间谍，用自己的恶名去换取敌人的失败，用自己的牺牲去赢得祖国和人民的胜利。"这篇立意远大、论述精彩、言简意赅的作文让普京当时的老师大感震撼，同时也证实了普京确实在少年时期就萌生了去克格勃当间谍的理想。

普京间谍的准备

少年的普京确立了自己的理想，并当即将其付诸行动的准备。于是，他就直接去了克格勃接待处。而真正被接待，却是他第三次去拜访时。接待者是一位军官，普京告诉他自己的要求，并问他有没有这种可能性，要是有的话，自己该为此做些什么。

对方回答说，他们通常不接收这种自告奋勇者。他建议普京最好读完大学或者服满兵役，因为国家安全部的专门学校只收当过兵的人，闲散人员一概不要。

于是普京又问："最好是什么大学毕业？"

"法律专科学校或者大学法律系。"对方回答说。虽然后来无缘再见，但普京一生都非常感谢这个人。因为对一个普通的男孩子，他并没有简单地"打发"了事，而是选择在自己的办公室里和他面对面地交谈，并提出出了几条中肯建议，还将来访者的名字、普京父亲的名字、来访时间以及谈话的简要内容和持续时间等记在了专用的笔记本上。这个人就是安全局军官尼古拉·叶戈罗维奇。正是这次经历，让普京少年时代的梦想有了实现的可能。从此，普京几乎就是沿着这个方面努力。

普京离开克格勃的接待处之后，又去了一趟列宁格勒大学的法律系，他看了法律系的位置，系楼的外表、办公室和教室，法律系的课程计划、考试科目等，此后就开始一心准备考法律系了。他抛弃了化学、物理，开始专心学习文学、语文和其他必修的科目。

当时的普京知道，自己没有谁可以依靠，一切只能靠自己：只有坐下来学习，日夜不停地"啃"书本——重要的是他已经知道需要学习什么了。而父母已经为他受到教育尽了最大的努力，在他的克格勃梦想上，帮不上一点忙。只有靠自己去考，他没有任何其他机会。普京后来说："所以，我面临的只有两种选择：做或者不做。"

任何伟大梦想的实现都并非易事，都会面临巨大的阻力和困难。普京的间谍梦也一样。当时周围的人都很不理解，他特别要承受来自两方面的压力：在训练场上是拉赫林的劝说；回到家，是父亲的命令和母亲的哀求。教练建议普京上“劳动”体协所属的列宁格勒五金制造厂技校，这样可以和队员们一直在一起了。拉赫林甚至向普京夫妇承诺普京完全有机会免试进厂技校，根本没有必要犯傻气冒险考大学，更何况一旦考不上大学，马上就得去参军。这些话让父母开始向普京施加压力了，普京的父亲原想让普京当一名工程师，他们毕竟也不想让自己唯一的一个儿子上战场。普京的父亲对儿子特别珍惜，他对克格勃说；“瓦洛佳对我们来说就是一切。我们已经失去了两个儿子，这您是知道的。他已经是我们的全部希望了。战争胜利之后，我们才下定决心要这个孩子。我们这辈子就算这样了。现在，我们老两口就是为瓦洛佳活着。”

这样的僵持持续了一年，普京一直坚持自己的决定，三个最亲近的人无计可施，只好威胁普京：“闹不好你要去当兵的。”

“没什么可怕的，当兵就当兵。”普兵的回答并没有出乎他们的预料，因为普京的性格就是那样的，决定了的就不会轻易改变。当时，他们并不明白，去部队当兵离普京的既定目标虽然远了点，但也并不影响他的最终计划。

普京后来曾经感叹：“有生以来，需要我倾尽生命中的全部赌注为之一搏的情形有过几次，这次就是其中之一。要么彻底完蛋，要么现在就做决定，一切都自己做，以期人生中出现自己所期希望的一个新阶段。”

普京最后坚持了自己的意见，并克服了各种其他程序上的障碍，顺利进入了自己所望的法律系，离自己的间谍梦想更近了一步。大学毕业后，他终于如愿以偿地进入了克格勃。

这里还要提及的是，普京的体育运动非常好，在赛场上的成绩特别优秀，取得一个接一个的佳绩。拉赫林非常惋惜地说：“普京如果继续练柔道，我坚信，他不仅能够成为全苏联第一名，还能成为整个欧洲的冠军。”但是，普京就是普京，他做出了最佳选择，于是世界上少了一位冠军，却多了一位优秀的特工，而这位特工后来当上了俄罗斯总统。

克格勃生涯

1975 年，年轻的普京实现了自己 7 年前几乎孤注一掷的目标——成为克格勃的间谍。普京最初想干的是情报工作，可开始却被分配到了第二分局，即反间局。他先到了克格勃设在“特务城”的一所封闭式间谍培训学校——“401”学校。但培训一结束，普京就从反间谍部门转到了情报部门工作。而这次工作的调动完全取决于他自身过硬的能力和素质。他在情报部门的领导评价普京的表现：情报工作向来要求视野开阔的知识分子，最好精通外语。这还仅仅是一般标准，普京具备了这种资格；普京非常干练，凡事上手很快；他头脑冷静，善于和人打交通，对人一视同仁，和同志相处融洽；他具有优秀的分析头脑，具备严密的分析能力；他工作认真负责，从来不用催促。

由于普京的工作能力突出，他得到了局长亲自授权签发的“掩护证明”，就是当地刑侦部门的工作证。1980 年春，普京和白雪公主柳德米拉初遇时顶的就是“刑侦处”的名头。柳德米拉是列宁格勒大学语文系的高材生，当过空姐，他们交往 3 年多，在普京 31 岁、柳德米拉 26 岁那一年，他俩于停泊在涅瓦河畔的一艘油轮上举行了简单的婚礼。普京先是被派到克格勃列宁格勒分局附属的外语短训班，1984 年更是被派到莫斯科红旗学院培训，化名普拉托夫，这是他走上对外情报工作的转折点。

之后，普京在民主德国德累斯顿做了 6 年的秘密活动。德累斯顿集文化古城、科技研究（特别是原子能）中心、重要工业城市为一身。他带着全家来到德累斯顿。在这里他的第二个女儿出生。他的两个女儿从小接受德国式的教育。

短短 6 年的民主德国生涯，普京的职务就升了 3 级，从初来时的高级业务人员到离开时的处长高级助理。普京勤奋，尽职尽责，工作积极主动。他是“很纯洁、很诚实”的一个人。例如对没人监督的大把资金的诱惑，从来不屑一顾。这一点和普京夫妇的为人也有关系，他们两人都是那么朴素、自尊、自制的人。普京的妻子柳德米拉的衣服都是自己缝制的，在德国的时候，几乎没在衣服上花过钱。

普京是没有暗杀记录的克格勃之子

普京在克格勃十几年的工作经历：列宁格勒——情报分析，德累斯顿——情报收集和分析，造就了“深藏不露、坚韧强硬、始终如一”的智慧和品格。显然，普京特工生涯更多的是“文职”工作，和克格勃极负盛名的暗杀荣誉可谓毫无关系。但对普京来说，不要说暗杀，甚至他在心目中，任何一条人命都是弥足珍贵的。他曾经说过，没有哪种事业比得上一条人命。

一天晚上，一批情绪激昂的德国人冲击了普京所在的克格勃驻地。当时恰好头儿不在，普京是同事里头衔资格最老的。普京向驻德累斯顿的苏联坦克部队求援，要求他们尽快派人来维持治安，以免事态激化，但对方冷冰冰地回答：莫斯科方面保持沉默。于是，普京清楚地意识到，他们被抛弃了。

情急之下，普京把这幢楼负责保卫的边防军战士动员起来，让他们拿起枪，准备好手榴弹和弹药，进入了战备状态。但他不顾同事们的劝阻，越过围墙，向街上的人群走去，和这些正在漫骂的人谈判。在普京的努力斡旋下，这些人终于放弃了闯入大楼的企图。后来，当驻军派来的一车或是两车荷枪实弹的陆战队员时，已经是深夜，人群终于散开了。这件事普京处理得好，既保护了那些机密档案，又避免了双方伤亡，自己也得以安全，充分体现了他的睿智、果断以及珍重人的生命的品质。

恩师器重，荣升圣彼得堡第一副市长

1990年冬天，普京携家人回到列宁格勒，翻开自己人生中最重要的一页。他的回国是大形势所至，当时的苏联大撤军，驻外情报机关同样没能幸免。国内情况非常糟糕，无论工作岗位，还是住房需求都岌岌可危，普京的好多同行被迫处在一种“失业”状态。所幸的是，他进了大学，成了校长的助理，中校军衔。但他最初几个月都是一副愁眉苦脸的样子，心里很不安。当时国内各种政党、运动、社会组织如雨后春笋，随时可见。再加上国内政治经济秩序趋于崩溃的困境，以及切实感到的对于自己、对于这个国家前途的茫然，都让他极为痛苦。在这种焦灼和忧虑中，普京对这个国家的未来做了深入思考，他没有丝毫留恋现有平静的生活，而是把目光放在更远的地方。

就在这时，命运给他另一种机遇，一个偶然的机会，他的一位大学同学向普京提到了他的导师阿纳托利·索布恰克。索布恰克在当时是列宁格勒大学的副教授，在法律系主讲经济学，是普京的经济法老师，普京的那篇得“优”的毕业论文《论国际法中的最惠国原则》，就是由索布恰克主持审查的。当今索布恰克是列宁格勒民主运动的领袖，和那些官僚们打交道时遇到了一些困难，亟需一个能干的帮手来辅助他。同学提议他到那里去碰碰运气。就这样普京第一次走进了索布恰克的办公室，得到了一个顾问的职务。

鉴于普京对索布恰克的执政理念是赞同的，看到了国家和个人的希望；加之他的这位恩师对他毫无保留的信任，比如不仅对普京间谍身份毫不在意，更在下属和竞争对手的攻讦中为其辩护，最后由于经常出国访问或出差，干脆把“没有落实到文字上”的一些签过自己名字的白纸，让普京酌情处理。终于普京下了最后的决心，放弃了安居一隅，远离尘嚣的平静生活，毅然离开了自己为之奋斗、为之付出的情报工作，投入到了新的工作中，开始他新的人生、新的政途生涯。

1991 年 8 月 19 日，一场因为戈尔巴乔夫的改革措施过大过火而导致的由苏联政军两界强力人物领导的政变正式开始。政变发生后，俄罗斯联邦总统叶利钦拒不服从紧急状态委员会的命令，举行政治罢工，全国一片沸腾，仅仅三天后，这场轰轰烈烈的政变就以失败告终，苏联解体。

八月政变之后，列宁格勒更名为圣彼得堡。普京开始积极筹备索布恰克的市长选举。他俩在圣彼得堡这个政治舞台上演绎出华丽的“双人舞”。索布恰克热情冲动，是天性的演说家，尤其热衷参加各种礼节的会晤，和那些名流打交道。而普京头脑清晰，为人稳重，大局观强，耐性极佳，在处理各种事务性工作上尤其拿手。

索布恰克当选圣彼得堡市长后，他将越来越多的事务放到普京身上。普京的职务也从政变前的一个普通顾问，晋升为圣彼得堡对外联络委员会主席，随后很快又兼任圣彼得堡三位副市长之一，成为这个500万人口大城市的第四把手。1994年，普京又被任命为圣彼得堡的第一副市长，成为俄罗斯第二大城市的第二号人物。

在圣彼得堡任职的5年，对普京来说，对他的成长极为重要。他自己说："这5年所教会我的，比我在莫斯科行政机关里学到的要多得多。"许多时候，他不得不代替市长行使职权，处理方方面面的工作。不论是经验的丰富或是知识的积累，都是一笔巨大的财富。同时他还拥有了一批志同道合者。他后来能够如此举重若轻地接过叶利钦的担子，迅速进入角色，这段低调又辉煌的经历功不可没。

伯乐识才，普京担当大任

1996年，普京迎来了他人生中的又一个转折点。先是圣彼得堡市换届大选失利，索布恰克不能再任市长，新班子邀请普京留守原职，但被他拒绝了。普京递交了辞呈，声明与其背叛，宁选忠诚。接着家中失火，房子没了，证件没了，就连存的钱也没了。人生中接二连三的波折早已练就了他不动声色的冷静和从容，他重新办理了证件，携妻子女儿来到了莫斯科。

离开圣彼得堡后，普京在莫斯科经自己的同乡，当时任叶利钦总统办公厅主任邱拜斯及总结事务总局局长博罗金等人介绍，几经波折，足足蹉跎几个月，普京才在事务总局任副局长，负责那些他刚刚能叫得出名字的事务。

毕竟普京在圣彼得堡的几年间，和莫斯科领导层建立了不错的关系，他们对普京有所了解。普京来到莫斯科，引起了叶利钦的注意。据叶利钦后来回忆："就清晰程度来说，普京的工作报告堪称范本。普京尽量避免同我'交往'，他仿佛故意剔除了和我的联系中所有的私人因素。但正因如此，我很想和他谈谈！他的敏锐反应让我惊讶。我有时会问一些看似很简单但又让人脸红、失措、难以回答的问题。普京都是能自然而平静地回答……任何事情他都能够应付自如，我们需要的正是这种性格。"叶利钦说，很早以前他就看中了普京，并为此不只对他进行了一般性的调查，而且还花了相当多的时间研究过普京这个人。对普京在圣彼得堡与索布恰克一起共事的情况了如指掌。而且，通过工作中的接触，"我发现，这个人不只是聪明睿智，而且沉着冷静、品行端正。"而且和同时代其他政治家不同，他绝不会搞极端主义。

此外，普京在索布恰克事件中的表现，也深深地触动了叶利钦。后来在索布恰克遭到政治陷害攻击时，是当时已经身在叶利钦身边的普京不顾可能存在的政治风险，毅然伸出援手，把索布恰克送到了国外。后来也是普京努力斡旋，终于让自己的老师一圆回归故土的夙愿。普京的这种超乎常人的政治敏感性和不顾个人前途去冒险救导师和领路人的品质，激发了叶利钦发自内心对普京的一种尊敬之情。

叶利钦在《总统马拉松》中讲述自己选中普京的心路历程："在确定必须解除普利马科夫的政府总理职务之后，我常常痛苦地思索这样的问题，谁会支持我？谁真正地站在我的背后？突然我醒悟过来了——这个人就是普京。"

在叶利钦的关注下，普京的职位一路攀升。1997～1998年，普京任总统办公厅副主任、监督总局局长；1998年7月24日起，以后备役上校的身份，取代科瓦廖夫上将，任俄罗斯联邦安全局局长；1999 年 3 月 29 日起，兼任俄罗斯联邦安全委员会秘书。最后，1999 年 8 月 9 日，叶利钦任命普京为政府代理总理，8 月 16 日，国家杜马同意普京担任俄罗斯联邦总理。这意味着普京正式成为叶利钦认定的接班人。叶利钦选定普京，毋宁说是叶利钦察觉到自己缺少普京的某种特质，而那种特质却恰恰是俄罗斯最需要的。

普京的顺利接班，要做的第一件事就是要取得国家杜马选举的胜利。他组建“团结运动”，团结议会可以争取的力量左右了议会的局面。“团结运动”一鸣惊人，为普京今后进行政党改革、控制议会迈出了第一步。

他铁腕出击，开战机亲身前往车臣，先后投入近 16 万人的兵力，对车臣叛匪的反恐行动成功地演化了一场战争，并取得决定性的胜利，使普京成为俄罗斯民众心目中十月革命以来最优秀、最强力的国家领导人。仅仅一个月，其民众支持率就从可怜的 1.7%，上升到 12 月份的 58%。

1999 年 12 月 31 日的新年除夕，叶利钦突然向全国发表电视讲话：宣布即日起辞去俄罗斯总统兼俄罗斯国家武装力量总司令等职，由总理普京代行上述职务直至全国大选。叶利钦同时也把俄罗斯国家核武装密码箱交给了普京。“我辞职”，叶利钦在致俄罗斯全体公民的新年祝词中，多次重复这句话。他确实想创造一个政治家正常地、文明地、平静地离开政治生活的先例。20 世纪末，成了长达 10 年的叶利钦时代的终结。而以自愿辞职的方式结束，也是俄罗斯 20 世纪唯一一次没有流血和政变的权力交接。节日礼炮的轰隆声中，在觥筹交错的祝词声中，在五彩烟火的映衬下，一个时代结束了。

这一天，普京以代总统签署了第一份命令，是关于为叶利钦提供生活不受侵犯及生活保障和警卫权力的。几个小时后，临近傍晚时分，普京改变了到圣彼得堡欢度新年的原定计划，偕夫人一起飞到车臣。

叶利钦之所以能轻易做出辞职的决定，前提是普京在政府总理职位上的工作卓有成效。同时，他这个时候的辞职，对普京来说也是一个跳板，能从根本上使普京在2000年3月26日的总统大选中轻易获胜。

普京个人性格的魅力、伯乐叶利钦的慧眼识人和全力助推、他在总理任选上不菲的成绩、车臣战争的胜利让民众看到的希望，以及他的智囊团、他的民众支持率，都为他赢得了在大选中的绝对优势。他审时度势，顺应民意，提出了强国战略和极为务实的竞选纲领。普京说："我感到自己不是什么救世主，而是俄罗斯的一名普遍公民，我的感受与俄罗斯任何一个公民的感受是相同的。很显然，人们感受到这些并由此支持我。"在总统大选的第一轮选举中，普京已经获得53%的选票。从代总统到当选总统这100天的执政中，普京"自己塑造自己"，他以自己的铁腕、真诚和坚毅感动了俄罗斯民众，也使自己迅速成为俄罗斯"社会健康力量"的凝聚中心。

2000年5月7日，在盛大、庄严的仪式上，普京正式宣誓就职。他说："我宣誓，在履行俄罗斯联邦总统职权过程中，我将始终尊重和保护公民自由和人权，遵守和捍卫联邦宪法，确保国家的主权、独立、安全和完整，诚实地为人民工作。"宣誓完毕，仪仗队员把俄罗斯宪法和"祖国一级勋章"送入大厅，叶利钦把一枚象征总统权力的勋章正式交给普京。接着，普京发表了简短的就职演说，他承诺，将会把俄罗斯建设成为自由、繁荣、富强和文明的国家。

普京时代正式开始了。

伟梦升华，铸造辉煌

普京的理想远大，梦想升华，由一名优秀的特工克格勃间谍，蜕变飞跃当上了俄罗斯总统。伟大的梦想产生巨大的动力，“我的未来我做主”，“给我 20 年，还你一个奇迹般的俄罗斯!”“希望能这么一天，俄罗斯人能够说：‘我为生活在俄罗斯而感到自豪。’”普京为实现自己从未有过的梦想，倾尽全部精力为之拼搏，铸造了人生辉煌。选择普京是俄罗斯历史发展的大趋势，是由俄罗斯国情所决定的。当年，普京接手的俄罗斯，饱受“休克疗法”之苦、“寡头干政”之害、“车臣之战”之痛和“自由民主”之乱。政治上“国家机器失灵”；经济上“面临沦为二三流国家的危险”；军事上衰势渐现；外交上被迫退缩，俄罗斯被国际媒体戏称为“泥足巨人”。面对这种状况，普京说出了一句气冲云天的话：“给我 20 年，还你一个奇迹般的俄罗斯!”他制定国家科学发展战略，形成了“市场经济和民主制度的普遍原则和俄罗斯的现实有机结合起来”为指导，以“自由、公正”原则为核心，以“富民、强国”为目标，“以正视问题、解决问题”为逻辑，以“由近及远，由粗到细，由宏观到微观”为发展脉络的“强国富民”思想。普京把“爱国主义、强国意识、国家权威以及社会互助精神”作为“俄罗斯新思想”。他铁腕改制，稳定经济；他整顿政纲，强硬削藩；反腐倡廉，提高政府效率；他调整国家安全战略；重建大国地位；他以“建立强大经济”为目标，全力倡导混合市场经济模式；他积极推动俄罗斯“入世”，力争融入国际市场。他整肃寡头，拿“传媒大亨”古辛斯基开刀；将头号寡头别列佐夫斯基轰出国门；收回尤科斯，控制石油；打击1%的寡头，让其余99%继续为俄罗斯效力。他挥舞“阿尔法”和“信号族”两把打击恐怖主义活动的“尖兵利剑”，捍卫民众的安全和局势的稳定。他双翼外交，在国际舞台上纵横捭阖，使俄罗斯的外交政策更具灵活性、平衡性和独立性。他强化军事，恢复军事大局形象。普京为俄罗斯而生，他是俄罗斯复兴的灵魂，他是一个个性鲜明的硬汉！他担任总统8年，使俄罗斯经济翻了8倍，贫困人口减少了50%以上，人均月收入从80美元增加到640美元，让俄罗斯重振雄风，跨入世界前十强。他绝对可以被称为新俄罗斯的缔造者和舵手。当他以64.4%的高得票率第三次当选俄罗斯总统之时，竟然也饱含热泪。

普京“曲线执政”“普京时代”辉煌延续。

俄罗斯政治史有着浓厚的集权色彩，从彼得大帝到叶卡捷琳娜女皇，再到沙皇亚历山大，俄罗斯人对强势君主情有独钟。无论是执政能力还是个人魅力，普京完全具有强势领袖的特色。他第二届总统任期即将结束，睿智的普京选择了一条“曲线执政”的道路，“梅普组合”，他任总理，梅德韦杰夫任总统。2008年4月15日，俄罗斯最大党、统一俄罗斯党第九次代表大会一致选举俄罗斯总理普京从5月7日起担任该党主席，任期4年。这意味着他能有效控制国家杜马，罢免总理比总统更难。普京还通过梅德韦杰夫“建议将总统和国家杜马的职权期限分别延长至6年和5年。”这显示着普京离他的俄罗斯梦更近了，“普京时代”的辉煌延续，整整一个时代，最少14~20年，俄罗斯的一切都与普京有关。

普京刚任总统，就开始构建自己的四大权力支柱：西罗维基、联邦安全局、统一俄罗斯党及油气资源。通过联邦安全局，普京控制了俄罗斯的“强力部门”；通过“西罗维基”，普京控制了克里姆林宫；通过统一俄罗斯党，俄罗斯议会——国家杜马变成了普京的助手；通过油气资源，普京得以推进其经济改革。可以说，凭借这四大权力支柱，普京清除了政治强敌，巩固了政治地位，形成了异常牢固的政治权力架构，让他真正意义上无可替代。普京强大的内心，坚韧的性格、卓越的才能，有力量带领自己的团队，引领俄罗斯民众，在可以预见的将来让俄罗斯在世界上经济发达、力量强大且富有影响力的国家中占有一席之地。他的全部决策、全部举措都要服从于此。践行伟大的梦想，铸造巨大的辉煌。

2015 年 1 月 8 日

参考文献

[1] 郑文阳. 普京传——他为俄罗斯而生. 北京：新世界出版社，2012

三、奥巴马当选美国总统的启示

奥巴马，一个名不经传的黑人，一个没有显赫的身世背景的年轻人，一个没有财富支撑的联邦参议员，却出人意料地在很短时间内迅速攀上了世界的权力之巅——当选上美国总统。

他的成功传奇，诠释了只要有梦想，只要坚持奋斗，一切皆有可能。他的成功传奇，给家长如何教育孩子，给青少年如何实现自己的梦想，如何成为竞争路上的“黑马”有很多启示。

梦想调动激情，理想照亮人生，目标成就辉煌

奥巴马的梦想宏伟、理想远大、目标明确，用一个个令世人震撼的成功点亮了他的人生。

奥巴马1961年8月4日出生在夏威夷州檀香山市，是一个黑白混血儿。父亲是肯尼亚一名黑人经济学家，母亲是美国一名白人教师。2岁时，父母离异，由白人外祖父外祖母抚养。6岁那年，他的母亲再婚，嫁给一位印度尼西亚石油公司的主管。他们举家迁往印尼，在首都雅加达的学校上了4年学，母亲又与继父离婚。他只好回到夏威夷，

与外祖父外祖母生活在一起。他们当时的生活很困难，但是家人们期望奥巴马有一个辉煌的前途，便设法将奥巴马送进了夏威夷最好的普纳荷私立学校。奥巴马很争气，他从小有远大的志向。他在一年级的时候写过一篇文章，题目叫《我想当总统》。在三年级写的作文《我的梦：长大了想做什么》中，奥巴马再次写到自己的理想是当美国总统。这充分说明在奥巴马幼小的心灵里，美国总统深深地扎根于此，小奥巴马要做的是，让它生根发芽，并长成一株理想的大树。中学毕业后，他进入加利福尼亚州西方文理学院学习，2 年后转入哥伦比亚大学学习，1983 年毕业，获国际关系专业学士学位。1985 年，他来到芝加哥，从事社区工作和民权律师工作。社区服务的经历，给奥巴马很大的感触，他决心从政，竞选尽可能高的公职。但高职位人员必须有为公众服务的知识和能力。于是，1988 年，他进入哈佛法学院学习，并成功竞选《哈佛法学评论》主编，1991 年获得啥佛大学法学博士学位，以优等生荣誉毕业。许多大的律师事务所和最高法院等司法机关，已经向奥巴马抛出了绣球和橄榄枝。但奥巴马心意已定，他有从政的大目标。之后，他又回到了芝加亚，在一家律师事务所工作，并在芝加哥大学法学院教授宪法。在进行了 3 年的法律实践和民事活动之后，奥巴马决定投身政治，他对政治表现出十足的热情。因为只有投身到政坛中，才能让他的梦想理想有实现的机会。

1996 年，奥巴马当选伊利诺伊州参议员。2000 年，竞选美国众议院席位失败后一直从事州参议员工作，且于 2002 年获得连任。他干了 3 届伊利诺伊州参议员，总共 8 年时间。2004 年，在美国民主党全国代表大会上发表主题演讲，因此，成为全美知名的政界人物。同年 11 月，以 70% 的选票当选代表伊利诺伊州的美国联邦参议员，是美国历史上第 5 位有外裔血统的联邦参议员。

2007 年 2 月 20 日，他以侧重完结伊拉克战争及实施全民医疗保险制为竞选纲领，正式宣布参加 2008 年美国总统选举。同年 6 月赢得民主党初选，成为美国历史上首位被主要政党提名的非洲裔总统候选人，并于 11 月 4 日正式当选。就任总统后，他全面实施恢复美国经济的经济复兴计划，军事上主张从阿富汗和伊拉克撤军，并向伊斯兰世界表示友善而非以武力相伴，还和核武大国俄罗斯签署削减核武器的《布拉格条约》。2009 年 10 月 9 日，获得诺贝尔委员会颁发的诺贝尔和平奖。2012 年奥巴马获得连任美国总统。这就是奥巴马奇迹，奥巴马辉煌。

梦想做成功人士，应以勇于担当家庭、社会、国家的责任为宗旨

大梦想、大志向、大目标，大担当；小梦想、小志向、小目标、小担当；没有梦想、没有志向、没有目标，很难担当。只有敢于担当、善于担当，以为民众谋利益为出发点和落脚点，才能得到广大人民群众的拥护和支持。奥巴马在这方面做得很好。奥巴马的梦就是美国梦，他说："美国是我们梦想的总和。"什么是美国梦？所谓美国梦，指的是在美国形成与发展的一种具有相当普遍吸引力的理想与追求，就是改变美国的现状，复兴美国的经济，改善广大底层贫穷人的生活。奥巴马在很多地方都这样说过："我活在父辈和美国人民的梦想之中。"奥巴马经常深入到美国人民当中，最切实地了解了当下美国人民的期望，他从人民的期望里懂得了一个合格的政治家该如何去经营这个国

家。这个国家太需要实干的领导者，需要能给美国带来正确发展方向的领导者。奥巴马打出了“民生牌”“改革牌”，正符合了大众的期望，他对未来充满希望，对美国的发展充满了信心，对自己的理想更是信心满满。他在竞选中发出变革的呼声：“任何时候，都有新的一代涌现，完成需要他们承担的任务。今天，我们再次听到召唤，现在是我们这一代人做出回答的时候了。”“是的，我们能！是的，我们能拥有机会和繁荣！是的，我们能带领我们的国家走出困境！是的，我们能拯救这个世界！是的，我们能！”奥巴马真心实意为美国大众谋福祉，历史选择了奥巴马，美国人民选择了奥巴马。

良好的家庭教育是实现梦想、理想、人生目标的基础

人的教育如种树，家庭教育如培根，有肥沃的土壤、适当的水分，才能根深叶茂，有后劲；学校教育如长干、长枝，开花结果；社会教育如阳光、水分和空气。奥巴马受到了优良的家庭和学校教育。

他的肤色是他最好的学习资源，是他成功过程中最大的教育资源。通过肤色，他能够看到很多人看不到的东西，比如种族差异，比如美国底层人的生活，这些是那些高高在上的人看不到的，而正是这些教育了奥巴马，让他更清楚地认识到自己的使命，并坚定了为之奋斗的决心。奥巴马说：“我在夏威夷出生，在印尼长大。我拥有黑色皮肤，却成长在一个白人家庭。然而我正是从这种多样的文化中汲取养分，长大成人。”

奥巴马的母亲是位教师，攻读人类学博士学位，家里生活困难，省吃俭用，供儿子上学。对奥巴马精心抚养和教育，给奥巴马的童年

生活造成了很大的影响。在奥巴马的自传中记述了这一段经历：“母亲决定将全部精力放到对我的教育上。在那时候，我不仅接受了印尼当地学校的教育，还有幸地学习到了其他更有趣的知识。因为母亲没有钱，所以无法将我送到外国孩子专门就读的学校里去，这使得我只能学习美国函授方面的课程。母亲每周都要教我学习英语，要我铭记自己的血统，并且他会告诉我关于父亲的一些事情。每次她都和我说他不坏，父亲恪守的准则是勤奋工作和艰苦生活，她要求我也这样做。她给我买了很多有关美国公民权利运动方面的书籍，叫我听黑人歌曲，并看马丁·路德·金的演讲录像，她还给我讲述美国南部黑人孩子的成长故事。她不断地提醒我，并告诉我：你是一个黑人，你是一个伟大血脉的继承人和受益者，正因为如此，你会拥有截然不同的人生。”

奥巴马的外祖父、外祖母对奥巴马的影响也很大。外祖父换过多份工作，先做家具推销员，还当过保险经纪。外祖母在一家银行工作。身教重于言教，奥巴马在她（他）们身上学到了艰苦朴素和务实的办事作风。

奥巴马夫妇对子女的教育很重视，理念很好。他和夫人米歇尔，总结出的养育孩子的基本准则，不仅适用于领导层家庭，对普遍家庭也同样有参考价值。首先，父母做好子女的榜样；第二，要让孩子们感觉到被爱；第三，不要溺爱孩子；第四，家庭的稳定和传统会给孩子带来安全感；第五，立规则的同时给孩子们通融的空间；第六，孩子要学会为他人着想；第七，关注孩子的学习，但不强迫死读书。奥巴马家庭还会限制孩子看电视的时间。如果女儿不能选择质量较好的电视节目，那就不让看电视。

孩子是祖国的未来，家庭的希望。家庭教育，也可叫希望教育。奥巴马说：“我出生在一个没钱、没地位的家庭。我母亲生我的时候还是个女孩子，我父亲在我两岁的时候离家而去。但是，我的家人给了我爱，给了我教育。最重要的是，他们给了我希望。这个希望就是，在美国，只要你去争取，只要你去努力，只要你去奋斗，就没有不可能实现的梦想。”

实现梦想、理想、人生目标，必须善于学习，不断改变自己，使自己强起来

奥巴马在年轻的时候，一度是一个玩世不恭的小子，那时的奥巴马没有责任感，总是做着破坏活动，是街头混混，做着打手的勾当，还吸毒。他结交女朋友，不出几个月就分手，而且没有理由。

但是，他最终觉醒了。奥巴马在转到纽约哥伦比亚大学期间，找准了人生的方向，从一度意志消沉的状态完全走了出来。他变得更加理性、更加有责任感。他把所有的时间都花在学习上，他戒掉了毒品，他断掉了与那些朋友的往来，不想过醉生梦死的生活。他定期为杂志社提供稿件，练就了自己的写作风格。他渐渐地向自己的父亲看齐。有一天，他告诉母亲想去肯尼亚见见父亲，但是命运总是捉弄人，就在奥巴马满心憧憬地想和父亲第二次相会的时候，噩耗传来，46 岁的父亲因车祸受伤而去世。也许是为了纪念自己的父亲，奥巴马决定继续朝自己的目标努力，去社区工作，尽自己的能力帮助黑人社区那些朋友重新找回自己的尊严。

当时的美国黑人社区面临较大的困难，社区存在着“服务真空”。

一方面政府没有改善黑人社区环境的积极性；另一方面这些社区的居民没有凝聚力，无法组织起有效的社区服务。奥巴马瞄准了这一“真空地带”，制定社区服务计划，放弃华尔街的高薪职业，投身到贫民窟当中去。希望通过这种“群众性的、基层的”方式来引起政府对黑人社区问题的关注，改善社区环境，促进黑人和白人社区居民之间的交流。正是一种责任感，使得他做出了如此的选择，他要为美国人的幸福而努力，为美国人的未来而奋斗。

竞选尽可能的高职，必须要有在高职位上为公众服务的知识和能力。奥巴马是一个善于学习、且拥有超常的学习能力的人。他不断从书籍、从优秀的前辈、从所有值得学习的地方汲取营养，不断地充实自己，准确地找到自己的定位和价值。

美国伟大的林肯总统，还有20世纪在全球有着巨大影响的黑人领袖马丁·路德·金，这两个人是奥巴马崇拜的人物，对奥巴马产生了巨大的影响。

林肯的成功跟奥巴马颇有几分相似。林肯在当选总统之前，他同样没有雄厚的政治资本，还只是一个当过一届众议员的小律师。但是他有着自己的优点和热情，他有常人难以想象的治国方略，他非常富有远见卓识。他的出现改变了黑人被奴役的历史，美国进入一个前所未有的新时代。正是林肯对美国的卓越贡献，使他成为几代美国人难以忘怀的伟大总统。林肯的这种成功，对奥巴马产生了非常大的影响。在奥巴马竞选总统时，他把自己的起点定在林肯当年发表著名演说的地点，可以看出他也想沿着林肯的足迹，走出自己的辉煌。他讲道：“我们能打造一个更有希望的美国。在林肯呼吁结束分裂、团结一致的老议会前，希望和梦想仍在延续。”

奥巴马从小熟读马丁·路德·金的著名演讲《我有一个梦想》，在奥巴马的心中，也有一个属于自己的梦想，也有一个和马丁·路德·金一样的梦想。他从父亲那里沿袭了演讲口才，从马丁·路德·金身上学到了演讲的技巧和方略，他每一次的演讲都能深深地打动观众，每一次演讲他都在表现自己的热情。

奥巴马注重提升技能，让自己拥有竞争的资本。可以说，出色的口才是奥巴马获得成功的保障。他之所以能从一个默默无闻的黑人，到名声如日中天的总统，可以说口才帮了他很大的忙。早在大三那年，他出任哈佛大学法学院由学生主办的《哈佛法学评论》的主编，靠的是三寸不烂之舌，打动了一个又一个听众。2004 年 7 月，克里竞选班子决定让奥巴马在民主党全国代表大会上做主题发言，阐述民主党的治国纲领。这次演讲让人们感受到奥巴马的魅力，让他在大会中成为最受瞩目的明星。奥巴马的演讲风趣、幽默，能让全场的听众为之着迷，这是奥巴马获胜的先决条件。奥巴马对演讲是下了一番工夫的。他对美国经典的演讲进行了认真研究，能找出他们的共通点，并能熟练地运用修辞和逻辑，紧紧抓住听众的心理，有意识地营造出一种历史感、使命感和传承感。美国爱达荷州大学修辞学教授叶卡捷琳娜·哈斯金斯评价奥巴马说："与其他任何政要相比，他是所有美国人中口才最棒的。"

奥巴马不仅口才好，自己也写文章。在竞选总统期间，他写过两本书：《源于父亲的梦想》《无畏的希望》，产生了广泛积极的社会影响。

奥巴马的工作十分出色，他勤奋、认真、务实、高效，善于海纳百川，集思广益。比如，奥巴马在任伊利诺伊州参议员的第一年和第二年，他每年都使得数个提案变成法律，到了第三年，他的60个提案中有11个变成了法律。他的成功主要在于能跟共和党的同事一起切磋和交流，并获得他们的支持。求同存异，这是奥巴马在《哈佛法学评论》杂志当主编时学到的本领。不久，奥巴马做了参议院卫生与社会服务委员会的主席。

由此可见，奥巴马是一位政治新星，是一位才华横溢的总统。

一个人没有知识、技能和特长是很难实现理想的。成大事者必先读书。我们只有勤奋学习，善于学习，从多方面吸取营养，不断提升自己，成为具有高能力、高素质的人，才能不断获得生存、发展的“蓝天。”

一切成功绝不是偶然的，只有不怕挫折和失败，坚持与执著，才能实现梦想、理想和人生目标

2000年，奥巴马在竞选联邦众议员的时候，经历了从政以来最严重的失败，甚至都没有赢得党内初选的出线权，还留下了6万美元的债务。失败的原因是，他才做了一届州参议员，从政也不过4年，没名气，没经验，有些急功近利。但他认真总结教训，没有倒下，没有被这次失败击倒，他迅速站了起来，变得更加坚强，更有智慧了。这次的失败，从一定程度上也造就了今天的奥巴马。在这之后，他谦虚起来，他经常与老一辈政客们聊天，向他们请教很多的问题，从他们那里，奥巴马很好地弥补了自己从政经验的不足。所以失败，对他来说，并不是一件坏事。

在竞选总统的整个过程中，由于奥巴马的一些政策触及某些特权

阶层，这些人利用自己的人脉使奥巴马在某些州的得票率大大下降，导致奥巴马在这些州落败。还有些极端分子高举反奥标语到奥巴马的办公地点高声抗议："奥巴马滚蛋！我们不需要奥巴马！"面对失败和抗议，奥巴马处变不惊，他微笑着安慰竞选队员："没有什么大不了的，这就是竞选，我们必须面对。"于是，他们又精神百倍地准备下一个州的竞选。

奥巴马说："我珍惜生命中的的每一次痛苦，并会用心体会它，爱它，我知道这会让我受益匪浅。"奥巴马还说："我知道我将要走的是一条漫漫长路，我可能经历许多失败和挫折，但立志成功的雄心使我不允许自己放弃。"

一个人的坏习惯、坏毛病，比如不爱学习、好逸恶劳、办事拖拉、不能自控、不会珍惜时间、东西乱放等等，往往都是幼童、年轻时养成的。好习惯早养成早受益，纠正比不纠正强。因此，我们应借鉴奥巴马，做好人生规划，立下志向，下决心纠正身上的不良习惯，立志做个全新的人，有出息的人。

一个人遭受一次挫折或失败，就说接受一次教训，增长一分才智。失败是成功之母。所以，我们要善于从失败中汲取教训，总结经验，永不放弃自己追求的目标，坚持执著，就能走向成功。

2013 年 12 月 15 日

参考文献

[1] 巴拉克·奥巴马著．罗选民，王璟，尹音译．无畏的希望．北京：法律出版社，2008

四、打造富强的国家 后代子孙们的希望灯塔

——朴槿惠总统年轻时在绝望中强生、筑梦

她是一位平凡而伟大的女性，她荣获五个第一的桂冠：第一位女总统，第一位第二代的总统，第一位未婚的总统，第一位得票率过半数的总统，第一位主修工程学出身的总统。她说："我没有父母，没有丈夫，没有子女，国家是我唯一服务的对象。"她就是2012年12月19日竞选成功、2013年2月25日宣布就职的韩国总统朴槿惠。她的人生坎坷，跌宕起伏。她受到父母和学校良好的教育，茁壮成长。她在绝望中强生，在民众中扎根，在高位上筑梦，全力打造富强的韩国。

在父母的良好教育中成长

朴槿惠在22岁前，有个幸福的家庭，过着寻常快乐的生活，受到父母和学校良好的教育，她好学上进，很快成长起来。

朴槿惠的父母是一对特别恩爱的夫妻。父亲朴正熙是军人，是位浪漫派的爱妻男，母亲陆英修是位贤妻良母，娘家相当富裕，是忠清北道玉泉第一户拥有汽车的人家。父母当初相遇时，两人一见钟情，

但朴槿惠的外公不太满意朴正熙，不愿将宝贝女儿嫁给一个贫穷的军人，母亲不顾外公的极力反对，还是坚持和父亲结了婚。后来朴槿惠问起母亲和父亲的相恋时，她母亲回忆着当时的情况，告诉孩子选择对象不能以金钱或外表来衡量，而要以信任与信赖为优先考虑。

她的父母晚婚晚育，父亲 36 岁、母亲 28 岁时生下第一个女儿朴槿惠，后来又生下第二个女儿朴槿令，儿子朴志晚。一家 5 口人，日子过得很幸福。

朴槿惠小时候好动调皮，是小区里的孩子王，有点女汉子的性格。她回忆住在新堂洞的时候，说："我常和小区的朋友们玩丢沙包、捡石子、跳橡皮筋、捉迷藏等游戏，当时因为好胜心强，每次都全力以赴。为了当捡石子冠军，还会和槿令在家里事先练习，甚至为了跳橡皮筋时能撑到最后，会一鼓作气跳到整个脸颊涨得通红为止。"

1961 年他的父亲当上韩国总统后，她以第一女儿身份入住总统官邸青瓦台，在那里生活了 18 年。虽然环绕在青瓦台四周的高墙令人心烦，但宽敞的草地是她三姐弟最棒的公园。堆雪人、溜冰、跑步、踢足球、种树、养花、画画、听父母讲故事、接待客人等，她和妹妹、弟弟过着快乐的生活。

父母榜样的示范、和谐的家庭、良好的教育，促使她茁壮成长。小学时期她特别爱读战争题材的历史小说，每次读大仲马的《三个火枪手》总是既紧张又兴奋。读过的次数都数不清。剑客们所展现出的义气、正义、不惜生命的故事，让她满怀兴奋，至今记忆犹新。他读过父亲送给她的《三国志》之后，仿佛遇见了一个全新的世界，就连上课时也想赶快奔回家看这本书。某天父亲问她："槿惠你最喜欢《三国志》里的哪个角色啊？"她毫不犹豫地答说："赵云。"她说：

“现在回想起来，甚至怀疑自己的初恋对象会不会就是赵云，因为每次只要他一出现，心中就会不自觉地小鹿乱撞。”她父亲常教姐弟三人看地球仪，讲世界各国的位置、人口、经济、政治、人民生活等情况，希望她（他）们成为怀有远大抱负的人。

她的母亲勤劳、贤惠、友善、智慧，严于教育子女，是槿惠心目中的理想女性形象。她母亲总是早晚不得闲地忙碌着，父亲在军队时，母亲既要做家务、烧饭、种菜，还要带孩子。她母亲什么都会，家里的维修工作都是母亲一手包办，破旧的东西经过母亲的巧手也能整得焕然一新。槿惠传承了母亲动手修理东西的手艺，像换灯泡、用螺丝起子修理松脱的门把，只要有工具，家里的任何东西都能轻易被她修好。她母亲当了青瓦台的女主人后，工作量几乎和父亲差不多，同时要扮演几个角色。青瓦台的人们甚至为她母亲取了一个“申闻鼓”（古代供百姓鸣击申冤的大鼓）的绰号，因为她会亲自检查每一封信件，而且还会悄悄地到处去走访视察。她母亲的使命感非常强，考虑到自己的一举一动会影响到国家形象，所以对自己的管理相当严格。韩国产的皮鞋弹性不太好，她母亲穿上脚肿得非常厉害。一位秘书要帮她买一双舒服的外国产的皮鞋，她婉言谢绝。平时她母亲很慈祥，但孩子们一旦犯错就会毫不留情。她总是强调责任感和谨慎，装病和撒娇对母亲一点也没有用。哪怕是非常小的错误，只要不真心认错，她就会严厉地责骂。槿惠说：“母亲是个了不起的老师，她那公平且没有丝毫动摇的一贯性原则，使我们对是非黑白有着很清楚的认识和区分”。母亲常说：“成绩好坏没有关系，重要的是每时每刻都要心术正直。”她的母亲善待他人却自律甚严，要求孩子像她一样，严于律己、宽以待人。槿惠依照母亲的教导，从小学开始培养出每天写日记的习惯。记录当天做得好与没做好的事情，并将需要改正的缺点不仅写在日记里，也另记在其他的笔记本上。这个方法使槿惠改掉了咬指甲的坏习惯。母亲的朴实教育促进槿惠健康成长。她母亲说："就算父亲是总统，我们也不会有任何改变。总有一天还是得回到新堂洞，不可以因为住在青瓦台就有优越意识，别忘了这里只是暂时供住的地方。"槿惠在青瓦台住的、吃的都很寻常。就读于圣心女中的某一天，几个好同学到青瓦台来，有个同学看到客厅和槿惠的房间后，一脸失望地说："什么嘛，和我家没什么两样，我还以为会布置得像公主的房间。"每天午餐时间，同学们都会以为槿惠的便当菜应该有所不同，常常会偷瞄槿惠的便当，但其实和同学没有两样。掺杂着大麦的杂粮饭、蛋卷、蜜黑豆、萝卜泡菜，就只有这些。有一天出门上学时，外头下着倾盆大雨。槿惠撑着伞踏出大门，没想到雨伞竟被风吹翻了，只能无声地跑回去告诉母亲雨伞坏了，于是母亲帮她拿了一把新的塑料伞。那时站在一旁的事务官跟母亲说："风雨这么大，塑料伞一下子又会被吹坏的，今天就让槿惠坐车上学吧。"结果，母亲用"槿惠你可以自己去吧"的眼神看着她，她大声地说了一句"我上学去了"，就抬头挺胸地踏出了大门。一路上，槿惠和同学们的身子虽然被雨淋湿了，但都开心，一进教室，每个人都手忙脚乱地忙着挤干衣服上的雨水，热闹极了。要是当时母亲答应让她坐车，或许可以比其他同学更舒服地上学，但她就无法体会与同学们打成一片的乐趣了。她母亲尽力让孩子能在平凡的环境下成长，让槿惠安然地度过容易彷徨的青春期。

槿惠在总统父亲身边长大，通过和家人的"饭桌谈话"、和各国政要、各领域专家的接触，她自然而然地学到了很多东西，不但对各方面事物产生兴趣，也会因此去思考、研究，并且在这样的过程中培养了爱国之心。不知从何时起，只要父亲担心旱灾，她就会祈祷下雨，变成了一个为国操心的小大人。父亲问她将来的梦想，大学读什么专业？她回答读电子工程。父亲问原因，她说："上次来青瓦台访问的一个博士提到小小一个半导体就值20～30美金，一个007皮包的分量就是几万美金，我们韩国应该要拼电子产业。因此，我想成为产业的主力人才为国家作出贡献。"平时希望槿惠能上历史系的母亲被她这番话吓到了。"那么难的书要怎么读呢……"心疼她的母亲接不下话，但父亲跟母亲不同，或许他很早就有心想要把槿惠培养成专业人才。"这个想法很棒，爸爸相信你，一定可以达成梦想。"槿惠如愿进入西江大学电子工程学系，她勤奋好学，成绩特别优秀，获理科学士学位。她穿着母亲的韩服参加了大学毕业典礼，以第一名成绩毕业，却也成为送给母亲的最后一份礼物。毕业典礼不久后，她前往法国留学，在格勒诺布尔大学进修。不过，在法国的生活并没很久，6个月后，她又回到了韩国。

在绝望中强生

人生没有平坦的路，有顺境也有逆境。朴槿惠这个总统的女儿，正当青春年华、风华正茂、踌躇满志，朝着自己的梦想一步步迈进的时候，一场场狂风暴雨向她袭来，还有冷箭向她射来。她在逆境中磨炼，逐步坚强起来，她说："绝望锻炼了我。"

她母亲1974年8月15日被暗杀。那天，其父朴正熙与夫人陆英修在汉城国家剧院出席韩国光复29周年纪念活动，被旅日韩侨文世光枪击，朴正熙躲过杀身之祸，但陆英珍中弹身亡。此时，槿惠年仅22岁，她结束在法国的学业，迅速返回韩国。当时她得知母亲不幸的噩耗，瞬时全身就像被数万伏电流击中一样，心脏则是被尖锐的利刃深深刺进般疼痛，眼前一片漆黑，泪水就像滂沱大雨般不停流下。当她回到韩国看到母亲、听到父亲叙说当时被害的悲惨情景时，想起连一句遗言都没留下就离开人世的母亲，心中又开始撕裂般地疼痛。身为长女没能陪她最后一程，心中的愧疚再次让她泪水不止。在那段母亲被害的日子里，她心头像被刀凌迟般痛苦，食而无味，寝而不眠，那种悲惨无法言传。或许是因为心理压力过大，她出现了停经的现象，身体开始到处疼痛，免疫力下降，甚至变成过敏体质，每天都会打喷嚏。

但是不能继续难过下去了，朴槿惠决心振作起来，并告诉自己，活着的人得好好活下去，因为忙碌的蜜蜂是没有时间悲伤的。于是，她被赋予了一项新的使命，代替母亲，成为韩国的第一夫人。

她承接了母亲生前的全部工作，包括检查寄到青瓦台里的数百封反映民情的信件、改善落后环境、寻访中小企业、慰问被遗忘的贫苦阶层、进行公益服务。要做的事情堆积如山，每天只能睡5个小时，晚上12点就寝，凌晨5点起床。要是有海外贵宾来访的话，连5个小时的睡眠时间都只好舍弃。嘴唇总会累到起泡，身体也经常发低烧，连生病也没空理会。

“早起的鸟儿有虫吃”，是她母亲对她的教诲。朴槿惠一直以“比别人更勤奋”的原则来要求自己，这样才能在最短的时间内有效地完成更多事情。她相信只要处理一件民怨，就能让国民过得更好一些。对原本一心只想成为学者的朴槿惠，如今，繁重的事务，极大的压力，代替受国民爱戴的母亲执行应尽的职责，就是当时22岁的她必须接受的宿命，也是强大的使命感与母亲的实绩成了支撑她的最大动力。她每时每刻全力而为，努力做优秀的第一夫人。

她除了独自承担青瓦台的家务外，尽可能将精力放在辅佐父亲的政事上。她常跟父亲身边学习，不知不觉地学到了一些珍贵的课程。“国益优先”是她父亲坚定的政治信念，他花上一生来使国家富强，并让国民生活稳定。韩国在她父亲的领导下，经济迅速腾飞，人均GDP飞升近20倍，为后来的汉江奇迹奠定了基础。但还有许多需要改善的地方，减轻社会底层人民的困苦在当时是非常急迫的事情。朴槿惠将这件事视为第一夫人应完成的重要任务。她认为照顾国民的健康是政府的义务，一直致力于医疗事业。她执行第一夫人任务，接待国外贵宾相当多，培养了外交的敏感度。她扮演5年的第一夫人，理解了什么是政治权力，也学习了如何处理国家大事。

悲剧又一次找上门来，1979年10月26日，父亲朴正熙去参加在插桥川举行的水利工程完工典礼仪式，遭到中央情报部长官金载圭刺杀身亡，终年62岁。父亲的死对她打击很大，好几天合不上眼睛，仿佛胸口被敲了一根钉子，痛到无法入睡，度着比死还痛苦的岁月。她的身上出现了不明斑点，没有一个医生能够确切诊断。这是巨大悲痛在身上的体现。它比体力劳动的苦更苦。她在日记中写着：“痛苦是人类的属性，它能够证明你还活着。”她的痛苦很多，交织着亲人亡故的伤害和遭遇背叛的愤怒。9日丧之后，她带着弟妹离开了青瓦台。离开之后，在政坛圈内不断出现出卖父亲的言论。当时，连最亲近父亲的人都对她变得冷漠。这对她是相当大的打击。三姐弟连父母亲的祭日也不敢举行任何公开仪式。朴槿惠说父亲除了自己的祖国以外，没有任何私心，他的全身心都被“祖国现代化”这个理想占据了。有些心怀不轨、想要靠拢新政权的人，刻意去扭曲、造假、诽谤领导国家18年的总统，恐怕没有比这更让人感到冤枉的事情了。除了贬低父亲成就的事业外，还对已经躺在地下的他进行人身攻击，这一切实在是太令人寒心了。“权力的珍贵在于我们可以利用它为百姓做更多的事情。”我在现实中学会了看破人的内外是多么重要的一件事，我要感谢的并不是多给我一杯水的人，而是那些心和理念不会因时势而动摇，以一贯真诚态度对我的人，也就是内心诚实的那些人。

不幸再次发生，2006年5月20日，她在首尔帮助一名大国家党候选人竞选首尔市长时，遭到暴动袭击，右脸被文具刀割伤，伤口长达11厘米。凶手池忠浩因谋杀未遂、违反选举法、伤害他人等罪名，2007年被判处10年监禁。

朴槿惠没有被打倒，她在绝望中强生，越战越勇，越战越强。她说：“我在青瓦台生活的15年期间，毫无选择地我也成了爱国者。当对父亲的毁谤与流言传得沸沸扬扬的时候，有人劝我暂时离开韩国过段时间。但是我做不到。这里是我出生长大的国家，是我的土地。不管去到哪个国家生活，都比不上住在自己国家理直气壮又幸福啊。就算再苦再疲惫，我都会在我的国家完成我的人生并长眠在这片土地里。”

在群众中扎根

朴槿惠面对眼前巨大的高墙，她要抗争，要奋战。她在沉默中等待爆发，她在群众中扎根，她在行知中升华。1979年27岁时，父亲遇刺身亡，她远离政坛，销声匿迹近20年。过着平凡平静的生活，过着学习的日子。每天都会固定看报纸和电视新闻，从未间断过对这个国家的关心和担忧。她穿着舒适的鞋子加上简单的牛仔裤，走遍了全国知名的大山和遗址，独自一人走在乡村小路上感觉是那么的舒服。路上遇到的人们露出的淳朴笑容，把心中的闷气一扫而光。素不认识的大婶们一再让她吃碗面条再走。有位老奶奶认出了她，说："我知道你是谁，和死去的陆女士长得真像呢。她生前做了太多善事，就算其他人把她忘得一干二净，我这老人家是绝不会忘记她的。拉电线到这个小村的人是你爸爸吧？"说完，老奶奶从口袋里拿出揉成一团的几张钞票，要她拿当零用钱。朴槿惠不停地婉拒，老奶奶依旧把手中的几张千元钞票塞到她手里，之后转头就离开了。"振作点，以后的日子还很长。"老奶奶的那句话让朴槿惠非常感动，眼泪夺眶而出。

朴槿惠一直在前行。她关心下一代，1974～1980年她任韩国女童子军名誉总裁。1979年她出版著作《心之新路》。1987年获台湾地区中国文化大学名誉文学博士头衔，并曾于该校研修"最高产业战略课程。"1993年任韩国文化财团董事长，同年出版著作《如果我生活在平凡的家庭》。1994年任韩国文人协会会员。1997年加入韩国大国家党。1998年4月在其父的出生地——庆尚北道和大邱得中期举举，当选国会议员。当时她竞选的口号是"为完成父亲未完成的事业尽一点力。"2004年3月和7月，两度当选大国家党代表。1998年出版著作《将苦难当做朋友　将真实作为航标》《一大把，一小点》。1999年出版著作《我的母亲陆英修》。2002年赴平壤访问，受到朝鲜最高领导人金正日的接见。2004年任第17届国会议员，国会国防委员会委员，国会行政自治委员会委员，国会环境劳动委员会委员。2004～2006年为大国家党最高委员。2006年6月辞去大国家党党首职务。2007年6月宣布竞选韩国总统。出版著作《人与人》。2005年5月、2006年11月来中国访问。2008年1月作为韩国候任总统李明博的特使再次来华访问。2008年，她获圣庆大学和韩国科学技术院分别颁赠荣誉博士学位。同年任第18届国会议员，国会保健福祉家族委员会委员，国会企划财政委员会委员。2010年于母校西江大学取得荣耀博士头衔。2011年12月～2012年5月，任新国家党非常对策委员长。

朴槿惠为老百姓的福祉不停地忙碌着，老百姓看在眼里，记在心里，她和老百姓的关系如鱼水情深。她经常听到一些年长的民众对她说："看到你就觉得心疼。"民众们非常关心她，有许许多多的人送给她极为淳朴且充满人情味的礼物，比如西瓜、小黄瓜、马铃薯、糖果、花等礼品，常常夹带卡片写着："这是我们家田里的有机农作物，请您多吃一点才有精力。请加油!""今天是白色情人节，您好像没有男朋友，所以送您糖果""水灾时，您来我们乡里细心关怀，谢谢你。"民众的关心、消除了忙了一天的槿惠的疲劳，她感到她真是大韩民国最幸福的人。

朴槿惠不管到哪里都会倾听人民的声音，这个承诺将伴随她的人生直到永远。每当遇到民众，她就能得到力量并露出微笑。她重返政界，给予她最大支持的就是民众。她说："终于，我决心要走'政治人朴槿惠'这条路。我下定决心要为大韩民国的前途奉献余生，即使将来要越过的山岭再险恶、再陡峭，我也不想再犹豫了。于是，我重新踏进了政界。"

在高位上筑梦

朴槿惠为什么重返政坛？当年，父亲领导韩国人民在极端贫穷的条件下，创造了经济辉煌。比如当时没有国家借钱给韩国，政府将矿工和护士送到德国，以他们的薪水作担保，才借到了1亿4万马克，可想国家何等的困苦。多年的努力，人民的生活得到改善。1997年韩国爆发的IMF危机（当时濒临破产危险的韩国，向IMF世界货币基金组织贷款，简称IMF危机。即一般所说的亚洲经济危机。），国家摇摇欲坠，露宿街头的街友们排了很长的队伍等着领免费配给的晚餐，生活十分困苦。这时，朴槿惠已从离开青瓦台的阴霾之中走出来，她那忧国忧民的思想和自己死后如何问心无愧地面见父母，以及为国尽责出力强烈的责任感、使命感，再不能独自过着平静安逸的生活了。于是她下定决心要走“政治人朴槿惠”这条路。

1997年12月10日，8天后就是总统大选的日子，朴槿惠决定支持大国家党的总统候选人李会昌，并正式参加助选活动。她之所以选大国家党，是因为认为李会昌候选人长久以来一直是个清廉且有能力的领导者，如果和李会昌候选人一起努力，相信将可以用智慧解决IMF经济危机。她的拜票助选深得民众拥护，很多人都认识她，“加油啊！”“请出来拯救国家经济啊！”

金大中总统当选后政权轮替，大国家党首度变成了在野党。此时，迎来了1998年4月2日国会议员再补选，这是影响党命运的一场重要选举。在这个时间点，市民们提议要朴槿惠参选，她认为既然已经一脚踏进来了，就该兑现在上次助选时对民众的承诺。此时，大国家党安排她去达城郡参选。而执政党候选人是达城出身，他对地方基层经营得非常扎实，不仅资金与组织力丰富，长久以来还一直获得政府执政党的支持。从各方面来看，朴槿惠都处于不利的状况。然而，朴槿惠以挚诚强烈地爱民之心，全心全意地投入竞选，到处去每个邻里拜票，不放掉任何角落，阐明主张，说明诚意，晓之以理，动之以情，战胜了一个个困难，以多对手一倍的票数当选国会议员。1998 年 4 月 8 日她第一次站在国会的发言台上向国民发誓："将遵守宪法，为国民的自由、福利的增进以及祖国的和平统一而努力，以国家利益为优先考虑，秉着良心精诚履行国会议员的职务。"

朴槿惠当选国会议员后，大国家党重组新的党指挥部，朴槿惠拒绝担任指名副总裁（照顾女性），通过选举当选了副总裁。

之后，朴槿惠的首要任务就是政治改革与政党改革。她深知有史以来所有国家的兴亡盛衰都是由政治所左右，国家的发展以及国民是否过得好，都与政治是否发挥了应有的角色有关。我们国家的情况是，政治没能好好发挥应有的作用，这一点成了国家危机的核心所在。于是他力推政治改革和政党改革，即使被排挤也要坚定信念。此时，大国家党腐败的污名以及弹劾的声浪，使大国家党岌岌可危。2004 年 3 月 23 日，大国家党召开全党大会选出新的指导部，朴槿惠当上了面临沉船危机的大国家党号船长，成为继朴顺天女士之后第一个"女性党首"。

2004 年 3 月 24 日是她担任大国家党代表的第一个工作日，是告别与忏悔的日子。这天，她与党员们卸下原来挂在大楼墙上的"大国家党"的铜牌，在汝矣岛中小企业展示用地里用帐篷建起党舍，在极简陋风餐露宿的条件下办公。她还到了曹溪寺的极乐殿，拜了 108 拜。

她还参加永乐教会的周三礼拜，进行祈祷。这些无非是为了谢罪，向国民以表真诚反省的心，断绝腐败的心。她以实际行动展现改革，改善大国家党的现状。严肃处理了违法党纪、贪腐的大国家党的要员。2004 年“4 · 15”国会总选，原本预测连 10 席都可能拿不到，结果拿到 121 席，超过 12 倍的席次。这是国民给大国家党极为宝贵、充满希望的数字，从此大国家党将以新的面貌重新出发。

朴槿惠亲民爱民，她到“女人不得进入”的煤矿现场访问，和工人促膝谈心、问寒问暖。她在韩国最受欢迎的社交网站同大学生们聊“年轻人心目中的政治”话题。她的革新不断继续向前迈进。53 天的《私立学校法》之争，她的主张使执政党只好逐渐屈服。她认为要成为先进国家，必须培养人才，学校要具备竞争力。培养学校的竞争力，最重要的是学校的多元化和自律性。她始终从不放弃的一项就是我们孩子的未来——“教育”。孩子是我们未来的主人翁，孩子成长的教育环境与制度绝对需要细心考量。她提议创建了党舍“快乐幼儿园”，年轻的妈妈可以在职场上更好的工作，孩子们能在安全健康的环境里茁壮成长。她的公务繁忙，越忙越想去幼儿园。孩子们一见到就喊“大阿姨”，还拥抱她。她认为“真正的政治就是寻找一条路，一条让制定政策的人以及政策受惠者都能切身感受快乐与幸福的路。”她的信念将在世界舞台持续。她访问中国、美国、法国、日本、朝鲜等国家，与世界各国交往，建立友好关系。她每次无论走访到世界哪个国家，抵达当地的第一天都会先安排与本国侨胞们见面。这是她对身处他乡异地、却能坚忍不拔落地生根的本国同胞，表达敬意的独有方式。她遇到散布于世界各地的本国同胞，就会像见到儿时玩伴般高兴万分，她很喜欢因为都流着相同血脉而有的那股凝聚力。

全心全意全力为国为民服务的朴槿惠，2012 年 8 月至 12 月，作为新国家党第 18 届总统候选人。2012 年 12 月 19 日，朴槿惠成为韩国首位女总统，代替父亲返回青瓦台。她通过就职仪式演说，阐明了自己的国政目标要以“经济复兴”“国民幸福”“文化昌盛”以及“构建和谐统一基础”四大国家运营为基调，为国家和民众作出奉献。她任内在民生改善、经济发展、科技进步、教育改革、外交拓展等方面都取得了可喜的成就。

朴槿惠特别重视发展与中国的友好关系。

她特别重视对中国文化的学习，汉语说得很地道。她在一篇文章中写道：“在我最困难的时期，使我重新找回内心的平静的生活灯塔是中国著名学者冯友兰的著作《中国哲学史》。”

2005 年 5 月 24 日，她以大国家党党首身份首访中国，受到时任总书记胡锦涛接见，她赞扬中国改革开放，两人谈论朝鲜核武器与理工人才培养问题。2006 年 11 月 28 日，她应邀再次访问中国，在中央党校作关于新农村运动的演讲，她陈述了当时跟随在父亲身旁，直接观察父亲推动新农村运动的经验，并亲自挑选带来了一些有关新农村运动的书籍。2008 年 1 月 17 日，她作为韩国候任总统李明博特使访华，再次受到胡锦涛的接见。她访华期间说的两句话，给大家留下极为深刻的印象：“一是要走得快，就一个人走；要走得远，就一起走。”二是“没有人什么也无法实现，但没有制度，什么都无法持续。”2013 年 6 月，韩国总统朴槿惠访华期间，主动提出在朝鲜战争停战 60 周年之际送还由韩国军方管理的中国军人遗骸。2014 年 3 月 18 日，韩国护送 437 具中国英雄魂归故里。这件事说明，她们意在淡化中韩过去敌对的色彩，凸显当前亲密合作的良好势头。同时，中韩两国在涉日历史认识问题上是一致的。

2014 年 6 月，朴槿惠访华受到习近平总书记、国家主席、中央军委主席的高规模接待。她在清华演讲开头和结尾都使用了中文。演讲中她首提韩国梦，称与中国梦是一致的。她认为，韩国梦若能陪伴中国梦，一定能够建立新东北亚的梦想。她在演讲接近尾声时，以中文引用一句俗称：“先做朋友，后做生意。”这句话很好地折射出中韩两国关系的过去和现在。中韩成同盟。中韩关系是战略的，也是婆婆妈妈的。

2014 年 7 月 3 日，习近平开启为期两天的访韩之旅，马云、任正非、李彦宏等陪同。访问期间，中韩双方发表共同文件，签署 12 份双边合作文件，涉及经贸、金融、环境、领事等领域。这是习近平任国家主席后首次访韩，也是新任后首次专程出访一个国家。中韩正在携手建设中韩经济贸易区，加强中韩两国经济、政治、文化各方面的交流。

中国梦、韩国梦，都是相通的，都是为了国家富裕、人民幸福，都是为了下一代，为了孩子们。孩子是国家的未来和希望，朴槿惠说：“我想要让韩国的孩子们对未来充满希望，让我国后代子孙能够安心追求梦想，想要打造富强的国家，为了这个信念，我将全力以赴直到终点。真心期望能够成为后代子孙们的希望灯塔。”

2014 年 9 月 22 日

参考文献

[1] 朴槿惠著．蓝青荣等译．绝望锻炼了我——朴槿惠自传．南京：译林出版社，2013

培根润心篇

一、弘扬优秀传统家训家风
践行社会主义核心价值观

习近平论述注重家庭建设

习近平总书记在2015年春节团拜会上强调，我们要重视家庭建设，注重家庭、注重家教、注重家风。

习主席说，天下之本在国，国之本在家。家庭是社会的基本细胞，是人生的第一所学校。中华民族自古以来就重视家庭、重视亲情。不论时代发生多大变化，不论生活格局发生多大变化，我们都要重视家庭建设。当今，我们要加强培育和弘扬社会主义核心价值观，发扬光大中华民族传统家庭美德，促进家庭和睦，促进亲人相亲相爱，促进下一代健康成长，事业有成，使亿万家庭成为国家发展、民族进步、社会和谐的重要基点。

从正反两个案例看家庭、家教、家风对后代的影响

蒋佩蓉女士在《下一代的竞争力》一书中，引用了美国社会学者

理查德·戴尔关于两个家庭后代的对比研究结果。

马克思·壮克斯，两百多年前住在纽约，他以冷酷无情著称，并和一个“作风开放的”女人结了婚。在他的1200多个后裔中，130个进过监狱，310个是流浪汉，190个是妓女，60个是惯偷，还有680个是酗酒者。他们对社会没有做出任何值得一提的贡献，而仅仅为了监禁和挽救他们，纽约州政府所花的费用以百万美元计。

约翰逊·爱德华，一名清教传教士，也住在纽约。在他的929个后裔中，430人成了传教士、牧师或神学家，100位律师，60位法官，60位医生，60位优秀作家，100位大学教授，14位大学校长，3位市长，3位州长，1位美国财政部长，7位入选美国国会，2位入选美国参议院，1位曾任美国副总统。至今，他的家庭没有耗费国家一分钱，但他们为美国做出了不可估量的贡献。

这两个案例，说明一个家庭或家族的文化与传统、家教与家风会对后代产生多么深刻的影响。我们做家庭教育、学校教育工作的，都有一个共识，在孩子身上，不论是缺点还是优点，都无一例外地会从父母的身上找到痕迹，孩子是父母的影子。孩子的成长，来自家庭和父母的影响，不仅重要，而且学校无法替代。

弘扬优良传统家风

中华民族的优良家训家风，是老祖宗留给我们的宝贵遗产，是中华传统文化的重要内容，对培育和践行社会主义核心价值观有着重要的借鉴意义。

什么是家风？家风是由父母和祖辈提倡并能身体力行、用以约束和规范家庭成员的一种风尚和作风，具有历史的定位，是一个家庭所有成员共有的生活习惯、思维方式及言行的总和，也是这个家庭成员思想品格、文化素养、道德情操和人际关系的具体体现。家风是由家庭成员的态度、行为和氛围营造的，存在于家庭的日常生活中，表现在人们处理生活各种关系的态度和行为中。它犹如一种磁场被人们深深地感受到，让人发自内心地服从和遵守。家风作为社会的细胞，不仅是民风社风的组成部分，也是中华民族传统价值观的重要组成部分。

家风是世风的基点和载体，世风是家风的整合与放大。家风有长远的影响力、渗透力。家风影响世风、党风，世风、党风也影响家风。家风建设与经济发展、社会发展是相互促进、相辅相成的，经济发展、社会稳定为弘扬好家风提供了物质基础和保障，好家风建设又为经济社会的发展提供新的精神动力。时代呼唤好家风，我们建设家庭和、夫妻亲、子孙孝、事业兴的家风，可以更好地宣传和谐、公正、友善，弘扬真善美，让社会主义核心价值观在家庭中生根、在亲情中升华。

《钱氏家训》值得我们借鉴，他源于钱镠的家训和遗训。2013 年 9 月，《钱氏家训》被上海市人民政府公布为“上海市非物质文化遗产”。自钱镠至今钱氏后裔人才辈出，尤其是近代更是人才“井喷”。著名科学家钱伟长、钱学森、钱三强是钱氏的优秀代表。《钱氏家训》分为个人篇、家庭篇、社会篇、国家篇，蕴藏着丰富的人生智慧。他以儒家文化仁义礼智信作为思想核心，以修身做人为立身之本，将与人为善、勤俭持家为基本美德。有五句话最为重要：“利在天下者必谋之”；“子孙虽愚，诗书须读”；“娶媳求淑女，勿计妆奁”；“家富提携宗族，置义塾与公田”；“小人固当远，断不可显为仇敌；君子固当亲，亦不可曲为附和”。家训对钱氏后人有种无形的约束力，教他们怎样做人做事，怎样对待问题，要求他们对国家、民族要有担当，对社会要有责任。《钱氏家训》作为钱氏后裔的精神血脉，可以说是薪火相传，代代不息。

《中国共产党廉洁自律准则》第八条要求共产党员“廉洁齐家”，自觉带头建设良好家风。我们要加强家风建设，努力打造好学上进、勤劳简朴、诚信、友爱、正直、爱国、民主和谐、尊老爱幼、清廉自律的优良家风，促进建立良好的社会风气。

良好的家风在人们的成长过程中起着关键的作用，是人们终身的财富。青少年在良好家风的熏陶下，会耳濡目染的接受影响，按照良好家风的内容来塑造自己的行为，形成良好的人生习惯，造就美好的人生。

把家庭教育作为每个家庭最重要的事业

少年强则国强。家庭教育工作如何，关系到孩子的终身发展，关系到千家万户的切身利益，关系到国家和民族的未来。家庭教育是我们党和政府的一项重要的社会工程，是每个家庭最重要的事业。为了更好地强国齐家，我们必须强后代、强孩子。当前，我们正处在全面建成小康社会的关键阶段，提升家长素质，提高育人水平，家庭教育工作承担着重要的责任和使命，我们应从文化建设的高度，加强家庭文化建设，进一步明确家长在家庭教育中的责任，充分发挥家长在家庭教育中的主导作用，加快形成家庭教育社会支持网络，推动家庭、学校、社会密切配合，为实现国家、民族和每个家庭、每个人的美好梦想，共同培养德智体美劳全面发展的社会主义事业的建设者和接班人。

家庭教育，最重要的是家长做好表率。身教言传作榜样，潜移默化好影响。影响孩子道德品格养成的最重要的因素是父母和家庭。孩子的成长和学习始于模仿，学习做人离不开榜样。在家庭生活中，父母的一切行为都会暴露在孩子的视野当中，没有丝毫隐藏。因此，父母要成为孩子的榜样，在孩子面前展现出一个真诚、真实、表里如一、积极向上的形象是最重要的家庭教育原则。

家庭教育，家庭成员摆正位置，关系和谐，才能有利孩子的成长。现在很多家长对孩子太娇惯，惯吃、惯穿，惯包办，孩子成了小懒王。这样的爱是溺爱，太过分了，会淹没会溺死的。你看，“溺”，不是有三点水嘛。家庭成员之间的位置要摆正，在正常的情况下，一定不要把孩子摆在家庭一切事情的中心位置上。对于母亲来讲，最重要的人是丈夫；对于父亲来讲，最重要的人是妻子，对于家庭的未来讲，最重要的是孩子。夫妻恩爱、关系牢固，父辈、祖辈经常沟通交流，关系和谐，充满温情的家庭，才是孩子成长的最好环境。

家庭教育，家长要有强烈的责任心，要有会爱孩子的智慧。要有科学的理念，要把握孩子成长的规律，要尊重、信任、理解孩子，要施用好的方法。

二、注重提升家庭教育的功能

什么是家庭教育?

家庭教育就是家长在日常生活中通过言传身教、生活方式、情感交流等方式对子女施以一定的教育影响，是一个“个性化”的人的培养，继而家庭成员被彼此相互影响的一种社会活动。

家庭教育是社会肌体的一个细胞，孩子降生以后，第一个学校便是家庭，这个学校的第一任教师，便是他的父母。

学校教育是由专业人员承担，在专门的机构，进行目的明确、组织严密、系统完善、计划性强的以影响学生身心发展为直接目标的社会实践活动，是一种社会公民教育。

两者都是育人，是一致的，但位置不同，职能有别，应各尽其责、各扬其长。

人生代代无穷矣，年年有新生入学，年年有新家长。新家长们对家庭教育比较陌生，需要学习；老家长不少人对家庭教育存在一些误区，有些做法是不妥的，是无效、负效的，也需要再学习，与时俱进。

对家庭教育的定位、内容、方式，尤其是怎样做才有效提高其功能作用，这是一个十分重要的问题。我们可从以下七个方面理解和践行。

从三位一体的大教育看，搞好家教是基础，搞好幼教是基础教育的基石，发挥其基础功能

有人把孩子的教育比喻为种树，家庭教育是培根；学校教育是长杆、发枝、开花、结果；社会教育是阳光、水分和空气。这是有道理的。根深、根粗、根大，才能有充分营养，供树木茁壮生长，长成参天大树。万丈高楼平地起，必须有坚实牢固的根基。家庭教育这个基础、基石太重要了。事实不是这样的吗？

其一，从教育的时序看，家庭教育最早，是孩子生活成长的第一场所、第一学校，家长是第一位老师。

其二，从时间量看，孩子在家的时间最长。孩子上小学、中学，一年时间在家 290 多天，幼儿园期间在家时间更多。

其三，从生理发展看，婴幼儿是大脑发展的黄金期、敏感期，家教要抓住这一黄金期。婴儿养体、幼儿养性、童蒙养正、少儿养志。

其四，从心理发展看，早期家教是孩子性格塑造、习惯养成的关键期。三岁看大，七岁看老。孩子最初几年所受的教育，是他一生所受教育的基础。

其五，从孩子生存和发展能力的实践看，家庭教育、幼儿教育是教育的基础。

其六，从当前青少年犯罪案件不断发生的事实看，说明我们家教存在的问题多，家庭教育、婴幼教育这个基础没打好。

其七，从政策上看，国家重视家庭教育，重视幼儿教育。

《国家中长期教育改革和发展规划纲要》，强调“要充分发挥家庭教育在儿童少年成长过程中的重要作用。”国家七部门2010年2月联合印发了《全国家庭教育大纲》，从年龄段、学段，明确了家教的原则和要掌握的内容和方法。

2010年11月，国务院出台了《关于当前发展学前教育的若干意见》，要求以县为单位，编制学前三年的行动计划。短短三年全国各地新建及改扩建幼儿园9万多所，新增园位500多万个，新增投入超过1000亿元。阜阳市2015年底，新建、改扩建371所幼儿园，城区每3万人建1所公办幼儿园，小区超5000人配建幼儿园，大力扶持社会、民办幼儿园，缓解了入园难、入园贵的问题。变分散的低效的幼教为集中的高效的幼教。幼教将变为义务教育。

从确立正确的家庭教育价值观看，搞不好孩子的教育是一票否决。孩子的成才是父母的事业，孩子的成长不能输在家庭上，发挥其长效功能

家庭教育的正确投入，得到的常常是最大的利润；家庭教育的不投入或错误投入，得到的常常是最大的损失。

人一生要做好两件事。

经营好家庭，做好自己的一份工作、事业。

经营好家庭包括三个方面：一方面是要孝敬好自己的父母，另一方面是要有一个比较满意的爱情和婚姻，再一方面就是要教育好自己的子女。

做好自己的一份工作、事业，是为家庭的维系和发展提供一定的物质保证。工作不分贵贱，都是社会的需要和个人的特长、能力决定的。官也不在大小，关键是要体现自己的人品和人生价值。一个人生活在希望中，有事干，能为他人做点好事就是幸福。

这两件事，其中经营好家庭里面的因素中的教育好自己的子女是根本，是良性循环，是一票否决。子女是父母的未来，寄托和希望。如果子女教育失败，而且由此引发了悲剧，你的人生最终都是不成功的。因此，可以说教育孩子和你的工作同样重要。教育子女成才也是父母的事业，每一个家庭都应该把对孩子的教育当作家庭日常生活中的头等大事。再忙也要忙孩子，要牺牲一些工作之余的时间陪孩子。要处理好工作与育子之间的相互关系。要提高爱孩子的质量、水平和效果。

中国古人讲过这样两句话：叫前 30 年看父教子，后 30 年看子敬父。前 30 年看父教子的意思是说，过来一个小孩子，人们会用一种特殊的眼光看着他，并且说这是谁谁的孩子，那是因父亲的成功给孩子带来了某种荣耀；后 30 年看子敬父，就是说，过来一个老头，人们又会用一种特殊的眼光看着他，羡慕地说，这是谁谁的父亲，那是因为子女的成功给他带来的荣耀。好了，尊敬的各位家长，你们想享受后 30 年的荣誉吗？那就首先做好前 30 年的付出吧。

从家庭教育的思想上讲，应注重东西方的“融合”，传承我们优秀的，借鉴国外好的，发挥其先进功能

中华民族尊教重学、惜时苦读、注重基础、父母垂范等传统的家

庭教育理念和方式，与我们的国情相适应，应该传承。

中国的家教注重考试；西方有家教注重做人。中国的教育是功利主义教育，应试教育；西方的教育是人本主义教育，注重培养孩子适应社会的能力。

中国传统文化强调对孩子教育的“严管”（虎妈妈及狼爸爸肖百佑“三天一顿打，孩子上北大”的做法不可取），“批评太多”。西方父母则更多关注孩子的自由成长，则“表扬太多”。一些独生子女，父母、爷奶，对其又很娇惯、溺爱。这对孩子没有好处，是金色的陷阱，给孩子带来的是伤害。

阜城多年前发生一起由溺爱引起的悲剧：有一个家庭，夫妻俩都是老师。他们对儿子娇惯、溺爱。孩子要月亮，她不给星星。孩子养成了任性、放纵的性格，与别人家的孩子发生争执，妈妈都是责怪别人家的孩子。孩子无心上学，上课时间，他骑着摩托车在校园里跑来跑去，打台球、打架斗殴。当家长感到问题严重时，想管也管不了啦！一次孩子玩自制手枪，打死了与他打架的小青年。那时，他刚刚度过自己的18岁生日。他走上了不归之路。是父母的溺爱，断送了孩子的一生。

神童魏永康退学的故事值得我们一些家长反思。

“爱”与“教”永远是一对基本矛盾，对孩子娇惯、溺爱、放纵，必然会冲淡“教”的价值，更没有了人的才智发展和能力提升。我们应在“严”的教育与“爱的教育”之间，寻找一种恰当的教育方法，掌握好度。

“爱”与“教”的问题，是家教的本质问题，这涉及家教的教育思想、理念，更涉及家长的教育方式、方法，需要吸收、借鉴中西方多种好的教育思想，并且根据自己孩子的个性特征、兴趣爱好，选择适合的教育方式。

从家庭教育的内容讲，应重在孩子健康人格、良好品德的养成，发挥其育人功能

家庭教育的内容非常广泛。德智体美劳的教育，人生的知识、社会的知识的教育，各种能力的培养等等。应注重健康人格的培养。健康人格包括气质和性格。气质很难改变，但性格可以后天塑造。这其中最核心的是德育。德育的内容非常广泛，它包括爱的教育，爱国，爱家人，爱他人，包括良好的性格的培养，自信心、毅力等心理品质的培养，责任心，孝心和义务的培养等等，潜移默化，润物无声。内化于心，外化于行，孩子健康人格的养成，仅靠说教是不行的，主要是靠父母的好榜样、家庭和社会的好环境在日常生活中熏陶，逐渐化育而成的。育人重在于“化”。

家教要会爱孩子。物质条件代替不了父母的爱，家长重视物质抚养更要重视心理抚养。很多现代家长，忙于生意场上的交际应酬，牺牲了与孩子相处的时间，要知道，给孩子挣钱的时间不如用来陪孩子；给孩子存钱的努力不如教给孩子做人做事的方法；找奶妈带孩子不如自己辛苦带孩子。这是家庭教育很重要的理念。即情感与教育息息相关。

幼儿阶段要注重培养孩子良好的生活学习习惯、优良的性质品质。小学、中学阶段是孩子道德水平逐步形成的阶段，是身心发展的关键时期，需要经历道德认识、道德情感和道德行为等不同发展阶段。

小学期间要培养儿童的劳动观念和适度花费的习惯。引导儿童学会感恩、诚实为人、诚信做事。道德以及意志教育是家教最为重要的。家长要言传身教，引导孩子健康成长，特别要培养孩子的恒心和毅力。

家庭教育要和学校教育紧密结合起来。要配合学校教育，认真落实 9 条《新中小学生守则》。

1. 爱党爱国爱人民。了解党史国情，珍视国家荣誉，热爱祖国，热爱人民，热爱中国共产党。

2. 好学多问肯钻研。上课专心听讲，积极发表见解，乐于科学探索，养成阅读习惯。

3. 勤劳笃行乐奉献。自己事自己做，主动分担家务，参与劳动实践，热心志愿服务。

4. 明礼守法讲美德。遵守国法校纪，自觉礼让排队，保持公共卫生，爱护公共财物。

5. 孝亲尊师善待人。孝父母敬师长，爱集体助同学，虚心接受批评，学会合作共处。

6. 诚实守信有担当。保持言行一致，不说谎不作弊，借东西及时还，做到知错就改。

7. 自强自律健身心。坚持锻炼身体，乐观开朗向上，不吸烟不喝酒，文明绿色上网。

8. 珍爱生命保安全。红灯停绿灯行，防溺水不玩火，会自护懂求救，坚决远离毒品。

9. 勤俭节约护家园。不比吃喝穿戴，爱惜花草树木，节粮节水节电，低碳环保生活。

2011 年感动中国人物——无臂钢琴师刘伟，是我们，特别是我们的孩子学习的榜样。

“我的人生中只有两条路，要么赶紧死，要么精彩地活着。”这是刘伟的励志名言。

刘伟10岁时因一场事故而被截去双臂；12岁时，他在康复医院的水疗地学会了游泳，2年后在全国残疾人游泳锦标赛上夺得两枚金牌；16岁他学习打字；19岁学习钢琴，一年后就达到相当于用手弹钢琴的专业7级水平；22岁挑战吉尼斯世界纪律，一分钟打出了233个字母，成为世界上用脚打字最快的人；23岁他登上了维也纳金色大厅舞台，让世界见证了中国男孩的奇迹。

从家庭教育目标上讲，应重在培养孩子社会生存能力，发挥其实力功能

小学、中学阶段是学生逐渐认识社会、适应社会、服务社会等不断社会化的阶段，不断调整认识和行为、逐渐走向成熟的过程。

孩子最终成为一个独立的“社会人”，父母必须努力教给孩子必须的社会生存能力，确保孩子能够在社会上安全、健康和幸福的生存。小学阶段要注重培养儿童基本的生活自理能力。要注意养成教育，防止因为溺爱造成孩子的依赖性，注重生活自理意识的培养，自己事情自己做，适当做点家务，积级参加社会公益活动。创设家庭环境，坚持从细微处入手，以激励教育为主，提高儿童的生活自理能力，使其养成生活自理的习惯。艰难困苦，玉汝于成，穷人的孩子早当家。科学家、政治家、企业家、文学艺术家、医学家，各行各业的领袖、大国工匠，凡是有突出成绩的人，大都是在磨难中长才干、增智慧、炼

成的。家长们要遵循鱼缸法则，既要管，更要放。既要读有字的书，也要读无字的书。掌握好度，智慧教子，科学教子。

从家庭教育方式讲，应重在沟通、对话和理解，发挥其实效功能

家庭教育具有亲情的影响力，学校教育则是有权威性、规范性。两者的教育一致才能收到较佳的效果。家校要紧密配合，家长要主动与学校、与班主任、与任课老师联系、沟通，掌握孩子的思想、学习、与同伴交往的情况，及时施教。家长应注重围绕情感的构建与培育，多跟孩子进行平等对话与沟通。

要讲究教育的方法和艺术。要重视激励，努力发现和放大孩子的优点、特点，少批评、多宽容；要重视引导，顺性启发，引导思考，学会判断；要加强针对性，期望要求要适当；要加强训练，在日常生活中进行随机教育，从小事做起，从点滴做起，严而有格；要注意尊重，少强制，培养孩子的自尊心，说话讲究策略，与自己的孩子成为知心朋友，让孩子信任自己，甚至崇敬或崇拜自己；力避正面冲突，消除对立情绪。自己的教育使孩子乐意接受才会有效。

从新时代对孩子（幼儿、儿童、少年）和青年的总体要求看，家长要教育他们逐步学会“四个学会”，发挥其创新创能

联合国教科文组织提出的21世纪青少年应具备的“四个学会”，

即学会学习、学会做事、学会交往、学会做人，这是“纲领”，是教育子女的中心内容、主要途径和重要方法。要长期坚持下去，不同时期有不同的内容、标准和要求，培养提高他们的素质，使之成才、成功。

蔡笑晚是当今家庭教育功能提升的典范

发挥家庭教育的基础功能、育人功能、长效功能、实效功能、实力功能、先进功能、创新功能等在蔡笑晚先生家教的实践和理念上得到充分体现。他特立独行，对家庭教育不断创新，是当今家庭教育功能提升的典范。他的著作《我的事业是父亲》一书被誉为当今中国的“家教圣经”“孙子兵法”。

他是浙江瑞安人，做过多年的个体医生，当过老师，教过书，做过家庭补习教师。他和爱人谢小湘生了5男1女，他培养的6个子女中有5位被包括哈佛大学、康奈尔大学等在内的美国知名大学录取为博士。大儿子蔡天文是美国宾夕法尼亚大学最年轻的终身教授，并荣获全球统计学领域的“诺贝尔奖”——“考普期总统奖”；二儿子蔡天武，由中科大少年班公派就读美国罗彻斯特大学李政道主办的博士研究生班，获激光物理学博士学位，现在素有“金融哈佛”之称的美国高盛公司出任副总裁；小女儿蔡天西，14岁考入中国科大少年班，18岁成为麻省理工学院的博士生，22岁获得哈佛大学生物统计学博士学位，30岁即成哈佛大学最年轻的终身教授；三子蔡天师，北京外国语学院毕业，曾被美国圣约翰大学录取，现在国内发展；四子蔡天润，华西医科大学医学系毕业，曾被美国阿肯色州立大学录取为博士生，现在上海筹备私立医院；五子蔡天君，中国科技大学硕士，现在中国建设银行工作。孙女蔡玄嘉获得由奥巴马签发的美国总统杰出学生奖，并入选全美女子数学竞赛前十名。孙子蔡玄烨所在的代表队多次获得美国国家数学竞赛团体一等奖。奇迹正在祖孙三代人身上不断呈现。

蔡笑晚教育子女个个成才，蔡家被誉为博士之家，人才辈出，孙辈也十分看好，他的经验和秘诀是什么？

第一，他有主见、有梦想、有斗志、有毅力。

当其他父亲把孩子的婴幼儿期看成无知的蒙昧阶段，将孩子托付给不懂教育的人，使孩子染上许多不良习惯，又使孩子宝贵的智力开发期白白流逝时，他却有步骤、有计划地开始了早期教育。

当其他父母发现孩子智力不凡，满足于孩子在各种比赛获得荣誉时，他却在策划如何利用优势，争取时间，让孩子实现跳级或读少年班。

当其他父母发现孩子很优秀，为他们到处宣扬、预支鲜花，增加孩子的心理压力时，他却尽量让孩子不露锋芒，保持平静，使他们在没有压力的环境中，愉悦地按照自己的愿望去发展自己，而不必不断地向别人证实自己的优秀，这大大有利于孩子的成长。

当其他父母把考上大学作为孩子的最后胜利而感到心满意足、大松一口气时，他却鼓励孩子说考上大学是求学的真正开始。

正是他的这些不寻常，把培养孩子当成是自己的人生事业，成就了孩子的不平凡。

第二，用爱去营造良好的学习和成才氛围，用爱去培养和保护孩子自学和自信。

第三，要孩子做到的事必须自己先做到。用斗志去激发斗志，用气概去培养气概，用道德去感化道德，用对伟大的追求去引导孩子走向伟大。

第四，用苦难去磨炼意志，用富有哲理的故事渗透到孩子幼小心灵的深处，培养其执著的追求精神。蔡笑晚在孩提时，外祖母教给他一首民谣，叫做《凡人与神仙》：

三十三天天外天，
白云里面有神仙。
神仙本是凡人做，
只怕凡人心不坚。

这首小小的民谣伴随他的一生，激励他实现了许多美好的梦想。“神仙本是凡人做”的思想却成了他教子成才的一项重要内容。

第五，用科学的方法指导早学、巧学，争取时间；培养自学能力，进行超前学习；发展优势，培养兴趣；掌握整体，解决局部；抓住要点，放弃细节，保证85%。

总之，蔡笑晚先生的教子经诚如他自己总结的：我们把教子成才当作自己的人生事业去追求，做了一些人们没想到或者不敢想的事情，牺牲了一些人们不愿意牺牲或者不敢牺牲的东西。有道是“世上无难事，只有肯登攀”。正所谓“世事如棋，一着争来千古业”。

蔡笑晚先生奉行精英培养的理念，坚持早教、立志、自学的原则，紧抓孩子从零岁到未成年各个阶段的成才关键，多年如一日的教育实践，打造了6个子女快乐成才之路的奇迹和经验，值得我们反思和学习。望天下父母们加强学习，花大精力，勇于探索，不断提升家庭教育功能，因人因时施教，把孩子培养成才、成龙、成凤。

三、做好儿童早期三项教育
为孩子的一生打好基础

现在有很多父母家长不重视孩子的早期的教育，认为孩子小，不用教育，树大自直。还有的认为早教重要，走向极端，进行了过度教育。第三种情况是不少家长不知道儿童早期尤其幼儿期的教育抓什么、怎么教育。我们一起研讨。

为什么要抓好儿童早期尤其幼儿期间的教育

一句话，因为孩子0~6岁时的早期教育，决定孩子的一生。这个阶段可塑性强，是开发大脑潜能的主要时期、敏感期、黄金期，是性格塑造的关键期，是培养习惯的关键期，是语言发展的关键期。一天的教育犹如成年后的一年。这是有科学依据的。

人全身有4000亿个细胞，其中脑细胞有140亿个，所有人都是一样的，只有被称为“白痴”的头脑，细胞数量才会呈若干比例的减少。人所有能力都是从出生之后才开始发展的，这是大脑发展的规律。科学研究显示：0~6岁是人脑发育的一个重要时期。一个人出生时脑

重量只有 370 克，1 岁时，婴儿的脑重量就已经接近成人脑重量的 60%；2 岁时，约为出生时的 3 倍，约占成人脑重量的 75%；3 岁时，婴儿脑重量已接近成人脑重量的范围，以后发育速度就变慢了。

很多父母并不清楚何时才是孩子大脑发展的黄金期，有些父母往往把对孩子大脑的开发放在入学后，这就太晚了。因为大脑的发育主要是在孩子 0 ~ 6 岁之间。0 ~ 6 岁是大脑神经网络形成的重要时期。大脑神经细胞经过外部环境的刺激，连接起来，科学家称为突触连接，这些连接决定着婴儿的大脑如何处理新的信息。刚出生的孩子，其脑细胞之间的突触数量只有成人的 1/10，随着丰富多彩的早期体验和经历的增加，孩子脑内的突触连接会不断增加，到 2 ~ 3 岁时突触比出生时增加约 20 倍，3 岁时突触连接已是成人的 2 倍，这也就意味着此时孩子大脑的代谢率最高，学习能力和智力发展最快，远远超过成人。

大脑中，不同的细小突触连接在孩子 21 个月前后开始废退，只有那些有经验输入的区域，也就是使用过的突触才能存活下来，换句话，孩子所接受的外部刺激越丰富脑细胞之间留下的突触数量就会越多。所以，无论在生活和心理方面，良好的早期教育对孩子大脑的功能和结构都有重要的影响。一项持续 18 年的跟踪研究表明，在 6 岁前曾经接受过高质量教育的孩子在阅读和数学方面的能力，以及未来中考、高考的成绩，都比未受过早期教育的孩子高。

我们可用三角原理理解早期教育。

三角就是三角形，正确的教育称之为正三角教育，错误的教育称为倒三角教育。

正确的正三角就是说，要重视孩子学龄前（0 ~ 6 岁）的教育，在这个阶段要培养好孩子各方面的习惯。终其一生，6 岁之前的教育比以后任何时期的教育都重要得多。婴儿养体、幼儿养性、童蒙养正，少年养志。三岁看大，七岁看老。

孩子小的时候培养了良好的品德、性格与习惯，正三角的底部和基础就越坚实。对孩子的未来成长具有支撑性和决定性作用。孩子越小越好教育，在小的时候多花点时间打好基础，以后的教育就会省心得多。

震惊世界教育界的卡尔·威特，他是世界上最早论述早期教育的专家。他教育的儿子：

8、9 岁时就能够自由运用德语、法语、意大利语、拉丁语、英语和希腊语 6 种语言，并且通晓化学、动物学、植物学和物理学，尤为擅长数学；

9 岁时考入莱比锡大学；

10 岁时进入哥根廷大学；

12 岁时发表了关于螺旋线的论文，并受到一些学者的好评；

13 岁时出版了《三角术》一书；

14 岁那年，被授予哲学博士学位；

16 岁获得法学博士学位，并被任命为柏林大学的法学教授；

23 岁发表《但丁的误解》一书，成为研究但丁的权威。

他一生都在德国的著名大学里讲学，在赞扬声中一直讲学到 1883 年逝世为止。

他能取得这番惊人的成绩，并不是由于他的天赋有多么高，而完全是因为他父亲老卡尔卓越的教育理念和高超的教育艺术。老卡尔一直坚信，每个普通的孩子，如果能受到良好的早期教育，都可以成为优秀的人才。1918 年，他把小卡尔长到 14 岁以前的教育方式写成了一本书，这就是《卡尔·威特的教育》。书中记载了小卡尔的成长过程，以及自己教子的心得和独辟蹊径的教育方法。这是世界上最早论述早期教育的文献。

日本教育家木村久一在发现了老卡尔的著作后，视其为珍宝，在日本社会大力推广，并亲自实践。他还创造性地写了传世经典《早期教育与天才》一书，在日本掀起了前所未有的早教风暴。在他的努力下，老卡尔的理念为日本培养了大批的天才和优秀人物。这些人在各行各业作出卓越的贡献，大力推进了日本社会经济的发展。木村久一也因此被日本皇家授予爵士封号，赞扬他“成功提升了一代日本国民的素质”。

我国北齐颜之推主张早教。

在我国古代家教理念中，北齐颜之推比较系统地提出了早期教育的主张。他认为，家教最好是从胎教开始，普通家庭如果无法进行胎教，也应从婴儿开始教育。他指出，早期教育对子女的成长具有极其重要的意义。他说“教妇初来，教儿婴孩”，“人生幼小，精神专利，长成以后，思虑散逸，固须早教，勿失机也”。他还说：“人在少年，精神未定。”他引用孔子的话说：“少成若天性，习惯如自然。”意思是说，孩子小时候，思想单纯，精神专，感觉敏锐，容易教育，有着很强的可塑性。早期教育和训练养成的习惯，就像与生俱来的那样稳定。他指出，不抓早期教育，“骄慢已习，方复制之，捶挞至死而无威，忿怒日隆而增怨，逮于成长，终成败德”。意思是说等到儿童养成恶习，再去纠正，就是打死他也没有用，还会加深孩子的逆反心理，一辈子都难以改正，最终成为无德无用之人。

我国教育部“科学育儿开发儿童潜能”课题顾问冯德全教授特别

提醒0~6岁孩子家长——孩子真正需要的是立体早教。

孙天昌，13岁，2008年以659分（超出清华大学入取线5分）考入中国科技大学少年班。

冯老点评：

1岁之前，我们通过多种游戏来开发孩子的智力、视力、听力及四肢协调能力，同时坚持两种语言同步发展。

2~3岁：注重视觉语言开发，让孩子认物的同时认识相应的字，促使天昌的敏感期提前到来，2岁时天昌识字超过1000（只认识不会写），3岁便脱盲。同时，将性格与习惯的培养纳入其中，他从小就不怕生、不任性，性格开朗、尊重长辈。

4~5岁：着手孩子智力、自主能力、创造能力的培养，培养天昌阅读习惯，利用读书锻炼孩子的思维力、记忆力、分析力，同时孩子学会劳动、学会做简单的家务，做事有规律、爱提问、爱思考……

经过6年的跟踪培养，天昌已经成长为智力高超、性格良好，有理想、有抱负的好少年。2008年孙天昌以659分考入中国科技大学少年班。

天才儿童家庭教育的环境有以下六种：

一是在家庭中有特殊的地位。他们常常是家庭中的第一个孩子，或者是独生子女。

二是生长在“丰富多彩”的环境中。

三是家庭是以儿童为中心的。父母几乎将所有精力都用在早期教育上。

四是父母内驱力强。他们不仅率先垂范，定出高标准，而且对孩子的期望值很高。但是，如果父母过分热心，喜爱孩子的成就胜于喜爱孩子本身，天才儿童就有产生逆反心理和半途而废的危险。

五是父母给孩子相当多的自由。

六是有最益于潜能发展的家庭环境。一方面将高期望值与激励相结合，另一方面将高期望值与对儿童的教育相结合。

全职妈妈好。孩子在婴幼童期间，可塑性强，早教决定他的一生，妈妈有充裕的时间和精力，当几年全职妈妈，科学抚养和教育孩子，有利孩子健康成长。还能省下请保姆的费用。目前阜城和全国大中城市有相当多的全职妈妈。

穷养男孩，富养女孩。穷养男孩主要指要培养吃苦勤奋、自立自强、勇于担当的男子汉精神。富养女孩，主要指培养女孩精神上的富有。正如人们期望的“上得厅堂、下得厨房”的女子。

教育是社会之本，好的教育能造就大人物，这个世界上所有被称作天才和伟大的人都得益于他们所接受的教育，尤其是父母的早期教育。因此，父母一定要花时间和心思在孩子的教育上，这很重要。

儿童早期幼儿教育抓什么

我们幼儿家长和老师，用爱心呵护孩子，开展家园互育活动，使幼儿茁壮成长。

但有些家长在教育理念和方法上存在几种误区：一是有的家长对孩子娇惯放纵，希望老师也“溺爱”她的孩子；二是有的家长怕自己的孩子受到别的孩子欺负，教孩子“别的小朋友打你，你就打他”，与老师教育幼儿相互谦让，团结友爱是矛盾的；三是有些家长对幼儿教育目的存在不同的理解，认为幼儿园就应该让孩子多学知识、多背诗、多写字、多做算术题，不能只带孩子玩。他们并不了解游戏就是幼儿学习的基础和好形式；四是少数家长认为，受教育是小学以后的事，幼儿园的老师看好孩子别出事就好，把老师当成保姆。以上四种误解是不妥的，是有害的，不利于孩子全面发展快乐成长。

解决这些问题，首先要认清4～6岁儿童的身心发展特点。有哪些特点呢？一是身心快速发展的时期，具体表现在：儿童的身高、体重、大脑、神经、动作技能等方面获得长足的进步；二是大肌肉的发展已能保证儿童从事各种简单活动；三是儿童直接行动思维相当熟练，并逐渐掌握具体形象思维；四是儿童词汇量迅速增长，基本掌握各种语言结构；五是儿童开始表现出一定兴趣、爱好、脾气等个性倾向以及与同学一起玩耍的倾向。

针对4～6岁儿童的身心发展特点，我们家长配合老师，对孩子教育指导应掌握以下3点。

1. 培养孩子良好的行为习惯

现在不少孩子在婴幼儿时期，几乎没有受到真正意义上的教育，甚至明知孩子的要求是不恰当的，也会满足他；明知孩子在做错事，也不阻止他。这是很可怕的。

教育，包含了引导和规整，而不规矩的，在引导无效的情况下，就必须使用强力进行规范。孩子的早教，就是养成孩子守规矩的习惯，培养他们的心性，养成良好的习惯。对孩子及早进行规范训练，是留给孩子最宝贵的精神财富。比你赚多少个亿的家产留给他都强。培养他平和的心性，养成良好的学习、生活行为习惯，是他一辈子都用不完甚至他的孩子都用不完的财富。

播种行为，收获习惯；播种习惯，收获性格；播种性格，收获命运。好习惯是开启成功的金钥匙，而坏习惯是一扇通向失败的大门。

家长与孩子一起制定儿童的家庭生活制度，逐步养成卫生的习惯、懂礼貌的习惯、爱劳动的习惯、读书的习惯、珍惜时间的习惯、耐心的习惯、自理自主的习惯、坚持每天锻炼身体、做事有计划、勤恳节俭、持之以恒、孝敬父母、关爱他人、不说谎等习惯，使孩子终生受益。

要注重培养孩子爱动的习惯，手脑并用。对孩子不能溺爱、娇惯、包办，他的事他能做的话应该由他自己做。

中国有句俗话“娘勤儿女懒”。孩子的事你越帮你就越忙，你越帮他就越懒。

中国近代伟大的教育家陶行知的《手脑相长歌》，讲得好：

人有两个宝，双手和大脑；

用脑不用手，饭都吃不饱；

用手不用脑，你会被打倒；

用手又用脑，才是开天辟地的大好佬。

这就是说，从小教育孩子，必须动手又动脑。动手就是劳动和实践，要勤劳肯干，独立自主。动脑就是学习与思考，习得知识与智慧。不然就会被别人超越。只有又会动手又会动脑的人才能做大事业。

讲个神童魏永康退学的故事。

湖南神童魏永康，2 岁就认识 1000 多个汉字，4 岁就掌握了初中的课程，8 岁上县重点中学，13 岁以高分考上重点大学，17 岁考上中国科学院硕博连读，但是，他很快就因生活自理能力太差，人际交往能力太差，知识结构不适应中科院的研究模式，被退学，走过了从神童到退学的人生历程。

魏永康的母亲对孩子除了学习没有别的要求，于是，永康的童年除了学习，没有伙伴，没有课外书，也没有玩具。生活上的事都由母亲包办。他的生活环境被割裂了。他的母亲还振振有词："我从来没让他洗过衣服、袜子，头都是我给他洗。"可怜呀，委屈的家长到了这个时候还不明白包办代替不仅限制了孩子的成长，而且扼杀了孩子的童年；只抓孩子的学习，偏离了教育的根本方向。这绝不是个别家长的教育思想！这样的家长的确需要拯救了。需要更新教育理念和方法。需要注重素质教育，需要懂孩子的心理，加强与孩子的对话、沟通和理解。

讲个贫困的孩子早当家的故事。

少年马云被评为全国好少年。阜南县朱寨镇先生小学三年级学生马云，女，11 岁，少先队员，2015 年被评为阜南县好人、安徽省好人，又被推荐评为全国好少年。

她不仅学习刻苦认真，成绩优异，思想品德端正，而且是孝老爱亲的典型。

她原正处于美好童年，在父母的呵护下过着无忧无虑的生活。但 2012 年，在马云上小学一年级的时候，父亲在浙江打工摔伤了脊骨，同年年底母亲撇下卧病在床的父亲离家出走，生活的负担一下子压到了当时正在读小学一年级的马云身上。一家人的吃饭、洗衣和照料不懂事的弟弟，使马云过早地成熟起来。从此以后，不管春夏秋冬，马云每天早上 5 点就准时起床，她先帮奶奶、弟弟洗脸刷牙、穿衣服，再一面做饭，一面读书。有时候自己顾不得吃饭就背上书包飞快地赶到学校上课。放学铃声一响又连忙跑回家做午饭。除了学习、做家务、帮助奶奶梳理，帮爸爸翻身，还要辅导弟弟学习……她的童年就是在这样的忙碌辛劳中一天天度过的。在他的悉心照顾下，一年后父亲能下床干些力所能及的活，现在靠拾收废品维持生活。

艰苦的生活条件，马云非但没有放弃学习，而且更加刻苦，成绩一直名列班级前茅，还是班长。积极帮助班里同学学习。

她特别孝敬奶奶。有一次班里发营养餐，老师发现马云不吃，就问她为何不吃？马云的回答使老师大吃一惊。“我家没有钱，奶奶年纪大，需要营养，把牛奶和饼干给奶奶吃，补充一下营养。”老师奇怪地问：“奶奶都89岁啦，饼干还能吃得动吗?”马云回答：“不会用茶泡泡吃吗!”简短的对话把老师感动的泪流满面。从此以后，老师陪餐的那份营养餐全部归马云所有。

贫困的孩子早当家，逆境磨炼长才华。艰辛的成长之路，马云毫不畏惧，她在作文中写到：“我坚信，困难只是暂时的，只要自己不放弃努力，笑对生活，残缺的家庭也会充满爱的温暖，也能收获美好的明天!”

硬汉艾森豪威尔是我们家长和孩子学习的榜样。

德怀特·戴维·艾森豪威尔（1890～1969），美国第34任总统，生于得克萨斯州。艾森豪威尔靠自己的努力考入西点军校，以优异的成绩毕业。在部队中艾森豪威尔的军事天才受到赏识而步步高升，从1941年的上校，一直升到1945年的五星上将。1945年凯旋后，杜鲁门总统任命他为陆军总长。1948年退役后，任哥伦比亚大学校长。1952年参加总统竞选获胜。1956年连任。

他的父亲戴维·雅科布·艾森豪威尔半生艰难，后任一家煤气公司经理。母亲艾达·伊丽莎白·斯托弗是个虔诚的教徒。

艾森豪威尔童年时，父母曾经因为受骗蒙受经济损失，家里经济情况很困顿。也正是在这种艰苦的条件下，父母教会了小艾森豪威尔百折不挠、奋勇向前的可贵品质。

艾森豪威尔的父母从不会溺爱孩子，他们注意从小就培养孩子做家务，即使是男孩子也不例外。在学习之余，家里的孩子还要做饭、打扫卫生等。他们家制定了非常严格的家规，用此来培养孩子良好的生活习惯。比如孩子们早晨6点必须准时起床，晚上9点必须停止嬉戏上床睡觉。父母还创造出许多条件让他们参加劳动。艾森豪威尔家旁边有块空地，春天的时候，父母便带着孩子们在那儿种上很多蔬菜。等到秋天收获的时候，几个孩子就负责把菜运到城里去卖，然后用卖的钱买他们需要的衣服和学习用品等。

有一年，艾森豪威尔的弟弟染上了猩红热，家里的事情更加忙乱起来。妈妈把艾森豪威尔叫到跟前，郑重地把家里的一件“大事”委托给了他，这件事就是给全家人做饭。小艾森豪威尔此前根本不会做饭，但是，他想，很多本领就是给形势逼出来的，于是下决心把饭做好。开始，是母亲手把手地教他，怎样切菜，怎样生火，每天吩咐好做什么饭，安排好了，他就在厨房里开始忙活。因为从来没有做过饭，所以他感到还有几分新鲜有趣，做得极其认真仔细。刚开始他手艺不精，常常饭菜做好了，家里人吃得皱眉头，叫嚷着难以下咽。后来，他越做越熟练，还练就了一个拿手好菜，家里人都非常喜欢。艾森豪威尔高兴极了。

后来，艾森豪威尔上了中学，和同学一起去郊游。他和另外一个面包师的儿子负责给大家烧饭。他凭着自己童年时的手艺，不但会烤土豆，还会烧牛排，尤其是做的馅饼令大家赞不绝口。大家诧异极了，这个毛手毛脚的小伙子还有这两下子！

直到晚年，艾森豪威尔还对自己少年时期的这段经历记忆犹新。他常常津津乐道地给别人讲起这件事。要知道，父母在艰苦岁月中教会他的又岂止是做饭呢?

艾森豪威尔的“硬汉”形象使人很难把他和做饭这样“婆婆妈妈”的琐事联系起来。正如人们常说的那样，“穷人的孩子早当家”，父母在他年幼时令其培养起的吃苦耐劳的精神，使他终身受益。娇生惯养的生活难以培养出英雄人物和杰出人才，早一天让孩子学会吃苦、学会独立，就是早一天挖掘他们身上成功的潜质。对于中国大多数家庭的独生子女来说，这一点尤其重要。当你的孩子凡事都嚷嚷着让你帮他时，不妨告诉他们：美国总统小时候都会给全家人做饭呢!

对孩子的教育自己应多想想，多让孩子自己去做。孩子遇到事家长要多思考、多悟、多总结，不要急于做。对孩子少抱怨、少唠叨、少指责、少惩罚。对孩子要少包办代替，少为孩子解决问题，多让他自己去做。

要注重培养孩子爱读书爱学习的习惯和兴趣。

读书学习是孩子的主业、是孩子的“工作”。只有小时候学好本领，掌握知识，把自己武装起来，打好坚实的基础，成人后才能走向社会，生存发展，建设祖国，作出贡献。我们家长一定要在孩子的学习上多下工夫。

在读书学习上，良好的习惯会帮助孩子在日复一日的努力中自然走向成功。家长们应十分重视培养和教育孩子，养成良好的读书学习习惯。教孩子养成按计划完成学习任务的习惯，养成善问敢问的习惯，专心听课的习惯，认真做作业的习惯（比如第一次写字一定要写好，写不好重来）、今日事今日做的习惯、坚持阅读的习惯，不断提高学习效率。

让孩子有学习的动机、兴趣。让孩子爱上学习，由“要我学”变“我要学”。

2. 培养孩子优良的性格

讲个个性内向胆小的孩子的故事。

有对年轻的父母，双方的性格都很开朗、诚实，人缘很好。他们有两个儿子，一个9岁，一个8岁。弟弟性格活泼开朗，非常受人喜爱，而哥哥却个性阴沉，内向胆小，不喜欢说话，也很难和人相处。父母希望能改变大儿子的性格，想知道问题的原因。他们找了心理医生，经过询问，发现原来刚生下大儿子后，母亲因身体虚弱，只好把未满周岁的孩子完全交给保姆照顾。医生判断，很可能是在保姆照顾孩子的这段时间里发生了什么事情。后来保姆说出了原因：那时她经常谎称带孩子出去散步，但实际上都是在后院和男友约会，几乎天天如此。约会时，他把孩子放在后院仓库阴暗的角落里。潮湿阴暗的仓库里弥漫着一种发馊的味道，黑暗中还时不时传来老鼠或昆虫制造出来的沙沙声，这些都给孩子带来了不良情绪的感受。这些感受深深地印刻在孩子的头脑中，最终使他形成了一种阴沉、胆怯的个性。

性格决定命性。3岁看大，7岁看老。7岁之前人的性格已经形成。如果从小孩子任性、内向、自私、消极、懒惰、没有毅力，长大以后很难改变。

讲一个母亲杀死女儿的案件。

广州市荔湾区法院2011年11月开庭审理了一起母亲杀死16岁的女儿的案件。

一户中等经济水平的三口之家，父亲钟云，母亲谢英、女儿钟丽，父母特别溺爱孩子，女儿要什么给什么，满足女儿钱和物质上的要求，不知道、不会对孩子进行性格的培养和思想教育，弄得母女关系很紧张。一次母亲要送外公到火车站，这时女儿要吃烧烤，因为未能满足女儿的要求，于是钟丽把母亲的床烧了。还有几次的打骂都是因为要钱，孩子蛮不讲理，非常叛逆，母女无法进行沟通，找心理医生也谈不下去。中考钟丽考400多分，又复读一年考600分，但也很难上理想的学校，女儿还埋怨父母无能。后又发生矛盾，因要5900元的问题，母亲气得将女儿摁在地上，窒息而死。灵车送走了16岁的女孩，警车带走了谢英。邻里们反映谢英是个好母亲，法院从未审理过这样的案子。最后判谢英3年，缓5年执行。2015年5月21日，中映频道以“畸形的亲情”报道了这起事件，使人们从反面接受教育，怎样教育好孩子呀？不能溺爱，不能只满足孩子物质上的要求，从小就要加强孩子性格的塑造和良好习惯的养成，孩子不能太任性了。

比如对孩子无理的哭闹不要轻易妥协。你妥协一次，就相当于你奖励了孩子哭闹这种行为。孩子一旦停止了无理的哭闹和一味索求的行为，他就会知道什么可以要，什么不可以要；什么事可为，什么事不可为。孩子就会懂事和懂规矩，一旦孩子不任性，能听父母和老师的话，教育起来就会很轻松。

孩子的哭闹行为往往会变本加厉：“他哭一哭，你松一松，你松一松，他攻一攻，你再松，他再攻，最后攻得你无路可走。”孩子一旦形成了任性的性格，对其一生无益。

要注重孩子的心教。以积极的心态认知。讲个蚂蚁的童话故事。

有一则关于蚂蚁的童话是这样写的。小蚂蚁看见蜜蜂在花丛中采蜜，非常羡慕，看见一头大象在森林中搬运木头，也非常羡慕。蚂蚁被人踩在脚底，不能飞，又没有力气，多可怜！蚂蚁思前想后，伤心欲绝。谁知道，蜜蜂和大象反而向蚂蚁来诉苦，要辛苦地采蜜，要吃力地搬运，日子不好过，做个蚂蚁多好呀！可以自由自在地爬山过沟，四处走动，生活多么快乐。蚂蚁于是终于懂得，谁都拥有希望和快乐，原来快乐就藏在自己的身边。你的心态就是你人生不可见而恒定的法宝。它的一面是装饰着“积极的心态”，另一面是装饰着“消极的心态”。积极的心态具有吸引真善美、实现希望的力量，而消极的心态则让你的人生暗淡无光。生活中我们常常抱怨没有快乐，也找不到快乐。其实，我们每个人都拥有快乐，它就藏在你身边，快乐不是别人给予你的，而是你本身就拥有，它是一种乐观的态度。

愿希望和积极的心态伴你一生，祝你永远生活在希望和快乐之中。

我们认为培养孩子“快乐活泼、安静专注、勇敢自信、诚实善良、勤劳俭朴、独立自主、富有创造精神”等优良的性格、品质，是早期教育的重中之重。人的性格基本在3～6岁之间形成，影响他们性格的就是他们的父母，随之也决定了他们一生的命运。父母给孩子最好的礼物就是帮助孩子形成一个好的性格。一个成功者至少要具备以下10种性格品质：

自信心——成功的基础；

积极心态——一切成功的起点；

梦想志向——生命的精髓，人生的坐标；

进取心——事业心的基础；

意志力——制胜的关键，合作的基础；

自制力——真正力量的来源；

爱心——快乐成功的奥秘；

诚信——立身之本，全部道德的基础；

正直——做人的脊梁；

责任感——健全人格的基础，能力发展的催化剂。

我们要培养、塑造孩子的这 10 大个性品质。

3. 抓住潜能开发的最佳时期，做好智力全面发展

居里夫人的“幼儿智力体操的教育。”

居里夫人作为一位杰出的女科学家，曾在仅隔 8 年的时间内就分别摘取了诺贝尔物理学奖与诺贝尔化学奖，并且一生中获得了难以计数的其他科学殊荣，可谓是智慧超群、硕果累累。她的长女伊伦娜，核物理学家，与丈夫约里奥因发现人工放射性物质共同获得了诺贝尔化学奖；次女艾芙，音乐家、传记作家，其丈夫曾以联合国儿童基金组织总干事的身份接受瑞典国王于 1965 年授予该组织的诺贝尔和平奖。作为普通的母亲，居里夫人是怎样培养和教育子女的呢？

居里夫人一生科研工作十分繁忙，然而她很善于抓紧时间对子女进行早期教育，并善于把握孩子智力发展的年龄优势。譬如，居里夫人在女儿不足 1 岁时，就对她们开始进行“幼儿智力体操”训练：让她们广泛接触生人，到动物园看动物，让她们与猫玩，让她们到公园去看绿草、蓝天、白云，看色彩绚丽的各种植物和人群，让她们到水中拍水，使她们感受大自然的美景。孩子大点后，居里夫人又开始采用一种带艺术色彩的“智力体操”，教孩子唱儿歌、讲童话。再大些，就让孩子做手工制作，如数的训练，字画的识别，弹琴、作画、泥塑，让她们自己在庭园种植植物、栽花、种菜等，并抽出时间与她们散步，在散步时给她们讲许多关于植物和动物的趣事，如种子是怎样在花里长的，小老鼠和鼹鼠是怎样打洞的，哪里能找到兔子窝等。她的教育都力求从实物开始，且每天更新，以提高孩子的兴趣。她还教孩子骑车、烹调等。其全方位的幼儿早期“智力体操”训练，不仅使孩子增长了智力，同时也培养了孩子的各种能力，增强了孩子的自信心，锤炼了孩子的性格。

0 ~6 岁是大脑神经网络形成的重要时期，家长需要科学、有效的方法，充分开发、培养孩子的各种能力。如想象力、注意力、记忆力、创造力、观察能力、思维能力、操作能力、学习能力、社交能力、实践能力、语言能力、理解能力、抗挫折能力等生活能力。并掌握多项特长。

孩子多梦想，家长要鼓励。

美好的梦想、理想，远大的目标可以产生巨大的动力。关爱孩子成长、成才、成功，家长应牢牢抓住树立人生梦想、理想、目标这一其有最大功效的法宝。

三个工人在同一个工地上搬砖。问第一个人：“你在干什么?”

“你没看见我在搬砖呀!”第一个人不屑地回答。

问第二人：“你在干什么?”

“我在挣钱呀!”第二个人满头大汗地回答。

问第三个人：“你在干什么?”

“我在盖一座辉煌的大厦。”第三个人望着工地自豪地回答。

后来呢? 第一个人一直是个“干活的人”；第二个人靠打工挣到钱；而第三个人成了出色的建筑设计师。

中国有句古话：“志不高者智不达。”意思是志向不高远的人，潜力很难发挥，智力也达不到高峰。帮助孩子树立理想和志向，是父母的责任。

孩子的梦想、理想在我们的生活中产生，有时候一句话、一个故事、一个偶然的机会，都会使你产生一个梦想、理想，进而形成终生奋斗的目标，直至取得成功。

莱特兄弟小时候看着空中展翅飞翔的雄鹰，萌发了人也能在空中自由自在飞行的梦想。在父亲的鼓励下，他们全身心投入飞行事业，发明了飞机。

1903 年 12 月 17 日上午 10 时 35 分，他们完成了世界上首次动力飞行，实现了人类飞翔的梦想，开创了人类飞行的新时代。

孩子天生都有梦想，童年是梦想的故乡，少年是多梦的季节。梦想是鸟儿飞翔的翅膀，不展开翅膀，你永远不会知道你究竟能飞多远。梦想是人生宝贵的财富，是心灵世界的阳光。一个人心中有了梦想，就会在希望中生活，并不断创造生命的奇迹。人的一生能走多远，很大程度上取决于其童年的梦想有多大。

一个会爱、真爱孩子的家长应当精心保护孩子的梦想，这样梦想的种子才有可能长成参天大树。因为任何一个成功都是从梦想开始的。但是很多父母面对孩子的梦想，会说那是不切实际的好高骛远。他们应明白，正是有了梦想，不切实际才有可能变为实际。梦想就像人体成长所需的微量元素与氨基酸，缺少它，大脑的营养就跟不上，思维就会迟钝，没有想象力、创造力。父母要学会启发孩子的梦想，让孩子在无数个梦想中，充分发挥其想象力和创造力。

赎回梦想的故事

2002 年 11 月 28 日，是感恩节，在这个节日到来的前三天，芝加哥市一位名叫史密斯的中年男子向当地法院递交了一份诉状，要求赎回自己去埃及旅行的权利。

事情发生在40年前，当时史密斯才6岁，在威灵顿小学读一年级。有一天，品行课老师玛丽让学生各自说出一个自己的梦想。全班24名同学都非常踊跃，尤其是史密斯，一口气说出两个：一个是拥有一头自己的一头小母牛，另一个是去埃及旅行一次。可是当老师问到一个名叫杰米的男孩时，不知为什么，他竟一下子没有了梦想。为了让杰米也拥有一个自己的梦想，玛丽老师建议杰米向同学购买一个。于是，在玛丽老师的见证下，杰米就用3美分向拥有两个梦想的史密斯买了一个。由于史密斯当时太想拥有一头自己的小母牛了，他就让出了自己的第二个梦想——去埃及旅行一次。

40年过去了，史密斯已人到中年，并且在商界小有成就。40年来，他去过很多地方，瑞典、丹麦、希腊、沙特、中国、日本，然而他从来没有涉足过埃及。难道他没想过去埃及吗？想过。据他说，从他卖掉去埃及的梦想之后，他就从来没有忘记这个梦想。然而，作为一个虔诚的基督徒和诚信的商人，他不能去埃及。因为他把这一行为连同那个梦想一起卖掉了。

2002年感恩节前夕，他和妻子打算到非洲去旅行，在设计旅行线路时，妻子把埃及的金字塔作为其中的一个重点观光项目。史密斯再也忍不住了，他决定赎回那个梦想，因为他觉得只有那样，他才能坦然地踏上那片热土。

史密斯能赎回那个梦想吗？没有。因为经联邦法院审定，那个梦想已经价值3000万美元。史密斯要想赎回去，就必须倾家荡产。其中的缘由，我们从当初买他梦想的杰米的答辩状中，可略知一二。

杰米是这样说的——在我接到史密斯先生的律师送达的副本时，

我正在打点行装，准备全家一起去埃及，这好像是我一口回绝史密斯先生要求赎回那个梦想的理由。其实，真正的理由不是我们准备去埃及，而是这个梦想的价值。现在各位都非常清楚，小时候我是个穷孩子，穷到不敢拥有自己的梦想。然而，自从我在玛丽老师的鼓励下，用3美分从史密斯先生那里购买了这个梦想之后，我彻底变了，变得富有了。我不再淘气，不再散漫，不再浪费自己的光阴，我的学习有了很大的进步。我之所能考上华盛顿大学，我想完全得益于这个梦想，因为我想去埃及。我之所以能认识我美丽贤惠的妻子，我想也是得益于这个梦想，她是一个对埃及文明着迷的人。如果我不是购买了那个梦想，我们绝不会在图书馆里相遇，更不会有一段浪漫迷人的恋爱时光，也不会有现在的幸福生活。我的儿子现在在斯坦福大学读书，我想也是得益于这个梦想，因为从小我就告诉他，我有一个梦想，那就是去埃及，如果你能获得好的成绩，我就带你去那个美丽的地方。我想他就是在埃及的召唤下，走入斯坦福大学的。现在我在芝加哥拥有6家超市，总价值超过2500万美元。我想，如果我没有那个去埃及旅行的梦想，我是绝不会拥有这些财富的。尊敬的法官和陪审团的各位女士、先生们，我想假如这个梦想是属于你们的，你们也一定会认为这个梦想已经融入了你们的生命之中，已经和你们的生活、你们的命运紧紧相连，密不可分。你们也一定会认为，这个梦想就是你们的“无价之宝”。

为什么梦想可以实现，因为梦想会使人心中产生一种激情，这是一种可贵的心灵动力，是可以令一个人“虽九死而不悔”的向往，它会最大限度地激发人的潜能，从而令其实现自己的人生目标。

人类最可贵的本能就是对未来充满幻想，对明天充满激情——尽管实现这些幻想有许多不确定的因素，尽管有些孩子的梦想不能实现，但是，每一个人都在憧憬未来，并为着这或远或近的未来投入他们全部的努力。

家长应带领孩子多关心周围的事物及现象，多开展户外活动，以开阔孩子的眼界，丰富孩子的感性知识；灵活采用个别化教育手段，有针对性地鼓励孩子积极活动、主动参与、积累经验、发展潜能；改变传统的灌输、说教方式，以开放互动的方式让孩子玩中学、在操作中探索、在游戏中成长。

培养孩子良好的人际交往能力。家长应关注孩子日常交往行为，对孩子的交往态度、行为和技巧及时提供帮助和辅导；注意培养孩子多方面的兴趣、爱好和特长，增强孩子交往的自信心；开展角色扮演游戏，帮助孩子在家中练习社交技巧，并积极为孩子创造与同伴交往的机会，培养孩子乐于与人交往的习惯和品质。

增强孩子的社会适应性，培养孩子抗挫折能力。家长应鼓励孩子以开放的态度充分展示自己，同时树立面对挫折良好榜样；充分利用传播媒介，引导孩子学习面对挫折的方法；适时、适宜地在孩子成长过程中，创设面对变化与应对挫折的生活情境与锻炼机会；在孩子遇到困难时以鼓励、疏导的方式，给孩子以必要的帮助与支持。

阜阳育才幼儿园大二班孩子黄瑾轩，在她妈妈王玉勤的呵护和教育培养下，2 岁时能背诵 40 多首儿歌，上幼儿园之前，能认识 200 多个汉字，上幼儿园大二班时，已经能认识 1000 多个常用字词，独立阅读幼儿刊物了。阜阳市民族幼儿园家长李宁带的孙女，6 岁时可以读报，做事、交往能力较强，成了“小大人”。

三项教育的内容、载体和相互关系

幼儿的教育、幼儿的学习是以直接经验为基础，我们要最大限度地支持和满足幼儿通过直接感知、实际操作和亲身体验获取知识经验。

幼儿三项教育的内容是全面的、启蒙性的。大体可分为健康、语言、社会、科学、艺术五个领域。领域的内容互相渗透，从不同的角度促进幼儿情感、态度、能力、知识、技能等方面的发展。

幼儿三项教育的培养离不开三个有效的载体，包括适宜的环境、丰富的游戏、真实的生活。环境是重要的教育资源，包括物质、文化、人文、心理、家庭、社区等。游戏是幼儿园的基础活动形式，是幼儿的生活方式，也是幼儿的生命。生活即教育，教育即生活。处处是教育、时时是教育。家长要配合老师，在这三个载体方面，为孩子提供学习、活动和表现能力的机会和条件，使孩子"阶梯"式循序渐进。

三项教育是相互关联、相互促进的。比如学习习惯与学习品质与学习能力的关系。学习习惯养成以后，家长要引导升华为学习品质。帮助孩子逐步养成积极主动、认真专注、不怕困难、敢于探索和尝试，乐于想象和创造等良好的学习品质。单纯追求知识技能学习，不重视学习品质的培养是短视而有害的。学习品质决定着儿童终身学习与发展的质量。学习品质的提高，又能促进学习能力的提升，又有促进智力的发展，促进理解力、想象力、思维力、实践力等多种能力的提升。

早期教育的原则和方法

早期教育要遵循以下原则：

一是零岁起步。

二是遵循大脑发育规律。

三是激发兴趣，培养特长。

四是赏识赞美。

五是注重身教。

六是严慈结合。立规矩，严执行。

七是循序渐进。

八是因材施教。

九是避免过渡教育。

早期教育开发的方法多种多样：

一是从练习读、写、算开始，培养孩子的能力。

二是用玩具、谜语、童谣开发孩子的智力。

三是用儿歌、绕口令开发孩子的语言能力。

四是用游戏、故事引导孩子学习。

五是用绘画开发孩子的创作意识。

六是用音乐开发孩子的思维。

七是用伙伴之间的交往培养快乐活泼、诚信友善等性格品质。

我要做智慧型的家长，不断改进和提高教育孩子的艺术和方法。对孩子既不能溺爱，也不能当“虎妈”“狼爸”。

2011 年，美国一个华裔教授蔡美儿出版了一本名叫《虎妈战歌》

的书在美国引起轰动，继而又在我们中国引起轰动。接着又出来了个“狼爸”萧百佑，自称“中国狼爸”，也出版了一本“教子经”。两个人教育孩子的经验都是以“打”为法宝的中国传统教育模式。中国传统的这种“棍棒底下出孝子”式的打骂教育方式，无论是在教育界，还是在家庭教育中，早就被放弃了。可是，这种落后的教育方式为什么引起那么多的关注？为什么会成为社会的焦点？我们应该怎样做？

在当今的中国，我们全面放开了二孩子生育政策，但独生子女的现象，在教育下一代的问题上，是整个国家全民式地“溺爱孩子”。在这一过程中，人们逐渐发现，“溺爱”不是一种好事，出不了孝子，也很难成才。于是，我们醒悟到，还有其他爱的方式，孩子也犯错，错误要比大人多。纠正孩子的错误，只靠苦口婆心的说教是不灵的。在这种社会心理需求之下，“虎妈妈”来了，“狼爸爸”也来了。于是人们纷纷热炒了起来，似乎找到了教育孩子成功的新途径。岂不知，“溺爱”不对，“虎妈妈”“狼爸爸”的打骂式教育方法也有问题。

教育孩子的方法没有最好，只有更适合。因为任何方式都是因人而异的。方式只有适合不适合之分，没有好与坏之分。教育的对象是人，人与人之间的具体差异很大。同样的方法，面对不同的孩子，就会有不同的效果。面对自卑的孩子要多夸，增强其自信心。面对好自满、好骄傲的孩子，就不能多夸，要适当的“打压”，要说“不”。

对家长的几点建议

一是制定施教计划。

十年树木，百年树人。教子育孙是一项长期的系统工程，任重道远。孩子的成长、成人、成才，是一个漫长的过程，从出生到高中毕业一般要 18 年时间。18 年里，要做到科学性、针对性、实效性，不是一件易事。其中有一条是必须的，那就是着眼长远，立足当前，制订科学的施教计划。根据孩子身心发展的年龄段、学习段的特征施教。

心理发展的年龄特征是指在一定社会和教育条件下，个体在心理发展的各个年龄阶段、学习段所表现出来的正常心理特征。

2010 年 2 月 8 日出台的《全国家庭教育指导大纲》将个体从出生到成熟分五个年龄段：婴幼儿期（0 ~ 3 岁）、学龄前期（4 ~ 6）、儿童期（7 ~ 12 岁）、青春期（13 ~ 15 岁）、青春期（16 ~ 18 岁）这五个阶段孩子的身心发展各具特点，家庭教育的内容要不同。我们要学习掌握这五个阶段每个阶段的儿童的身心教育、发展的特点及家庭教育的要点，进行有计划的科学施教。

家庭教育要特别重视早教，不能让孩子输在起跑线上。我们幼儿园的宝宝，0 ~ 3 岁的家教已经过去了，以前的教育有遗憾，只能从今后的教育来补上。预则立，不预则废。今后的教育如果再不立，乃是终生的遗憾，误子、误家、误国。

我们的家教，在未成年人整个年龄段、学段中，都要贯穿思想道德教育这条主线，坚持德育为先的原则。早期教育决定孩子的一生，应抓好三项教育。优秀的性格培养、良好的习惯养成和潜能开发必须同步进行，不可单纯片面地注重智力开发。这样可使孩子拥有充实的童年和幸福的一生。学前幼儿园是黄金期，小学是基础期，要使孩子养成良好的学习习惯；初中是关键期，要使孩子掌握好的学习方法，使他们能够自己掌舵；高中是转折期，要使孩子能够自觉拼搏，学出成效，迈出决定人生命运的一步。大学是成熟期，学有专长，将走上工作岗位。

对孩子的培育，还要做好不同年龄段、学段之间的衔接工作，使他们像芝麻开花节节高，像大树一样茁壮成长。

幼升小转型是孩子的一大挑战。家长要帮助宝宝做好幼小衔接工作。

二是带孩子玩好、吃好。

寓教于玩，玩中学。寓教于吃，吃出规矩。做游戏，户外活动、旅游。

三是注意孩子的安全。

孩子的安全十分重要，家长不要认为孩子每天接触的范围小，就不加以重视，其实很多危险都是在不经意间发生的。所在应该适时对孩子进行安全教育。要从小培养，在日常生活中潜移默化，让孩子学会自我保护。要避免遭遇暴力侵害；要让孩子学会分辨陌生人和坏人，不要上坏人的当；要防止孩子走丢；要防止发生交通、水、火、电等事故。家长还应该告诫孩子，遇到突发危险事件发生，要赶快找专业人员救助他人，自己只是保护自己，因为孩子毕竟是孩子，自己弱小、无力，救不了他人。

四是要使孩子重视上学。

遵守时间要求，完成老师布置的各项学习、活动任务，逐步养成学习兴趣和多方面的良好习惯。

五是给孩子做表率。

身教更重于言教。“儿童从来不会好好地听从他们的长辈，但他们永远不会不模仿长辈。”长辈要时时处处给孩子作好榜样。

建立学习型家庭。进家校学习，看家教网站信息、文章。要有宜学的家庭环境。挂2幅励志字画，设个书柜，购买质量好对路的书籍。制订学习计划。立规矩。

六是多给孩子讲故事，坚持每天给孩子读书15分钟。

给孩子讲名人故事、励志故事。给孩子讲雷锋故事，做好孩子，长大成为有益于人民的人。

布什的夫人坚持每天给孙子读书15分钟，做得好，她的经验是：

一要固定时间，养成习惯。二要全家参与，人人关心。三要做好准备，有书可读。四要精心选择，购买好书。五要激发兴趣，生动活泼。六要坚持下去，不要中断。

阜阳北城小学教师徐会芹讲述了她的亲子共读的故事。和儿了依在一起读书，会使读书变得令人愉快，也让儿子从小就感觉到读书是一件非常有趣的事情。精美的画面、欢快的乐曲给儿子艺术的熏陶。有趣的故事情节有助于提高孩子的想象力。朗朗上口的童谣能提高孩子的记忆力和语言表达能力。好习惯系列书可以引导孩子形成良好的行为习惯。

七是最重要的是，赏识、爱和鼓励。

每个家长都要赏识自己的孩子，要知晓“皮格马利翁效应”。

希腊神话中，皮格马利翁是个技艺超群的雕塑家。有一天他完成了一座少女的雕像，雕像如此完美以致他本人也深深地爱上了她。他的爱情感动爱神阿芙洛狄忒，爱神给雕像注入了生命，于是雕像变成了一个美丽绝伦的少女，与他结为夫妻。皮格马利翁的幻想终于变成了现实。

孩子的成长方向取决于父母和老师的信任与期望。每个孩子都可能成为非凡的天才，但这种可能的现实，取决于父母和老师能不能像对待天才那样去爱戴、期望、珍惜和教育这些孩子。

要懂得“南风效应”。

北风与南风打赌，看谁的力量更强大，它们决定谁能把行人的大衣脱掉。北风无论怎样猛烈，行人只是将衣服越裹越紧。而南风只是轻轻拂动，人们就热得敞开了大衣。

南风效应是告诉人们宽容是一种强于惩戒的力量。教育亦如此，那些一味批评自己孩子的父母，终会发现孩子变得不可教育和叛逆。每个孩子都会犯错误，父母要接受和宽容孩子的缺点，客观、理智、科学地处理日常生活中出现的各种问题。与孩子一些成长，体谅孩子的同时，也从自身入手提高自己的教育素质，才能更好地教育孩子。

教育的秘密是真爱。有首幼儿歌叫“亲亲我、抱抱我、陪陪我……”多好啊。爱，要育孩子的心，用积极心理学育孩子。给孩子设立成长手册，或记功簿，坚持记下去。经常给孩子制订几个容易达到的小目标，循序渐进。

八是引导孩子逐步学会四个学会。

即学会学习、学会做事、学会交往、学会做人。这四个学会是联合国教科文组织对全世界青少年的要求，我认为同样适用于儿童早期，这是“纲领”，这是对公民的基本要求，只是标准不一样，对儿童是启蒙，从这四个方面学起。

对儿童的教育要遵循鱼缸法则。

养在鱼缸中的热带金鱼，三寸来长，不管养多长时间，始终不见金鱼生长。然而将这种金鱼放到水池中，两个月的时间，原本三寸的金鱼可以长到一尺。

对孩子的教育也是一样，孩子的成长需要自由的空间。父母不当的保护就像鱼缸一样，孩子在父母的鱼缸中永远难以长成大鱼。要想孩子健康茁壮地成长，一定要给孩子自由活动的空间，而不让他们拘泥于一个父母提供的小小“鱼缸”。随着社会进步，知识经济时代、信息时代的发展，父母应该克制自己的不当想法和冲动，给孩子自由成长的空间，让他们在四个学会的实践中锻炼、成长。

比如，孩子玩泥巴，对他有好处，你不要说脏，不能玩，要引导怎样玩好，玩出智慧。孩子自己要学吃饭，你不要喂他，引导他怎样吃好。孩子上课时要发言，你不要说：“不懂不要乱讲。”要鼓励他大胆发言，讲错了也是锻炼。时时处处皆学问，家长要做个有心人、智慧人，该放手就放手，该管也要管。

九是家园互动育幼儿。

常与教师互通情报。老师给孩子讲的事，要求家长要办的事，家长一定当个事办，一定办好，和孩子一起成长。

十是知道更要做到。

自我加压，认真落实，提高执行力。

落实贵在“恒”。甩手的故事很多人都知道，对我们启发很大。一个人能走多远、飞多高，贵在一个“恒”字，有毅力，能坚持。

尊敬的各位家长：关爱孩子强后代，言传身教多尽责。抓好幼教黄金期，精心调教出英才。让我们共同努力，做优秀的家长，把我们的宝宝培养成人、成才、成功，成大才、成大功，我们的心愿一定能实现。

四、让孩子爱上学习

目前，我们的孩子——中小学生对学习的态度、状况大体分三种情况：好的，对学习如饥似渴，成绩优秀；一般的，动力不强，不太用心，成绩平平；差的，对学习不感兴趣，厌恶反感，甚至感到痛苦，表现出轻微、中度、严重三种不同程度。

这第三种厌学的表现和产生的原因很多：学习的目的不明确容易厌学；学习情感淡漠而没有兴趣而厌学；家教失误，没有好的学习环境、父母过渡严厉导致孩子厌学；课程太难而厌学；各方面的消极评价而厌学；讨厌老师而厌学；伙伴关系不良易厌学；沉陷网络游戏而厌学；父母离异、单亲家庭导致孩子厌学；孩子意志薄弱，耐挫力差而厌学等。厌学内原因是孩子在学习过程中的消极情绪和自我认识存在偏差，外在原因是社会、学校、家庭的不良影响。厌学的一个直接后果是导致孩子学习效率下降，完成一定学习任务的速度和质量降低，甚至辍学，影响孩子的一生。

怎样使学习好的孩子更好、学习一般的孩子有更大的进步、厌学的孩子从厌学中走出来，逐步走向好学、乐学、会学的学习中，我们一起研讨。

家长要做带头学习的表率

首先家长要明白身教重于言教。在刚开始的时候，每个孩子都是一样的，他们爱学习、爱模仿，孩子的第一任老师就是自己的父母。润物无声，潜移默化。父母的一言一行都看在孩子的眼里，那么如果父母都爱学习、爱看书的话，孩子也就不用说，他会自动的去模仿，如果你想要你的孩子多学习、多看书的话，就一定要做出表率，不管多忙，每天都要抽出时间来看看书吧。

其次，家长要有学习的意识。现在的家长基本上都是自己不学习，却要求孩子好好学习的一些人。有的父母自己就没有读书的习惯，回到家中不是看电视打发时间，就是玩电脑游戏消遣，有的喜欢玩麻将、打牌，有的出门应酬，连陪孩子的时间都没有，就更不要说读书了。在这种环境之下，成长起来的孩子很少有读书的习惯的。想让孩子爱上学习、爱上读书，父母应有学习习惯。家长好好学习，孩子天天向上。“子不教，父之过”，孩子不爱看书主要责任在家长。“活到老，学到老”是一种精神，生命不止，学习不止是一种境界。家长带头学习，不仅能学会教育的先进理念、先进方法，更能营造出看书氛围，给孩子良好的熏陶，培养出孩子良好的素养。家长应有牺牲精神，为了让孩子爱国阅读与写作，家长需要花一些钱买书，需要牺牲一些娱乐，需要牺牲一些时间来陪孩子。

第三，家长要营造好的读书环境和氛围，要建立学习型家庭，要常进家长学校学习，喜欢读书，养成看书的习惯。在家中安置书架和书橱，定期购买一些有益的书来看，坚持每天给孩子读书、讲故事，有固定的时间，倾听和分享孩子读书的心得，夫妻之间经常以书中的内容为话题展开讨论，时间久了，孩子就会受到父母的熏陶，自动的去看书。

让孩子认知读书学习的好处

知识就是力量，知识就是财富。书是人类智慧的结晶，是知识的宝库，是引导自己进步的最好老师。21 世纪是“知识爆炸”的信息时代，是知识经济社会。只有勤奋读书，才能适应现代学习型社会的需要，成为新世纪的强者。

读书破万卷，下笔如有神。

读万卷书，行万里路。

读书之用，它的好处。宋真宗赵恒写的《劝学诗》：

富家不用买良田，书中自有千钟粟。

安居不用架高梁，书中自有黄金屋。

娶妻莫愁无良媒，书中有女颜如玉。

出门莫愁无人随，书中有马多如簇。

男儿欲遂平生志，五经勤向窗前读。

昭告天下，读书可解决衣食住行、取得荣华富贵，实现人生理想。

宋真宗所言受时代的局限，虽有部分不妥，但道出了读书的要义，要应从积极的意义上理解。

读书是苦的，更是乐的。

读书之苦，最典型的例子莫过于孙敬“头悬梁”、苏秦“锥刺股”。他们为什么这样做？因为他们深知读书的重要，唯有读书才能实现自己的梦想。遥想苏秦当年游说失败回家，“妻不下纴，嫂不为炊，父母不与言。”何等凄惨？而“锥刺股”后的苏秦身佩六国相印，“一怒而诸侯惧，安居而天下息”，何等威风？欧阳修能写出“忧劳可以兴国，逸豫可以亡身”的名言是刻苦读书的结果。范仲淹的“先天下之忧而忧，后天下之乐而乐”的名句也是刻苦读书的结果。读书是“苦”中学、苦中乐。

读书乐，是读书的最高境界，也是养生修道之术。宋朝周珏，专门建有“耕读轩”，极言耕田、读书之乐。其歌曰：“力田好，力田好，膏腴之田真是宝。……读书好，读书好，读得书多无价宝。……莫厌书义繁，只恐工夫少；一理心间融，万卷腹中饱；信口吐珠玑，调源三峡倒；满纸生云烟，笔阵千军扫。”清人张潮《幽梦影》中所言：“有功夫读书，谓之福；有力量济人，谓之福；有学问著述，谓之福；无是非到耳，谓之福；有多闻直谏之友，谓之福。”

让孩子有学习的动机

人的成功，智力因素约占20%，非智力因素约占80%。

非智力因素，指那些不直接参加认知行为，但对认知行为起着重要影响的心理因素，如动机、意志、兴趣、情绪、性格、习惯等。这里讲的动机就是梦想、理想、人生目标。为实现人生动机理想目标，人们就会逐步对某项事业产生兴趣，进而形成志趣，志向、特长。为实现人生目标、人们就会有好的情绪，好的精神状态，养成好的性格，形成好的习惯。为实现人生目标，人们就会有坚强的意志，坚忍不拔的毅力，就能勤奋刻苦，自行其乐。据专家抽样测试，人群中超智和弱智孩子各占2%左右，其余95%以上的孩子智力相差无几。家长认为自己的孩子笨，智力弱是不对的。为什么孩子的学习成绩悬殊那么大呢？这完全取决于非智力因素，而非智力因素中具有决定性的因素就是人生理想、目标和意志。而坚强的意志又是在远大的目标支配下形成的。远大的目标产生巨大的动力和坚忍不拔的意志。李小龙有将中国功夫弘扬世界的理想目标，才能有坚强的意志，强大的实力，创新了中国功夫截拳道，成为世界冠军、拳王。

学习动机是激发一个人进行学习活动，以达到一定学习目标的内部心理状态，常以理想信念、志向、目标、需求、兴趣、愿望等形式表现出来。学习动机就像带动机器转动的马达。高尔基说："生活中，没有任何东西比人的行为动机更重要、更珍贵了。"没有目标的努力，就像在黑暗中远征。

现在有些孩子的学习目的不明确，不正确，积极性不高。有的初中没毕业就不上了，跑去打工；有的认为自己在为父母学习，为他人学习。有的家长对孩子过分的期望、过多的干涉、过多的指责，以及不恰当的诱导，如考试成绩好，就可以要什么给什么；考试成绩差，就会受到责骂等等，都会让孩子对学习失去兴趣，从而没有自觉性，没有激情。孩子学习的动机不同、激情不同、力度不同、效果也不同，开出的花、结出的果就不一样。比如小学六年级，孩子的成绩拉开了距离。初中三年之后，他们之间的距离又拉大，有的上示范高中、有的上普遍高中、有的上职业高中。考大学差异化程度更为明显。当然这是正常现象，也是社会的需要，不可能要求都一样优秀。但它告诉我们想法不一样，付出不一样，结果也不一样。

远大美好的理想、目标产生巨大的动力。一个孩子只有把学习和远大的目标联系起来，才会有强大的动力，才能提高对学习的兴趣和积极性。对于今天的孩子，将自食其力的责任、振兴家庭和民族的责任交给他们，是最重要的。教孩子为生存而学，为发展而学，为祖国、为人民而学，为成才、成功而学。要让孩子明白，他们是主宰自己命运的主人，他们要为自己负责，为家庭负责，为国家负责。上学读书是他们自己的事，今天的学习是为明天做准备，为明白打基础，所以要对今天负责。不能早恋。早恋影响学习。好好学习，用心学习，成才成功，书中有女颜如玉。孩子的事尽量让孩子办，家长没有必要替他们包办一切。溺爱娇惯会害他们的。需要他们自己立志成才，自觉勤奋学习。

梦想实现超越。家长要让孩子有梦想。人生四件事：恋爱结婚、孝敬父母、抚育子女、做好自己的那份工作。工作是提供经济支撑，抚育子女是根本，搞不好一票否决。所以我们要做双优，优秀家长、优秀职工。做成做不成就看想不想，我看一定能成。很多同志已经做得很好，大家一起努力，共同加油。

2011 ~2014 年阜阳三中高考升学连续 4 年实现超越，其中一个重要原因是校长、教师的梦想变成学生的梦想。刁卫华校长和一班人及教师们气魄大、理念新、机制好、管理精，用梦想、用大爱、真爱，高度的责任心，调动学生学习的激情，学生们顽强拼搏，实现了超越，赢得了学生家长和社会的认可和赞扬。

培养孩子良好的自学习惯

孩子良好的自学习惯，主要表现在高效学习、会管理时间、独立完成作业、善于提问、独立思考等方面。优秀的家长有一个共同的特点，就是能深入孩子的内心世界，找到培养、强化和巩固孩子良好习惯的方法。

一是帮助孩子提高学习效率。使孩子认识到提高效率的好处；采用定时法；从学习细节入手等。

二是引导孩子学会管理自己的时间。人生的重要学问就在于学会和时间打交道。做时间的主人，勤奋学习妙用时，全面发展优特长。会用零碎时间；用作息时间表安排自己的生活；按事情的重要性和急迫性安排时间。

三是不“陪”写作业，增强孩子的学习自信。

四是多提问，善于提问比解答问题更重要。

古人云：“学起于思，思源于疑。学贵有疑，小疑则小进，大疑则大进。”提出一个问题，往往比解决一个问题更重要。孩子好提问题，说明他已经对这个事物产生了探索的兴趣。家长只要进一步引导，孩子就会把兴趣转化为行动，积极探索，解决问题。李四光说，他之所能成为一个科学家，就是因为对一块石头的疑问。

五是建立错题库，让孩子的成绩在试错中进步。

六是不动笔墨不读书，是提高记忆的经验之谈。

七是让孩子学会科学地积累学习资料。

八是独立思考让孩子自主学习。

将孩子的好奇心转化为求知的乐趣

孔子说：“知之者不如好知者，好知者不如乐知者。”知者、好者、乐者，这是三种不同的境界，孩子在乐的精神状态驱动下，就会积极主动地探索和学习。

首先，将孩子的好奇心巧妙嫁接到学习上。

一位哲人曾经说过：“知识是一种快乐、而好奇心则是知识的萌芽!”好奇心是一个人对新异事物进行探究的一种心理倾向，在好奇心的推动下，人们便会积极主动地进行思维，进行创造。对于孩子来说更是如此。好奇心是孩子的天性，如能将孩子的好奇心引导到学习上，不仅可以激发孩子求知识的欲望，还可以在求知的过程中培养孩子的毅力。

当牛顿看到苹果从树上落下来的时候，产生了好奇心，在父亲的指引下，发现了“万有引力定律”；当瓦特看到滚水把水壶盖子掀起的时候，有了好奇心，进而探究原理，发明了蒸汽机……

由此可见，我们一定要呵护孩子的好奇心，引导孩子把好奇心和对新知识的兴趣及渴望联系到一起。

其次，要宽容孩子破坏性的好奇。

爱迪生的小破坏。爱迪生小时候非常淘气，时常给家里制造一些小破坏。一天，他发现，青草点燃不会燃烧，就将枯草点燃，燃烧起来。他非常好奇，想多做一次试验，于是跑到仓库里，用火点燃了干草堆，干草堆熊熊燃烧起来，酿成了火灾，把父亲囤积的草料全部烧光了。

对于爱迪生的这种破坏行为，妈妈并没有加以惩罚和责备，而是在得知爱迪生真正的行为动机后，找到了许多实验器材和科学书籍，让爱迪生充分认识燃料及燃料燃烧时发生的化学现象。爱迪生的好奇心得到了满足，从此对各种化学和物理现象更加痴迷，学习的自觉性也大大增强。最后，爱迪生成了一位伟大的发明家和电学家。他一生共有2000多项创造发明。包括留声机、电灯、电话、电极、电影及矿业、建筑业、化工等等。

再次，要耐心解答孩子的问题。

孩子毕竟是孩子，很多事情他们不懂，好奇，又想多学、多问，这是好事。家长一定当回事，要有足够的耐心，认真帮助解答，使孩子满意。

最后，在以上基础上，要培养学习兴趣。

兴趣是最好的老师，是孩子学习和从事其他活动的原动力，能激发孩子的内心潜在的热情，调动他们内部的学习动机。杨振宁说："我对物理学有兴趣，它那种吸引力是不可抗拒的。"许多人能成才成功最初就是源于其对某些方面的浓厚兴趣。

做好赏识激励教育

一要重视赏识教育。育人和治病不同。医生和教师不同，医生是千方百计找你的毛病，甚至疾病，还在萌芽时期，都要用显微镜给你找出来。而家长作为家庭教育的教师，应千方百计地找孩子的优点，包括那些潜在的现在还没有表现出来的优点，这就是赏识教育。有时候批评也是赏识。家长都应该认识到，找出孩子的闪光点，即他的优点，长处，特长，不断赏识他，鼓励他，才能推动他成长。对他的缺点也要指出来，以便他及时克服，取得进步。

二要表扬、赞扬孩子的"成功"。一个心理学家说过，没有什么东西比成功更能增加一个人的满足感了，没有什么东西比成功更能增加一个人更进一步追求成功的努力了。成功能增加孩子的成就感、责任感、自信心、自尊心，从而令其表现出强烈的学习愿望。对十来岁的孩子来说，不要把“成功”神秘化，不要把“成功”的标准定得不合实际。比如孩子参加各种比赛获得了名次是成功，即使没有获得名次，孩子受到锻炼也是成功。

孩子每一次微小的进步都是“成功”，都要鼓励。家长要善于引导孩子用自己的现在与过去对比，而不是要让孩子与其他差距较大的孩子相比。

三要鼓励、激励孩子用优势学科带动较弱的学科。有些学习差的孩子，并不是各门科都差，可能一两科比较好；即使都差，差的程序也有区别。家长要帮助他们总结学得比较好的学科经验，把这些经验用到薄弱的学科中。学习活动是复杂的脑力劳动，受各种因素的制约，比如孩子在小学时基础打得如何，学习目标、动力、毅力、方法、习惯如何，教师的教法以及师生关系怎样等等。但是，起关键作用的是孩子学习的态度、学习的自信心、学习有没有远大的理想、志向、目标。即使智力超群的孩子，缺乏远大的目标、信心和意志也很难以成才。

四要激励孩子坚定成功的信念。人世间没有什么力量能超过自信的力量。如果你常对孩子说，你不行，你是一个没有出息的孩子，他的自信心就会受到打击，成人之后会成为缺少自信的平庸之辈；如果你善于发现孩子的长处，对他说，你能行，他的潜能就能得到充分发挥。有一句名言说得好：“他能够，是因为他认为自己能够；他不能够，是因为他认为自己不能够。”

成功是目标，改变现状就改变了人生。

成功是一种态度，改变了态度就改变了命运。

成功是一种开发，改变了内在就改变了生活。

成功是一种志气，能使你与时俱进、攀登新的高峰。

给孩子适当的学习压力

在正常情况下，学习动机的强度和学习的劲头、效率成正比，学习的动机越强烈，学习的效率越高；反之，则越低。但是，在特殊情况下，学习动机过强，家庭对孩子的要求过高过急，孩子的学习效率反而不高。要把孩子的学习动机的强度调至最佳状态，这就是家长的教育艺术。

学习压力过大，可能造成孩子厌学情绪，甚至可能压垮孩子；但是一点压力没有也是不行的，那样孩子很容易因失去压力而放任自流。

教育专家从一些孩子的学业进步和成长过程中体会到，孩子必须有适当的学业压力，才能不断追求、探索、进步。学习岂能无压力？农时不可违，学时也不可违。古人云："时过然后学，则勤苦而难成。"孩子正处在掌握知识的重要阶段，家长不能给他一点压力，一点负担，不帮助他们打下坚实的基础怎么行呢？这是不可推卸的责任。孩子在一定的年龄、一定的学习阶段，必须不折不扣地完成一定的学习任务，并且尽可能多地掌握知识，才会有助于其将来的发展。

要培养一个优秀的孩子，不能没有压力。人们常说，需要是发明之母；同样道理，压力可以称为潜能之母。压力有时会使人的潜能发挥到极点。

人的潜能是无限的，平常仅用了一部分，往往借助于压力能淋漓尽致地发挥出来。如果没有压力，老是优哉游哉地生活，永远不可能成就事业。但是压力过重，超过承受的负荷，就会使事情走向反面。

从目前的情况看，有的孩子压力过重，也有的压力过轻。家长要根据自己孩子的情况，制定适合孩子的具体学习方向和任务。遵循适度的原则，制定长期、中期、短期目标。

遵循适度原则，关键是如何把握“度”。前苏联教育家维果茨基曾提出：“最近发展区”理论，简单地说，就是跳一跳能摘到果实。这个果实不是在你的手边，也不是高高在上，而是在需要你使劲跳一下才能够到的位置。

提高孩子自主学习的能力

古语云：“授人以鱼，不如授人以渔。”一个人自主学习能力的高低，将影响他的人生。孩子有良好的自主学习能力，就像有了一把开启知识宝库的金钥匙，能够在今后的生活和学习中不断地补充、完善自己。

“学习不应该是在老师强迫下进行的，而应该成为孩子自发的、本能的行为。”（意大利首位女性医学博士玛丽亚·蒙台梭利）“如果使学生习惯于简单的接受和被动的工作，任何方法都是坏的；如果能激发学生的主动性，任何方法都是好的。”（德国教育家第斯多惠）的确，只有想方设法，调动孩子自主学习的欲望，促使其自觉进入积极互动的学习状态，才是切实有效的学习方法。

家长培养孩子，不能只看孩子一时的学习分数，而是要教孩子学会知识技能，学会动手动脑，学会生存生活，学会做人做事，把握能伴随一生的学习力：

一是阅读能力——开阔视野，拓宽孩子的知识面。

多读多看多听，爱读书、读好书、会读书。

二是语言表达能力——能说会道的孩子能成才。说话是一种能力，更是一种资本。敢说话的孩子易成才，会说话的孩子定成才，巧说话的孩子早成才。家长要鼓励孩子大胆说话，敢说，会说，巧说。讲普通话，讲见闻，讲故事，参加演讲比赛。

三是文字表达能力训练——让孩子多写多练。

文字是人们交流的重要工具，孩子长大后走向社会需要有一定的文字表达能力。要让孩子认清这方面的道理，提高动笔的自觉性，做到持之以恒。多写作文、勤记日记或周记、常写读书笔记，用书信与亲朋交流，积极向报刊投稿……天长日久，文字表达能力自然会很好，能够适应文笔方面的需要。

四是应试能力训练——让孩子考试轻松愉快。

五是记忆力训练——每个孩子都可以“过目不忘”。

六是理解能力训练——如何让孩子一点就透

七是思维能力训练——让孩子懂得灵活思考。

八是处理信息能力训练——让孩子又好又快运用现代化网络工具学习知识，处理问题。

九是操作能力训练——提高孩子动脑动手的能力和技巧。

十是创造能力训练——让孩子拥有崭新的视角。

掌握科学的读书学习方法

学习任务与学习方法，是河与过河工具的关系。要完成繁重的学习任务，需要让孩子掌握善巧高效的读书学习的方法。苦学不如会学、勤学还需善学。天赋、勤奋不是高效学习的根本，科学的方法才是出色学习的捷径。好的学习方法是让孩子掌舵，是握在孩子手中的最有力的学习武器，它能帮助孩子战胜自主学习途中的种种困难，能有力地提升孩子学习效率，能极大地提高孩子的学习兴趣。

学习方法就是学生学习时所采用的方式、手段、途径的技巧。不同的人、不同的群体，应采用不同的方法。适合自己孩子的方法才是最好的方法。

读书学习的方法很多，大体讲：

其一，读书的方法。先要正确处理读书过程中的一些关系：一是有序和调节；二是精与粗，三是专和博；四是厚与薄。

其二，要明确怎样读书。方法有博览式阅读法、顺序式阅读法、精读法、创造性阅读法等不下数百种。

学习新知识可采用纵览、提问、精读、复述、复习五提要的方法。

其三，理解——记忆——应用学习法。

其四，多感官学习法，也叫五到学习法。多感官，包括眼、耳、口、鼻、皮肤。

五到，指眼看、耳听、口念、手到、脑思等感官协调作用的记忆方法。学习没有经过五官的，五官不参加活动，学习的效率就不好。

其五，体验式学习法。

有一位哲人说过："告诉多，我会忘记；教给我，我可能记住；让我参与，我才能学会。"这句话说出了体验式学习法的精髓。体验式学习法分为亲自体验、总结领会、观察反省、积极尝试四个过程。家长要让孩子在体验中学习和进步。

其六，互助、合作学习法。

以学为主，知践结合

近年来，人才市场出现了高学历低能力的危机。用人单位招人已从看重学历，转变到看重心理素质，以及解决实际问题的能力和有没有开拓精神。同时，也从注重笔试到注重面试，甚至面试胜过笔试。孩子面对的不再是纸质的试卷，而是一道道生活工作的实践题。好的品质、好的习惯、好的能力是"践行"出来的。因此，家长从孩子上学起就要重视解决其高分低能动手差的问题。家教应从单一的读书、知践脱节转变到以学为主、知践结合。要笃信勤恒，博览群书，读懂弄通，学以致用。

生活中大量的事实告诉我们，学习理论是必要的，但一定要结合实际，书呆子是解决不了实际问题的。

"生活即教育"，"社会即学校"，整个社会是生活的场所，也是教育之场所。有字的书要学，无字的书也要学。放眼社会、接触社会、参加社会实践活动，可以让孩子学到书本上学不到的知识。

孩子从幼儿园、小学、中学到大学，漫长的20多年间，无疑是以读书为主，学书本知识、课程知识、课外知识，在学中成长、成人、成才，但要做到知践结合。

一是知书达理，学习掌握做人做事的基本的文化、历史、社会、经济、科技、生活等方面的知识，追求真正的学问。

二是学习掌握专业的知识技能。

三是培训实现人生目标必须的基本能力。

四是积极参加丰富多彩而有特色的社会实践活动。

实践长才干，历练出人才。

五、少年英烈张勇成长的路径和真谛

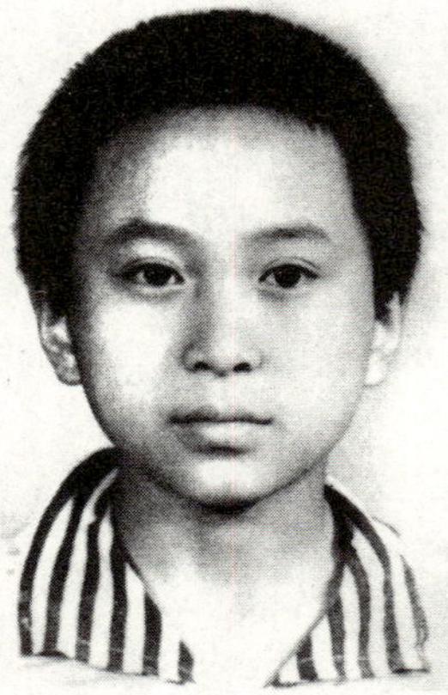

革命烈士张勇遗像

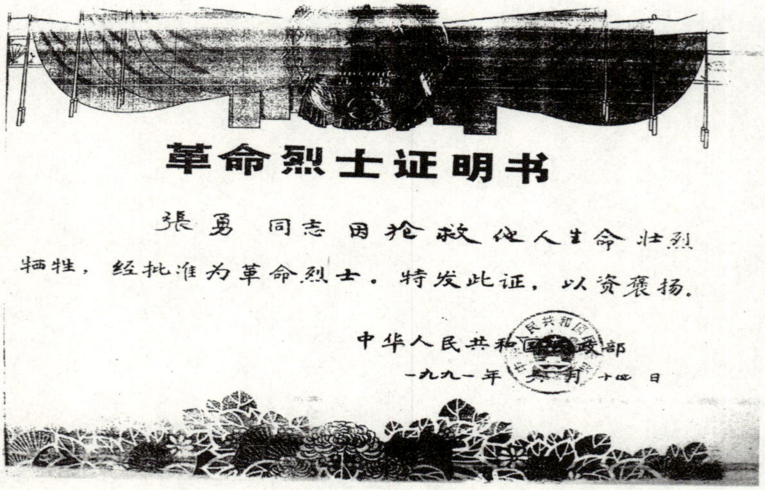

革命烈士证明书

張勇 同志因抢救他人生命壮烈牺牲，经批准为革命烈士。特发此证，以资褒扬。

中华人民共和国民政部

一九九一年 [illegible]月十四日

革命烈士证明书

张勇是我张新宇的次子，祖籍太和县，生前是安徽省阜阳市颍上县一中二年级（4）班学生、共青团员。1989 年 7 月 18 日下午，于颍上县颍河闸附近，为救他人，奋不顾身献出了自己宝贵的生命。1991 年 6 月国家民政部批准为革命烈士。

张勇的英勇献身，人们为之痛惜，党和政府、教育、民政、共青团等部门十分重视和关心。当时《阜阳日报》以《少年魂》《安徽日报》以《闪光的年华》为题报道了他的英勇事迹和高尚品德。

父母失去儿子是永远的悲伤和心痛。我作为一名共产党员、国家公务员，退休时，想得最多的是：在有生之年怎样为教育好下一代做点事。于是在阜阳市关工委做起了家庭教育工作。

思念怀念儿子，2016 年清明节前，我整理儿子张勇遗存的部分日记、周记、作文，结合自己多年做家教工作认识的升华，更清楚地认识到儿子张勇成长的路径和真谛，有关领导和专家对此也十分重视和关心。

下面是有关领导、专家对张勇的赞语和希望，《安徽日报》以《月光的年华》为题的故事及我写的追忆及张勇的日记。

领导、专家对张勇并父母的赞语及对家长、学校、社会教育孩子成长的希望

思子忧教

爱子、思子之情，感人至深；

重教、忧教之思，发人深省。

阜阳职业技术学院副教授
阜阳市关工委家庭教育讲师团秘书长　张乐群

2016 年 5 月 10 日

为张勇同学之义举题

少年成仁，丰碑永存。

育儿典范，为国为民。

阜阳市家庭教育指导委员会副主任
阜阳市关工委常务副主任　宁义南

2016年5月20日

润心铸魂

翻开舍己救人少年英烈张勇的日记，看出了其父亲对他的深深怀念，道出了张勇成长的路径和真谛：希望广大家长们，一定要及时抓住孩子成长的最佳时期，科学教子，润心铸魂，将子女培养成人、成才、成功。

阜阳市妇女联合会主席　郭　琳

2016年5月20日

感动与呼吁

读了阜阳市关工委老干部张新宇同志怀念英烈儿子张勇的文章及少年英烈张勇的“日记”，哀痛惋惜，感动不已。

一为少年英雄奋不顾身的救人事迹而感动，平凡的日记彰显了良好的家教，努力上进，求真、求善、求实的人生成长轨迹，生命虽短暂，但生命高尚、伟大、灿烂。

二为张新宇同志思子、思教、关心下一代的无私奉献精神而感动。张新宇同志退而不休，参与市关工委家教组工作，多年来调查研究，讲座交流，著书立说，孜孜以求，诲人不倦，反映了一个老干部、老党员的思教、优教、爱教、关心下一代成长的大爱情怀，是我们敬佩和学习的榜样。

我呼吁，各级教育主管部门、各中小学必须高度重视家教工作，认真办好家长学校，大面积提高广大学生家长的思想文化政治素质和教子育人方法，切实建设好社会、学校、家庭三结合的育人体系，这样以德树人的目标，才能得以有效落实。

我呼吁，各级党委政府、社会各界、各行各业离退休的老同志，要关心、重视、支持、参与家教工作，为家教工作营造良好的氛围，创设优异的条件，为下一代健康成长、为社会主义事业培养合格的建设者、接班人作出努力。

阜阳市教育局副局长　张如明

2016 年 6 月 1 日

追忆英烈　共育英才

看了老同志张新宇怀念英烈儿子张勇的文章，特别是少年英烈张勇的“日记”，被深深的感动，也让我陷入了关于未成年教育的思考。

张勇，一个新时期的优秀少年，当他看到别人的生命遇到危险时，挺身而出，为此也献出了年轻而宝贵的生命。他是颍淮大地上的英雄之花，绽开并定格在 14 岁。

其虽死犹生，芳香永存，世世代代受人尊敬，永远让后人追忆、怀念。

一个人的成长离不开家庭、学校和社会具体环境。张勇能健康成人、成才，成为一个无畏、无私的优秀少年，正是良好的家庭、学校和社会教育共同努力的结果。他在学校是一个好学生，在社会是一个好公民，在家庭是一个好孩子，表现为爱党爱国、爱学习、爱劳动、孝亲敬师，有一颗金子般的崇德向善之心！

家庭是孩子的第一课堂，父母是孩子的第一任老师。我想，良好的家教在一个人成长中尤其关键，在张勇成长为优秀少年的过程中，张新宇夫妇的言传身教，特别是重视对孩子进行思想品德方面的养成教育，起到了积极而重要的作用。

少年英雄张勇，无疑是我们身边家教成功的一个鲜活事例。

少年强则国强。今天我们正在青少年中开展“中国梦”和践行社会主义核心价值的教育，立德树人，任务很重，关系到未成年人的健康成长和祖国建设后继有人的大事。让我们牢记习总书记有关未成年教育，特别是家庭、家风教育的重要指示精神，学校、家庭和社会主动密切配合，同心协力，采取切实有力的措施，扎扎实实把这项工作做到位，做出成效，为阜阳的发展做出应有的贡献！

阜阳市文明办副主任
阜阳市作家协会主席　邢思杰

2016 年 7 月 18 日

润心花开　日记闪烁

——父亲对英烈儿子张勇永远的心痛、慰藉和怀念

家国清明缅怀日，传统文明念祖功。

和平公园祭烈士，勇儿牺牲一生痛。

二千七百英烈魂，精神永垂世代弘。

为纪念为国为民牺牲的英雄，阜阳市于城南新建了和平公园，里

面有移葬的部分烈士的墓，主要建筑是烈士纪念馆，介绍1919年以来牺牲的2700多名阜阳籍烈士的事迹，其中就有我儿子张勇。2016年清明节前夕，我提前两天，于4月2日怀着沉痛的心情去参观烈士墓和纪念馆，沉思良久，写下了上述几句心语。

烈士馆正在建设完善中，尚未正式对外开放。馆里的工作人员问我有没有一些张勇的遗物和具体事迹，以便陈列介绍，更好地教育广大青少年及家长和观众。

我和老伴已进入古稀之年，人老了，更怀念失去的儿子。儿子走的两天前的一天中午吃饭，我和儿子比脚板长短，他的已接近我的脚长了。最近两次做梦，梦见儿子冬冬，其中一次他站在我的床前，我讲："你坐。"我便醒了，平时，一提起儿子，心如刀绞，痛心入骨，寝食难安，夜不能寐，他走得太早了。儿子1976年1月22日出生，1989年7月18日于颍上县颍河闸老河故道，为救人献出了宝贵的生命，年仅13周岁零5个月26天。他如果还在，今年40岁了，应该有点出息，他的子女也该上大学了。实在可惜，越想越难过，他是我永久的心痛和怀念。

疼定思痛。人总是要死的，或重于泰山，或轻如鸿毛，儿子张勇是为救人而死的，死得有价值，从这个角度上思考，使我在痛心中，有几份慰藉。痛心、慰藉、怀念的心情，一直伴随着我，我努力调整心态，尽力振作起来。

今年清明节前后，我花十多天时间沉浸在查看、整理、思索儿子张勇留下的部分遗物：日记、周记、作文、信件、贺年卡、照片、奖状、荣誉证书，对他的宣传报道事迹，以及国家民政部、省地县政府、有关教育、共青团等部门对张勇救人牺牲所下发的文件等等，我的心情特别沉重，想了很多、很久，想得最多的是张勇为什么能在危急关头，不顾个人生命的安全，毫不犹豫地勇敢地救人？下一代子子孙孙们如何健康成长、成人、成才。

我退休后，组织要我做关心下一代和老年协会的工作。儿子的牺牲和疼痛的体验，使我认识到教育好子孙和更多的下一代比干什么都重要，少年强则家庭强，少年强则国家强。于是我很乐意地接受做点关心下一代、侧重家庭教育的工作。

10 余年来，我参加阜阳市关工委家庭教育指导组的工作，任副组长，参与调查研究、理论探讨、指导家长学校教学讲座、经验交流、编写家教书籍等，做了不少事情，使自己收获很多，提高很多，并结合自身教子育孙的经验教训，撰写了《调教——如何引导孩子确立人生目标》《教子十二变》，分别由中国文史出版社、中国发展出版社出版，全国发行。《教子十二变》还被评为全国优秀图书，2012 年中国农家书屋重点出版物推荐书目，2016 年中国十佳百优家庭教育指导读物，这对我来讲也是一种慰勉。

翻阅儿子张勇的部分遗物、日记、周记、作文，他记录的人和事历历在目，仿佛他还活着，还和我、和全家、和老师、和同学、和亲朋一起生活、学习、游玩……我越看越感到儿子的日记、周记、作文很朴实，也有点文采，有分量、有温度、有声、有色、精神在闪烁。他的日记、周记有个特点，每篇都有标题，主题突出，一目了然。

婴养体、幼养性、童养正、少养志。这是孩子成长过程中的几个阶段和培养目标。婴儿出生时如一张白纸，父母不同的教育理念、方式，能在这张纸上绘出不同的图画。幼儿如幼苗，必须培养得宜，方能发荣滋长。童年是一生最美妙的时段，这时的孩子是一朵花，也是一颗果子，有一片朦朦的聪明，有永远不息的活动，一股强烈的上进愿望。少年多梦想、有理想、有志向。孩子，尤其婴幼童少阶段，纯洁而天真，他们的可塑性强。有什么样的教育就有什么样的孩子。孩子成人、成才、成功，取决于家庭教育、学校教育、社会教育。家庭教育培根润心，学校教育长知增智，社会教育体验磨难，三者各有侧重，互为作用，缺一不可，辩证统一。育人好比是种树，家庭教育要打牢根基，侧重德育，培养孩子的优秀品质和良好习惯。学校教育是长干、长枝、开花结果，侧重长脑，学知识；社会教育是阳光、水份和空气，使孩子得到体验、历练，能强心健体。张勇成长的路径正是三大教育互为作用，共同润心强身的结果。在我的追忆中，在他的小学和初一的部分日记、周记、作文里，得到了充分的体现。

家庭教育培根润心　日记14则

我出生在太和县农村的一个贫困家庭，父母及祖上都不识字，但他们勤劳、善良、平实、朴素的人格教育了我，我自幼经历磨练，在艰苦的环境中发奋读书，大学毕业后，我到部队当过兵，1983年体制改革后我被走上领导岗位。40年的公仆生涯，使我悟出了人生的意义和价值，悟出了公仆的责任和素质，悟出了公仆的真谛应有的奉献精神。

我有两个儿子、两个女儿，我父母早故，岳父岳母顾不上带外孙，四个孩子小时候大都是我姨帮助带，照料生活。我爱人是位医生，又忙工作，又带孩子，十分辛苦。我的工作担子重、责任大，更是忙，教育孩子时间和工夫不足。主要是身教言传，要求孩子学会做人，为人诚实、善良、正直、尊老爱幼，爱学习、爱劳动、爱家乡、爱祖国，做个有出息的人。

次子乳名冬冬，学名张勇，取叫“勇”字，寓意就是要他做有勇、有智、有出息的人。儿子张勇英俊、聪明、懂事，我很疼爱，对他要求也很严，但他一度贪玩，不能完成学校和家庭布置的作业，我曾打过他的屁股，拧过他的耳朵，并叫他写日记《挨打的教训》，他伤心地哭了，在日记中写道：“恨自己不好好学习，挨打也不亏。”“无论爸妈还是老师，都是为了孩子的前途着想。‘严是爱，松是害’，古今中外成大事者，没有不是对自己严格要求的。我要永远记住挨打的教训，勤奋学习，坚持到底，学好本领，建设祖国。”现在回想起来，也很后悔，对孩子不应施暴，应有足够的耐心、巧妙的方法，因势利导。张勇很理解爸爸的用心，勇于克服缺点，改正不足。自那次之后，他学习进步很快。

他是个好孩子，勤奋刻苦，向上向善。在家勤于动手，帮助做家务，劳动观念强。尊敬父母、孝敬姨奶。团结兄妹，穿的是哥哥的旧衣裳，吃东西让着姐妹，从不乱花一分钱。对别人总是慷慨大方，热情相助，给同学让座位、带同学看病，帮助王守礼爷爷抢收煤球，给孤寡老人王奶奶送鸡蛋、菠菜，做的好事数不清，说不完。他和蔡爷爷下棋，常常赢的居多，被传为佳话。认识他的人都很喜欢他。他牺牲的消息传来，大家都很痛心。

在家庭教育方面，儿子的日记记录了这方面的部分情况，摘抄如下。

我的家庭

我的家庭有6口人，有爸爸、妈妈、哥哥、姐姐、妹妹和我。

我爸爸在县政府工作，他酷爱工作。整天很忙，每天几乎抽不出一点时间料理家务。他白天要批文件、开会、下乡；晚上也要批文件，开电话会，接见客人。一大早就有人来找他汇报情况，午睡也睡不好，吃饭时也有人和他谈话。一到夏季，他就要到淮河大堤上指挥防汛，经常不回家，就住堤岸上。有一次，他和工作人员打着手电筒在夜幕的笼罩下，沿着堤岸连续走了一夜，共走了30里路。

我的妈妈在医院工作，她工作十分认真，负责整个医院的工作。沉重的家务也落在了她的身上。

哥哥、姐姐、妹妹和我都在学校学习着。

我的家庭是世界上一个平凡而温暖的家庭，有喜、有忧、有哀、也有乐。我爱我的家庭。

我最熟悉的人

我最熟悉哥哥。他头发墨黑墨黑，头发有点微白；长着一双炯炯有神的大眼睛；高高的鼻子上架着一副“眼睛”；他常常穿着军装，衣裤不再是那样绿了，已经有些发白；哥哥个子挺高，其实才十五六岁。他很爱学习，又讲卫生。

一天晚上，月明星稀，房屋树木静静地呆立着不动，四周寂静极了，只是从远处传来几声“汪汪”的狗叫声，使人感到冷清。人们进入了梦乡，家家户户的灯渐渐熄灭了，只有我们那个屋子里的灯还亮着。透过窗户看见哥哥在台灯下认真地学习，他手里的笔在稿纸上“沙沙”地写着、画着。我忽然被一种声音惊醒了，我揉了揉眼睛，看了一下钟，我便问哥哥："都十点五十分了，还不快休息?"哥哥说："过一会儿就睡了，你快睡吧。"

一次，哥哥看见我的指甲很长，便对我说："冬冬，看你多不讲卫生，指甲这么长容易藏灰，会生病的。"我听了便说："长又怎么啦，洗洗手就洗掉了。"他见我不听话，就给我讲了道理，说："指甲上有无数个细菌，吃饭时细菌就传进肚子里了，这些极小的细胞渐渐长大变成了小小的虫子，那时就会生病，会影响你的身体健康。"我听了惭愧地点了点头，跑去剪指甲了。

我要向我的哥哥学习。

【老师批语】文章通过两个具体事例，体现了哥哥爱学习、讲卫生。语言流利，叙述明白，说服力很强。

不畏严寒的人

昨天中午天气忽然变得冷了，大片大片的乌云拥了过来。北风夹着雪花呼呼地吹着，犹如脱缰的野马，咆哮着冲撞着，像要把一切东西撞倒似的。落光树叶的梧桐树在风雪中冻得"瑟瑟"颤抖，大路旁边的松树上缀满了银花。我想，来年又是一个大丰收。

今天早上雪才停住，推开门，一阵刺骨的寒风迎面吹来，我不禁打了个寒战。我抬头一看，嗬！好大的雪呀，树木、房屋、山川、河流全披上了白雪，好一幅粉妆玉砌的世界呀！我背着书包上学去，刚踏进学校大门就听到一阵欢闹的声音，哦！是同学们在扫雪呀，扫的扫，抬的抬，劳动的劲儿真是无法形容。我赶紧放下书包，拿起扫帚也参加这次劳动。我看见小军头上冒着汗珠，手背也裂了，还是不停地挥动着扫帚，我就走过去问他："你的手背都冻裂了，为什么还不下来歇歇呢?”小军微笑着说:“这有什么,和新疆少年儿童呼尔满拜兄妹们比起来差得远呢!”说完满不在乎地抓了一把雪,在手里搓了一遍,又扫起来了。我听了浑身增加了无穷的力量,“唰唰”地扫起雪来。

过了好一会儿,地扫好了,太阳升起来了,照在积雪上,反射着光芒。

【老师批语】先写雪景,表达了你对大自然的热爱和愉快的心情,再通过写天气寒冷,突出同学们不畏严寒扫雪的情景,同时扫雪的过程中抓住了小军的语言、行动、神态,描写得生动感人。

关心(看图写文)

夏天真是变化无常,早晨太阳刚刚露出头,又被云遮住了。同学们高高兴兴地上学去,远处一个小学生蹒跚地拄着拐杖向学校走来。这个小朋友叫小玲,她虽然得了小儿麻痹症,但是无论刮风下雨都坚持上学。

偏偏在这天快放学的时候,不知从哪儿涌来一块乌云,大地立刻昏暗起来,像是扣了个锅盖似的,便“哗哗”下起筛豆般地大雨。放学了,三一班的小学生们有的冒雨回家了,有的在学校里等着家里的人来接。有个名叫小丽的同学,心想小玲不能走路,雨下得又这么大,这怎么能行?她约好了小军和小红,她说:“我妈妈在医院里,我到医院借推车去,小军小红你们回家拿雨具去。”说完便分头跑了。过了一会,小车推来了,雨具拿来了。他们推着小玲向家走,小军给她打着伞,小红披着雨衣,扛着拐杖,一路说说笑笑向家里走去。

到了小红家,小丽和小军的衣服已经被大雨淋透了,小玲激动地说：“我真不知道怎样感谢你们才好。”小丽高兴地说：“这是我们应该做的。”

【老师批语】观察仔细，联想丰富，故事情节完整，合乎情理。语方生动感人。望你继续努力，让你的成绩与日俱增。

雨中情

早上，我正在听课，忽然教室变得阴暗起来。我抬起头往外一看，原来是从南面拥来了一大团乌云，眼看一场倾盆大雨就要来临。我没有带伞。放学了，我装好书，背起书包就往家里跑。刚跑到半路上，豆粒大的雨点劈头袭来，打在我的头上，我无可奈何地跑在别人家的房檐下避雨。雨像是从银河里流出似的，不一会就漫到了脚踝。我看了看天，又看了看地，摇摇头说：“这该死的天，到什么时候雨才能住呢！”可是雨还是不停地下着。

我正在着急。忽然听到一个声音：“张勇快过来，我把你送回家吧！”我透过迷茫的雨，看见一位和我差不多大的孩子。他拿着一把很小的伞，伞只能容得下一个人。等他走近了，我才看清原来是我同班同学王林，我便钻到他的伞下，和他一块走。我们一边走，一边说说笑笑。正在这时候，我发现王林的左肩衣服上的颜色比右肩深了许多，我用手一摸，啊！温了，是被雨水淋湿的。我惊奇地说：“王林，你怎么……”王林若无其事地说：“没什么，快走吧！”

过了一会儿便到我家。我感激不尽地说：“王林快点进屋里坐坐，喝杯茶吧！”王林说“不了，我还有许多事要做。”说完转身就跑了，消失在茫茫的大雨中。我呆在门前，望着王林跑去的方向，他的背影是那么鲜明。他真是一个助人为乐的好学生。

【老师批语】全文以“雨”为线索，前后一贯，结构完整，语言简洁、生动，首尾一致。并做到事物和环境密切结合。

公鸡武士

星期六的上午，灿烂的阳光照耀着大地，温柔的风儿吹拂着池塘边的柳树，吹开了人们的笑脸。

我拌好鸡食，倒在鸡槽里喂鸡，公鸡母鸡都跑来吃食。这时，邻居家的大公鸡钻过栅栏，又到我家来掠食了，它就是有名的“俄国大力士”，经常霸占食物。它看见鸡都在吃食，就“咯咯”地跑过来，叨叨这个，挤挤那个，一会就霸占了食槽。有几只公鸡很不服气，就上去吃食，反被叨了几下，这几个武士沉不住气了，就和大力士打起架来。“大力士”仗着个大，体重，也不示弱。“武士”们前后夹击，打得“大力士”嗷嗷直叫，又踢又叨，一不小心一头撞在树上，撞得没劲了。“公鸡武士”胜利了，“喔喔”地叫着，而那个“俄国大力士”却灰溜溜地逃跑了，从此再不敢放肆了。

看过斗鸡后，我悟出一个道理：只要团结起来，再强大的敌人都可以战胜。

腊梅花

在我家的院子里，我和哥哥种了一棵腊梅花，我天天给它浇水、松土、捉虫，我喜欢它。

种腊梅花的时候，腊梅只不过是一棵光光的棍子，没有叶子。要是它竖在你面前，你准会把它当成小木棍拿去烧锅。可是现在，它在我的照料下，已经长出了嫩绿的叶子。

深冬的一天，我又去给腊梅浇水。发现腊梅开花了，花是白色的，花儿分成五个瓣，还不时地飘出阵阵清香。我高兴地喊："哥哥，哥哥，快来看呀，腊梅开花了。"哥哥也高兴跑出来对我说："你说说，腊梅花有哪些值得我们学习的地方。"我想了想说："腊梅把香味献给别人，自己留下的是苦汁。"哥哥又说："当大雪到来时，它昂首挺胸，巍然屹立，露出一种坚强不屈的精神；有时狂风猛击，它沉着应战，决不畏缩。"我敬佩地点点头。

我爱我家的腊梅花。

【老师批语】能紧扣题目，构思比较巧妙，以简短的语言结束全文，做到首尾呼应。

冒雨等车

清晨，雨不停地下着。公共汽车站等车的人早已排了长长的队伍。我的伞坏了，只好冒雨向汽车站跑去。我看见最前面的一个十来岁的男孩，他是我班同学小军，他撑着伞，焦急地望着汽车将要开来的地方。

我看到小军，放开喉咙使劲喊他，他听见了，向声音传来的方向望去。等我跑到他跟前，小军用伞遮住我，亲切地问："你怎么不带伞?"我说："伞坏了，还没有来得及修理呢。"我们正在亲热地谈话。公共汽车开过来了。车门一开，从车上下了几个人后，小军把我推上了车。我说："我不能这样做，我是最后来的人。"小军说："你没有带伞就先上车吧。"说完正要走，我急忙说："小军，你要到哪儿去，为什么不上车呢?"他微笑着说："我是一个少先队员，就应该遵守公共秩序。我把我的位子让给你了，我要到你的那个位子上去。"说完就跑到队尾去了。

我望着他那鲜红的红领巾，默默地点了点头。

【老师批语】很好。

我学会了钉扣子

第一次学会的事，在你一生中的印象是最深刻的了。我第一次会钉扣子的时候，是九岁那年。

一天妈妈对我说："冬冬你长大后要学点生活上的本领。"我说："你叫我学什么呀?""我就教你钉扣子吧!"妈妈说。我不服气地说："扣子谁不会钉，不用教我，我就会了。"妈妈说："我不相信。""不信吗？等会儿你再瞧。"我说完就找了枚针和一根钱钉了起来。等我钉好的时候，便把衣服拿给妈妈看，妈检查了一遍，发现我把扣子和衣服前后钉到一起了。就说："冬冬你看，你把扣子和后背钉到一起了。你说钉扣子好钉吗?"我的脸刷的一下子红了。我说："妈妈，你教我钉扣子吧。"妈妈语重心长地说："钉扣子要注重这几点：一、扣子的位置要对好，不能放歪；二、要注意不能把衣服的前后钉在一起；三、要按扣子的洞眼规格钉；四、扣子钉好后要把结打牢。"我按照妈妈说的去做，终于钉好了第一颗扣子。

从这以后，每当扣子掉了的时候，都是我自己钉好的。

【老师批语】过程写得比较详细，使人看了很明白。

烧锅

今天中午，姑姑叫我烧锅，我就答应了。

这时姑姑对我说："你会烧锅吗?"我说："烧锅谁不会，点着柴，往锅灶一塞不就行了。”我开始烧锅，慢慢地学会了。

我爱钢笔

人人都有钢笔。

我见到过的钢笔有蓝色的、绿色的、黑色的、红色的、紫色的……

我最常见的钢笔就是黑色的，因为我的钢笔就是黑色的。

这是我从很多种钢笔中挑选出来的，我用它已经很长时间了。由于是经常用它的原因吧，它身上已经模糊许多，不再像原来那样漂亮了。但是它凝聚着为人民服务的汗水。

我常常用它写字，做作业，它为我的学习上做出了很大的帮助。有一次考试的时候，我带着圆珠笔和钢笔去的。我先用圆珠笔写的，谁知写了几道题就没水了，我就拿出钢笔来写。它为我这次考试取得了好成绩。

我又常常为它刷洗。有一次姐姐看到我桌上有一支钢笔，就问我：“哎呀！这钢笔怎么这么新呀！是你刚买来的吗!”我自豪地说：“不是的，是我洗刷干净的。”

我爱我的钢笔。

挨打的教训

1987 年 12 月份的一天下午，爸爸检查我的外语作业，发现我没有按时完成作业。爸爸布置我一天写一面，一个多月才写几面，爸爸有点生气。这时妈妈也来到我眼前，妈妈说：“冬冬玩了一下午也没写作业，他的外语也没有考及格。”这时爸爸更生气了，说：“你太贪玩了，布置的作业不做，讲的话当成耳旁风，刚上初中才学外语，连及格都考不了，太不像话了。”爸爸越说越气，越想越气，于是就伸出巴掌往我屁股上打个不停，还拧我的耳朵，说：“你有没有耳朵眼，我以前布置的作业，两天一篇日记，一天一面大字也没干，老师布置的作业潦潦草草，像画马的一样，这次考的太差了，这样下去多危险呀。严是爱，松是害，你要永远记住你挨打的这一天。”我听了，十分恨自己为什么不好好学习呢。

打那以后，我的学习自觉一些，布置的作业也写了一些。但我没有坚持下去。爸爸叫我写《挨打的教训》这篇日记，我也没写。十几天后爸爸又检查，发现日记没写，外语作业完成的也差，更十分生气，又打了我。我又伤心地哭了。开始我有点想不通，但是我仔细地想了想，最后我想通了，认为爸爸说的对，挨打也不亏。

无论爸妈还是老师，都是为了孩子的前途着想。“严是爱，松是害”，古今中外成大事者，没有不是对自己严格要求的。我要永远记住挨打的教训，勤奋学习，坚持到底，学好本领，建设祖国。

父亲批语：写得很好，要按写的办才好。要勤奋学习，坚持到底。

一次肚子疼的烦恼

早晨我一起来，便觉得小腹有些疼痛。我估计，一定是昨天吃的凉东西太多，什么梨呀、苹果呀……再加上昨夜没盖好被子，着凉引起的肚子疼。

吃早饭的时候，肚子疼得使我几乎不能吃饭，只好忍痛勉强吃了一点。

在学校里也学不好习了。

我想，我这次肚子疼是因为我不注意卫生传染的，我要讲卫生，做一个德智体全面发展的优秀中学生。

“自古英雄多磨难，纨绔子弟少伟男”

——记张海迪的成长道路

张海迪今年二十八岁，共青团员，在山东省聊城市工作。她五岁因脊髓血管瘤，造成了严重高位截瘫，胸部以下全部失去知觉。她自学了小学、中学全部课程，自学了大学英语，学习了日语、德语，翻译了十几万字的外文著作和资料。十几年，来她用学到的医学知识和针灸技术为群众治病达一万多人次。

一张摄影照片上：两个小朋友推着海迪，一面走一面说。照片旁边写着：“海迪给这两个小朋友治好了婴儿瘫病，孩子们会走了。”他们说：“姑姑你也走吧。”海迪低声说：“姑姑永远也不会走了。”孩子满怀情意地说：“姑姑我们推你走。”

1968 年，由于时局动乱，她已无处求医。这时，在中共济南市委工作的李长煜叔叔，正在距济南市三十五里的“五七”干校劳动，主动上门为张海迪针灸。为了给张海迪治疗，李叔叔坚持骑车来往，风雨无阻，并特意为海迪制了一个小电疗器。那年冬天，天天外面下着鹅毛大雪，呼呼地刮着北风，海迪她们全家人希望：李叔叔千万不要来。可是房门开了，进来一个“雪人”，啊，李叔叔还是来了。海迪问妈妈：“李叔叔为啥这么好?”妈妈说：“李叔叔是共产党员。”啊！海迪明白了，共产党员是为别人做好事的。

张海迪说：“大脑要营养，除了在生理上需要血液供应，在精神上还需要广博的知识去营养，否则还是一个‘低能儿’。”“如果离开了书，离开了知识，就会垮下去，就会很快死亡。”“用知识武装起来的人是不可战胜的。”“必须抓紧时间学习，否则时间就浪费掉了。这是最可惜的，时间就是生命！”

张海迪说：“我最喜欢说这么一首诗：‘自古英雄多磨难，纨绔子弟少伟男。’”“只要心在跳动，我就要努力学习和工作，顽强地与疾病斗争，相信我是一个胜利者。用生命的火花去照亮通往美好的征程。”

1983年3月7日，在团中央召开的“优秀共青团员”张海迪命名表彰大会上，王震激动地说：“我们有了张海迪这样的雷锋式的好青年，我们民族一定会兴旺，我们的国家一定会强大，我们‘四化’一定会成功。”陈丕显同志说：“张海迪同志的事迹，为什么在青年中引起如此强烈共鸣、这样巨大反响？我看根本原因，就在于他的思想和所作所为，明确地告诉广大青年，在全面开创社会主义现代化建设新局面的今天，一个青年人应该怎样思考，怎样生活，怎样工作，怎样奋斗。张海迪是名符其实的具有共产主义思想的人。”王兆国说：“张海迪同志在怎样活着、为谁活着这一根本问题上交了一份出色的答卷。”

我要学习张海迪，勤奋学习，不怕吃苦，多经受磨炼，逐步成长起来。

学校教育长知增智　日记9则

学校教育，以孩子学知识、丰富大脑为主，德智体美劳全面发展。我和爱人注重和学校沟通联系，一起引导儿子。张勇爱校如家，学习勤奋，兴趣广泛，尊敬老师，团结同学，乐于助人。在颍上县实验小学和颍上县一中，他多次被评为“红花少年”“三好学生”，还被评为地、县优秀少先队员。

他对学习，由好玩、热于下象棋，逐步认识到学习的重要性，端正了学习态度，能比较自觉学习，各科成绩不断上升，有了初步的独立思考能力、观察能力、处理问题的能力。他给冰心奶奶写信说：“读过你的文章后，才懂得平时积累知识的重要性，从此，我读书认真了，还订了一个小本子，用它抄写生动、优美的词语，提高阅读和写作能力。”他读了《智子疑邻》之后，写道：“使我懂得了做事要多想想，多侦察，才能不发生错误啊！”他和小伙伴玩“看老家”游戏，在游戏中他急中生智，转移对方视线，摸到了“老家”，赢了。他和几个同学“象棋大战”，他用马后炮、重炮、挂角马等战术，战胜了其他的对手，夺得了冠军。

他和老师的关系亲如父母，他对老师充满感激之情，他的日记写道：“数学老师张云华，辛勤的老师！您像一位舵手，把一批批学生渡到对岸，你们正在用自己的心血和汗水，培育着我们成长，使我们成为有用的人。”他勇于向老师建言，提建议。他写的《给老师的信》，老师批语：“能思考问题，意见较中肯，谢谢你的坦诚和对我的理解。我也希望师生共同配合，取得教与学双丰收。”

他与同学的关系亲如兄弟，王卓给他的新年贺卡写着：“一张小小的纸片，带着我深深的祝福，愿你像小鸟一样快乐，愿你像战士一样勇敢，愿我们的友谊像山一样高，海一样深。”同学光跃给他很高的评价和鼓励，信卡写道：“愿你用一双开拓的手，不断地开拓、创新，改变地球……”

张勇在学校生活学习的部分日记如下。

她在我心中

每当我看到同学们在一起谈论老师时，我就会想起那位身穿灰色上衣、留着短发、脸上带着微笑的张老师。她是我三年级至五年级的老师。她对同学既严又爱，是我的好老师。

记得有一次上数学课时，我低着头，手放在抽屉里正在叠轮船。他一边讲课，一边走到我的座位前，用手轻轻地拍拍我的桌子，我惊讶地连忙坐好拿起书听课了。课后她找我谈话说："张勇，你上课开小差，这个毛病能不能改掉?"我说："我能改掉，不信你瞧着吧!"他还说："听说你爱下象棋，每天都要下几局，因此耽误了学习，我劝你还是少下几局吧！否则连一中都考不上，看你怎么对得起自己?"我说："我一定要少下几局棋，一定要考上一中。"

不光是对学习要求严，她对同学们的生活也是很关心的。记得两年前的冬天，有一位叫刘红的同学上学穿的衣服少，她就从家里拿来棉袄为他披上。

她经常家访，为学生补课。一天晚上，张老师来到我家，向我妈妈询问我的情况，事后，张老师又为我补习了数学课，一直到深夜才走。

她就是我的数学老师张云华老师。老师，辛勤的老师！您像一位舵手，把一批批学生渡到对岸，你们正在用自己的心血和汗水，培育着我们成长，使我们成为有用的人。

给冰心奶奶的信

冰心奶奶：

我读了您的《再寄小读者》以后，受到了很大的启发和教育。因为我第一次读你写的文章，读得十分仔细。我现在就给你回信，信上如果有语句不通顺和有错别字的地方，请您给我指出来。

我读过这封信后，懂得了学习语文的重要性，“语文是一门基础的学科，学好了语文，才会读书看报，才会写信写日记，才会写好作文。”以前我不大喜欢语文课，读过您的信后，我才醒悟过来。

我以前写信写日记时，总是觉得没有什么东西好写的，即使写了，也是写得内容干巴巴的。读过你的文章后，我才懂得留心观察生活和写好作文的重要关系。

我读过课外书和其他的好书，可是读得不仔细，马马虎虎的。读过你的文章后，我才懂得平时要积累知识的重要性，从此我读书认真了，还订了一个小本子，用它抄写生动、优美的词语。我也要向写日记好的小朋友学习，要提高阅读和写作能力。

此致

祝您健康！

你的小读者：张勇

1986 年 9 月 18 日于颍上

【老师批语】甲

1986 年 9 月 19 日

观察日记一则

我养了两只鸽子，都是大军哥给我的。这两只鸽子全身长着比雪还白的毛，金黄色的小嘴，像一粒饱满的葵花镀上一层纯金一样的眼睛，总是不停地转着。它的胸脯上的毛，像围巾上的毛一样柔和。特别是那白里透出红色的爪子，抱着它往身上一挠，使你感到十分舒服。

一天，我放学回家见鸽子在笼子里乱飞，嘴里还咕咕地叫着。它是饿了吧？我想。我就找了些米放在水里弄湿，然后拿出来喂它，它吃得可欢呢！等喂饱了，我又把它放回笼子里。这时我见鸽子站在木板上，十分神气地样子，四处看着，像在寻找什么。等它睡觉的时候，若有一点响动，它就听见了，看看是什么事，以后便又睡了起来。

鸽子十分可爱，它是那样让人喜爱。我喜欢鸽子，我更喜欢鸽子的美——心灵。

【老师批语】甲

9月25日

给老师的信

敬爱的王老师：

您好。近来身体健康吗?

您是我踏进中学的第一位最年轻的老师。您教我们的语文，这都是新编的《阅读》和《作文·汉语》，这些书都没有参考答案，都是你认真理解、思考出来的。因此您的负担加重了。您为了我们能更好学习，您每天备课，您是一位好老师。

不过您一发脾气，我们都十分害怕，您有时只为了一点小事耽误了时间，甚至有一节课您都让我们自习了。还有些同学太气人，您也不得不生气。只要你好好教我们课程，我们就一定好好学习。

就写到这儿吧

此致

敬礼

学生　张勇

1988年5月24日

【老师批语】已阅。能思考问题，意见较中肯，谢谢你的坦诚和对我的理解。我也希望师生共同配合，取得教与学双丰收。

5月28日

我和妹妹练大字

今天下午，我又和妹妹到文化馆去练大字。我们到了文化馆就开始练起大字来，我和妹妹一边看大字的结构和笔画，一边写。写了一会，我改写“之”字，可是“之”字的一撇我写不好。正在我着急的时候，王老师走了过来，他仔细又耐心地写撇。由于我的努力和老师的耐心教导，我终于写好了“之”字。

玩“看老家”

前天晚上，静悄悄的夜使人害怕。远处的狗不停地叫着。灯下，我正在做作业，因为白天的任务没有完成，我决心把这些作业补完。

忽然，“啪叭”的一声停电了，我想今天的作业完不成了，我收拾好东西就往门外走去了。因为一停电，院里的小孩便会跑出来玩，老人也会搬着凳子出来乘凉。我一出门，就看见三毛帮姥姥搬凳子，一会儿我和三毛便向“四棵松”下走去。我们便谈起话来，孩子们越来越多，没多长时间，院里的孩子到得差不多了，不知谁说了一声：“咱们玩‘看老家’吧！”大家一起同意了。

分好头，我们就玩起来：“先定好一棵树为老家，一头派一个人看‘老家’，剩下的就抓另一头的人，另一头的任务是摸老家，只要不被对方的人抓住，一摸到这棵树，就为赢了。”该我们去摸老家了，我们这头的人先分散逃走，对方的人就来追，我们用巧妙的办法骗过了追我们的人，我于是在夜幕的掩护下往这棵树摸来，我小心翼翼地走到这棵树十来米的地方，蹲在墙下观察着这个看“家”的人，他站在树下四外看有没有人站在树的附近，我没法靠近，我便急中生智，拾起一块小石子向树那边扔去。石子“啪”的一声落在地上，看树的人以为是那边有人就向那边走去。我猛地站起来往那棵树跑去，就这样我们赢了。一会儿来电了，孩子都大声叫起来：“来电了！”奔跑着回家了。

我走在回家的路上想：我们玩的真痛快，不过也不能拖拉作业了。

棋迷大战

星期天，我们几个棋迷约定了一场“象棋大战”。今天天气晴朗，凉风习习，正是大战的好机会，我兴致勃勃的来到朋友董刚家。

几个朋友早在那儿等着了，我一到，大家就立刻搬小桌子、找棋子……忙个不停。

战斗开始了，董刚的“车”先冲出来一下吃了我的“马”，我又趁他不注意，吃掉了他的“车”。最后我用“连车三捣将”战胜了他。我又分别用“马后炮”“重炮”“挂角马”等战术，战胜了其他的对手，我终于得了“冠军”。

董刚问我：“起初我吃了你几个棋子，并且还是大将，你怎么能胜呢?”我说：“最后我看你进攻有空隙，就钻了空子，我在劣势的情况下没有气馁，沉着应战。而你大意起来，我趁机扭转了局势，反败为胜了。”我这一讲，董刚点点头服帖了。

在回家的路上，我想下棋时要“胜不骄，败不馁”，在学习上也要发扬这种精神。

听到蚂蚁的歌唱声

昨天晚上，我看了电视连续剧《海灯法师》以后，心里很不平静，有一点使我很受启发。

范无病要拜师学艺，师傅要他用耳朵听声音，范无病听的却是睁开眼能听到的。可是他师傅听到的却是非常细小的声音，蚂蚁的歌唱声。

可见他师傅的气功是多么高强，而这都是他从基本功做起的结果。而我呢？我十分贪玩，不爱做作业，我把美好的学习时光浪费了，结果学习成绩差，特别是语文成绩不好。我今后一定要把原来浪费的时光补上来，要从一点一滴做起，成为一个真正的学生。只有这样，才成为一个有用的人，才能“听到蚂蚁的歌唱声”。

读后感想

今天，我又认认真真复习了《智子疑邻》这则寓言，真正的体会了里面的意思。

故事发生在宋朝，有一户富人，一天忽然下起大雨，把院墙冲倒了。他的儿子说：“不修好墙，晚上一定会被贼偷的。”这和邻居的那个老头走过来与他儿子讲的话一样。晚上他家的财产真的被贼偷走了。他讲自己的儿子聪明，而怀疑邻居的那个老头。

我想：他的这种想法是多么不应该呀！别人好心的对你，与你儿子语言一样，你怎么怀疑是邻居偷的，而不怀疑是别人偷的呢？你没有亲眼见到，也没有了解情况，怎么胡乱猜想呢？

前天，朋友家少了二十元钱，当时有他的邻居在场，他却说是邻居家拿的，因此两家就发生了矛盾。第二天，他上床去找东西，在床头找到了二十元钱，为了这二十元钱他很惭愧、后悔，现在两家的矛盾还没有和解呢。

学了这课后，使我懂得了做事要多想想、多侦察，才能不发生错误啊！

社会教育体验磨炼　日记8则

孩子以学习书本知识为主，也要适当走进社会，读无字的书。社会是个大课堂，只有经风雨、见世面，才能得到切身的体验、历练，不断增智谋，开视野，长才干。社会教育应注重弘扬正能量，给孩子适当的阳光、水分和空气，孩子才能强心健体，心身得到茁壮地成长。

我平时很注意让儿子冬冬适当走进社会，丰富生活。冬冬8岁时的暑期，我带他坐小型飞机从阜阳飞往合肥，这是我一生中的第一次坐飞机，也是冬冬唯一的一次，他那个高兴劲无法言表。他说，在天上看地球真是太美了。我带他参观全国闻名的颍上县小张庄，并带他常回农村老家看看，他对农村有一定的了解和感情。我带他参观上海宝钢，他对现代工业有初步的理解。途经上海市内，他看着地图指挥我们行走，非常神气。我带他于植树节参加县里植树，寓意好好成才，他很理解。

1987年，淮河七次洪峰之后，我带他看颍上淮河防汛情况，他对洪水有初步的认识，我和儿子及船长在船上还留了影。这次翻阅他的照片，又看到他和姐姐、妹妹以及好朋友——姐姐宫允在河上划船，他摇桨的神奇情景。县政府办公室王安宇同志还多次教他学游泳。他对水很有兴趣，初步认识了水的性质、功能和凶险。

1989 年 3 月 12 日植树节，父亲带领县直干部及儿子张勇于颍上颍河闸颍河故道堤岸植树

我还带他参观南京中山陵，他对先辈孙中山“天下为公”的思想很有感触。我带他参观合肥包公祠，他很崇拜包青天铁面无公的品质。清明节，我常带他回老家给爷奶上坟，学校组织学生参观烈士馆，瞻仰烈士祠，给烈士扫墓，烈士们忠勇报国，不怕牺牲的精神深深地感染着他，张勇在日记中写道：“我要向他们学习。”

有志不在年高，自古英雄出少年。14 岁的孩子刚进入青春期，“是清晨飞动的曙光，不再简简单单，一定有很多问题，一定有很多惊喜，一定有些什么必须放弃。”我理解他，当同学伙伴生命受到威胁的千钧一发，呼喊救人时，儿子张勇那纯真、善良、勇敢的心，只有一个念头：忘掉自己，勇敢地救人。

1988年7月，父亲张新宇带儿子张勇参观南京中山陵，教育儿子学习革命先辈，树立“天下为公”思想

1988年10月1日，父母带儿子张勇、女儿张慧参观合肥包公祠

张勇的部分社会生活在他的日记中有点滴记载。

参观张庄

今天我们全家乘着面包车来到闻名的颍上县张庄乡。

我们首先参观的是新建的办公大楼。远远望去，雄伟而坚固。一进办公楼，映入眼帘的是一个长 7 米、宽 5 米的价值约一万元的壁画——桃花源记。它的上面有清清的水、高高的山、绿绿的树、美丽的鸟、婀娜多姿的花，还有人，无所不有，真让人百看不厌。下面有两个缸，它和上面的壁画都是景德镇出产的。再往上一直到 5 层，每一层都有地毯和刻着花纹的天花板，楼的最上面有两个小亭子。

我们又来到张庄公园，一进大门有四个水泥柱，像四个卫士守卫着公园门口。铁门上印有熊猫吃竹笋，滑稽级了。往里走，一条坚固平坦的水泥路伸向土山。路的两边有很多花，红的、黄的、紫的、蓝的，总之，有五颜六色的花，那红的像火、白的如玉、粉红的如晚霞，红艳艳、金灿灿，真是让人精神抖擞、百看不厌。登上几十层台阶，向远处望去，首先看到是碧绿的树、田野。后来我们又看了猴子、骆驼、山鸡。我们又留了影。

下午，我们依依不舍地离开了张庄。

游览淮河

星期二，爸爸要下乡防汛，把我也带去了。爸爸和许多工作人员乘车去杨湖。

到了杨湖，我们乘上轮船，观看颍河的河水。颍河的水不算大，水十分清。不一会儿开船了，只听见“轰轰”的马达声响了起来。船长沉着地掌握着方向盘，大约过了一两个小时，船渐渐进入淮河，水也渐渐地浑了。我们在船上吃过饭，我又跑到栏杆旁看起水来，水真大，一个浪接一个的打来了，一个浪比一个浪更凶更猛。这时眺望湖面，一望无际，真像是那汪洋大海的一角。我还在船上留了影。

最后，我依依不舍地离开了淮河。这是我难忘的一天，愉快的一天。

1988 年 6 月 23 日，张勇与姐妹及同学宫允于颍河闸右岸老河划船

雪

昨天下午，天气骤然变冷，空中布满了铅色的阴云，像倒扣了个锅底似的。不一会，凛冽的寒风刮起来了，呼呼地刮了一下午。黄昏时分，风停了，下起了鹅毛大雪。

开始还伴着一阵阵牛毛细雨，不久就是大片的雪花从阴云密布的天空中纷纷扬扬地飘落下来。地面一会就白了，冬天的城镇到了深夜就万籁俱寂，只听雪花簌簌地不断下落，咯吱一响，树木的枯枝被雪压断了。

大雪整整下了一夜，今天早晨天晴了，太阳出来了，推门一看，嗬，好大的雪啊！树木房屋大地上全都铺上了一层雪，万里江山变成银色的世界。落光了叶子的柳树象蓬松的圆球儿，树枝随风摆动，那美丽的银花雪和雪球簌簌的往下落。玉屑似的雪沫儿随风飘动，映着早晨的阳光，显出一道道五光十色的彩虹。

啊！多么美丽的北国风光啊！

暑假趣事

暑假中有许多趣事，其中最有趣的是到合肥市逍遥津公园里的动物园看动物。

我们买了票，进了动物园。开始我们观看的是马鹿，它的尾巴很短，腿细而长，毛黄褐色，我见它的嘴张着，我想它是饿了吧。就从地上捡起几片树叶，放到它的嘴里，马鹿便嚼起来。我又给它捡一些青嫩的树叶子给他吃，我看了马鹿津津有味地吃了下去，心里十分高兴。

我最喜欢看猴子了。看过马鹿后我跑到养猴的笼子外面来观看猴子。只见那早已围满了人，人们不时地笑出声来。我挤进人群，看见这个笼子里有几只猴子，这些猴子的毛是黄褐色的，还有和人相似的手脚。笼子里有个秋千，是猴子玩耍的。突然一只猴子向秋千跳去，用爪子抓住秋千一会荡到这里，一会儿荡到那里。我觉得猴子十分好玩。我掰了些面包向一只安闲的老猴子扔去，老猴子见了面包，便朝着面包跑去，找到了自己也不吃，拿了回去，给孩子——小猴吃了。

我又分别看了老虎、狮子、豹子等许多珍贵的动物。最后我依依不舍地离开了动物园。今天玩得真有趣呀!

【老师批语】层次清楚,语句通顺。

南京长江大桥

远看南京长江大桥,它像一条钢铁巨龙,横跨在一望无垠的长江上。九个巨大的桥墩托起了巨大的桥身,桥头堡上几面鲜艳的红旗在迎风飘扬。

站在大桥上面,宽阔的公路上行驶着来来往往的车辆。公路两旁是人行道。一对对玉兰花灯柱整整齐齐地排成一列,像等候检阅的仪仗队。下边一层是火车道,不时地传出呜呜的汽笛声。

看着这样雄伟的大桥,不由想起工人阶级来。他们用血汗和智慧,才凝结成这雄伟美丽的南京长江大桥。

【老师批语】三篇文章写得都很认真,希望今后多读多练,继续努力,力争进一步提高自己的写作水平。

热闹的市场

星期日,妈妈叫我上街买菜,我就提着篮子,一边走一边唱地到了菜市场。

嗬!这儿的人真多!卖菜的有挑担子的来的,也有拉着车儿来的。买菜的人和过路人有的提着篮子,有的推着车子,脚尖碰脚跟,肩膀擦肩膀。我也情不自禁地走进这拥挤的人群中。

这时,我听到身边两位中年妇女的谈话:“哎!这不是二妹子吗”“哟,这不是王大姐吗?”“你来这儿做什么了?”“我来这儿买几尺布,为孩子他爸做件西服,经过这儿的。你来干啥的?”“我来这儿买几斤肉。”“你家三口人吃不了，放坏了怎么办?”“没事，我家还有电冰箱呢，不会坏的，我上那边再买几斤鱼去。”“再见。”

我继续向前走，买了白菜、豆芽、豆腐和鱼后，就往回走。我路过书摊，在旁边看有没有好书时，听到旁边商店里的谈话声，一位中年男子对服务员说：“这儿没有黄山牌电视机。”服务员说：“有呀，有17英寸和15英寸的，您要哪一种?”“就要17英寸的吧，今晚还要看‘一半脸儿笑呢！’”他乐呵呵地说。

是啊！现在党的政策多好呀，人们的生活条件也好多了，走上了富裕的道路。

瞻仰烈士祠

一年一度的清明节到了，今天，我们在王老师的带领下，排着整齐的队伍来到烈士祠门前。门上写着八个大字：“忠勇万世，英烈千秋”。

我踏进门，心想：当我们在自由和平的环境里生活、工作和学习的时候，当我们和家人团聚时，这是谁换来的？是成千上万爱人民、爱祖国的烈士们，还有保卫祖国的战士们，用他们的热血换来的。他们的牺牲是光荣的，因此人民瞻仰他们，永远不会忘记他们。

我默默地走在小路上，看那奇形怪状的松枝、亭亭玉立的白玉兰有次序地排列着；嫩绿的冬青排在路两旁，像仪仗队似的，等候人的检阅；还有婀娜多姿的迎春花……一切都显得那么安静。

走到走廊下，抬起头第一眼瞧见的就是房门上古铜而有力的大字：“浩气长存”，这是郭沫若爷爷题的词，左边是“革命烈士”，右边是“永垂不朽”。我走进房里，看见墙上写着五百多位烈士的名字。

下面的玻璃柜里珍藏着烈士的画像。看后我印象最深刻的是：

黄怀顺同志，在抗美援朝时他在军警卫营任战士奔赴朝鲜前线，为了人民的利益，不让我军付出巨大代价英勇牺牲了。

李涛同志，在对越自卫反击战斗中，坚守阵地四十二天，为山上的战士送物资几十次，在自卫反击战中作出了贡献，一九八五年牺牲了。

还有汪大学、王心民……

成千成千的先烈，为着人民的利益，在我们前面英勇的牺牲了，我们高举着他们的旗帜，踏着他们的血迹前进吧！

【老师批语】有侧重地说明了几位烈士，较好。

扫幕

昨天，我们班排着整齐的队伍往“烈士馆”走去。我怀着沉重的心情走进了“烈士馆”。只见路的中间写着一个很大的“静”字，我们慢慢地绕小路前进，只见园子里种着很多松树，被剪成奇形怪状的房子、山……我们走进屋里，里面挂着很多人物像。

我想他们为了人民解放而死，我要向他们学习。

张勇的健康成长是家庭、学校、社会相互配合、各有侧重、优势互补、共同教育的结果。当今，我们应认真学习习近平总书记在国务院2015年春节团拜会上注重家庭、注重家教、注重家风以及关心下一代的系列讲话精神，更好地对孩子做好家庭、学校、社会三方面的教育，使下一代成人、成才、成功，实现伟大的中国梦。

张勇的牺牲，使人们对生命应该有更深刻的认识。

生命诚可贵，为人为国价更高。我们应当对孩子、对青少年进行生命教育，让孩子更懂爱与珍惜。近年来，青少年自杀的现象时有发生，最近，阜阳市颍东区就发生两起中学生自杀事件。原因多种多样，如考试不好、被人误解、恋爱失败等等，但有一个共同的原因，那就是自杀的人对生命的意义认识不清，并处在不好的关系中，总是处在不接纳自己、不接纳他人或不接纳世界的状态中。因此，我们对孩子、对青少年要加强生命教育，既要教会孩子珍爱生命，更要启发他们完整理解生命的意义，积极创造生命的价值；生命教育要告诉孩子树立良好的生命关系，既要关注自身生命，还要帮助他们关注、尊重、热爱他人的生命；生命教育既要惠泽人类的教育，还应该让孩子们明白，让生命的其他物种和谐地同在一片蓝天下；生命教育既要关心今日生命之享用，还应该关怀明日生命之发展。

张新宇

2016 年 4 月 16 日

六、父母的调教为邓琳琳伦敦夺冠奠基

安徽阜阳籍中国女子体操队队长邓琳琳，于北京时间2012年8月7日晚，在伦敦第三十届奥运会女子平衡木决赛中，以15.600分的成绩，第二次夺取奥运会冠军。

阜阳小丫邓琳琳夺冠之后，各界给予了高度评价。赞扬她顽强拼搏，技压群芳，勇夺冠军，为祖国赢得了荣誉。

回顾邓琳琳传奇的奥运征程，深深体味到这枚奥运会金牌沉甸甸的分量。追根她夺冠的背后，成功的诸多原因，其中尤为重要的一条，那就是父母的调教为小丫夺冠奠定了基础。

2010年10月22日，阜阳市关工委、教育局、妇联会召开的“为国教子好家长”表彰会上，邓琳琳的父亲邓杰古介绍了他教子的经验。

启蒙教育，琳琳爱上了体操

邓琳琳的父亲原来是搞田径的，在青少年时代经常代表阜阳地区参加省内各种比赛，也拿了不少奖项，但将近20岁了，连个国家二级

运动员的标准都没过，这让他很不甘心。后来上海的一位老师告诉他，以他的条件，如果当初是选择练体操，肯定会大放异彩。然而，那个时候说什么都晚了。但是“练体操”一直系在他心里。

到他女儿邓琳琳3岁那年，他开始给孩子播放体操训练、体操比赛的碟片观看，发现孩子在看这类的碟片时，眼睛一眨不眨，神情十分专注，就觉得琳琳对体操非常感兴趣。之后，每到饭后，稍微休息一会，要么是在家里，要么是在院子里的操场上，他就带着琳琳练习体操的基本动作：劈叉、靠倒立（背靠墙倒立）等。

随着时间的推移，琳琳练习的难度在加大、时间也在延长。一次，琳琳的奶奶来到家里看到了孙女练习的场景，心疼地说：“才多大的孩子，要吃这么大的苦，家里又不是不够吃不够穿的。”吵着儿子杰古让孙女琳琳停止练习。但杰古硬是挺住了，他做通了母亲的思想工作。但从那时起，杰古的母亲虽然不阻拦了，可只要看孙女一训练，扭头就走。杰古只能苦笑应对。日子长了，当奶奶的看到琳琳的体操练得很快乐，很长进，心里也笑了。

坚定信念，“这个项目就是我的”

通过一次偶然的机会，邓琳琳师从阜阳师范学院的郭少华教练。她勤奋刻苦，进步很快。郭少华夸邓琳琳：“这小丫模仿能力和专注精神较为突出，平时追求训练的完整性，性格十分要强。有一次在训练中，孩子们在地上做连续体倒立，男孩子做30个，她给自己提高要求，做了40个。”说到女儿时，邓杰古也用“要强”这两个字眼来形容她。小时候骑自行车，她不让大人扶，自己摸索着，摔哭后又接着学，结果用了两天时间就学会了。

琳琳师从郭少华教练不久，被省队选中。她进入省队后，父亲邓杰古认为这是女儿一次命运的转折点，就有意识地向琳琳灌输一种信念：如果我练什么项目，那么“这个项目就是我的”。琳琳记在了心里，虽然年龄很小，但在省队里训练得最为刻苦，并很快在省队崭露头角。这种信念，在后来琳琳参加的全运会上，表现得最为充分：那是琳琳拿了奥运冠军后，又要面临参加全运会，但此时的琳琳有腿伤在身，需要做手术。经过两次手术后，全运会渐渐逼近。由于腿伤未完全恢复，很多人预测，琳琳可能会拿不到名次，然而琳琳的最终决定让教练、队友及她父母都大吃一惊：“我要在全运会比赛中，上难度系数最大的动作。”最终，她拿下了金牌。事后，琳琳笑着对他父亲说：“这个项目就是我的。第二名或第三名对我来说都不是胜算。”

脚下楔钉，断了琳琳的退路

邓琳琳在国家队期间，曾遭遇两道“坎”，如果没有她父亲邓杰古和母亲周侠的积极引导，任何一道“坎”都足以让他前功尽弃。

琳琳刚进国家队半年，国家队教练王群策把她退了回来。摸不着头脑的琳琳哭着给父亲说：“我不练体操了，回家上学去，也能考个好大学。”当时她父母的心情也十分沉重，难道是琳琳天赋不够，难以最终达到体操的最高境界？为此，专门赶到北京，与王群策教练深谈了三个多小时。最终，王教练说，不是邓琳琳的问题，我带的都是大孩子，琳琳还太小，也顾不上她，先放一放她。

邓杰古弄清了原因，心里有底了。他搜集了许多面对挫折毫不放弃的事例给琳琳看，其中包括体操冠军李小双三进国家队的故事。随后，又把琳琳重新送到省队。过了不到一年，邓琳琳再次被选拔进国家队。被王群策推荐给教练熊景斌。

还有一次，琳琳听队友说，当前女子体操界流行霍尔金娜那样的身材，为了与其他国家的强手相抗衡，琳琳这样的个头和身体是进不了奥运赛场的。这对琳琳的打击很大，她又一次给父母打电话，哭着说要回家。她父母连夜赶到北京，问明情况后，严肃地对女儿说："认准的事一定要做到底。尽到最大的努力了，不管结果如何，都没有遗憾了。"随后，夫妻俩打的就直奔火车站赶回阜阳。

邓杰古说："琳琳那时的状态，就好比在爬一面坡度很陡的山，她已经坚持不住了，如果你不及时在她脚下楔上一根钉，那她一下就滑了下来。我这样做，就是要让她能够自强起来，使她感到退是没有出路的。"

从零开始，迎接更大挑战

很多人成名之后，就松懈下来了。但琳琳的父亲却不允许琳琳身上出现这种情况。一次琳琳回到家中，也父亲指着墙上的照片说，你看，你每次拿到冠军回来，省市领导都亲自接见你，给你关心、鼓励和支持，这就是努力的结果，你为家乡人民争光了，才得到这么高的礼遇。所以从现在开始，你还要从零开始。你是奥运会团体冠军，但你还没有拿过奥运会单项冠军。几年后的奥运会，单项冠军就是你追求的最高目标。

邓琳琳没有辜负父母和老师及家乡人民的期望，伦敦奥运会她夺了金牌。她还年轻，今年 20 岁，还要迎接新的挑战，取得新的辉煌成绩。

家庭教育是大教育的培根教育。邓杰古良好的家教，为琳琳伦敦夺冠打下了牢固的根基。兴趣、目标、坚韧是她成功的三块基石。

孩子的成才成功各有各的路，虽然不可能都成名，但共同点是设立了人生目标，就不可轻易放弃，这就是我们当家长引导孩子应该坚守的信念。

2012 年 8 月 12 日

七、孩子们成才的“使者”

——阜阳市大钱营“状元村”钱金贤关爱下一代成才的事迹

“孩子们成才是我的使命，多为他们做点事，活得才更快乐。”阜阳市颍泉区闻集镇闻集行政村大钱营关心下一代工作组组长钱金贤如是说，也是这样做的。

大钱营是个有315户，1300口人的自然村。在过去50年间，这里走出了7位博士、6位硕士，共计160多位大中专生。因柳河从村前流过，该村被人们誉为柳河岸边的“状元村”。

大钱营养育了钱金贤，大钱营是钱金贤的根。上学、当兵、转业当干部，2002年3月，他从闻集镇党委副书记的职位上退休后，生活、工作的“主阵地”转到了这个村庄，转到了关心下一代的身上。他发挥自己多年的宣传教育工作和“闲不住”的优势，努力助推“状元村”下一代更好地多元化成才。

编写大钱营村史　传承优良村风

在钱金贤的记忆里，大钱营的过去像一本历史书，有着说不完的故事。可是村里先辈们的故事没有任何文字记载，会不会有一天，这些历史随着老人的离去而消失？他想来想去，决定编写一部村史，将大钱营的崇文重教、淳朴的村风、好人、好事，以及近年来精神文化建设的成果记录下来。

倔强执著的钱金贤老人骑着摩托车，跑遍了阜阳、太和等地的书店、旧书摊，购买参考书籍。白天走村串户访谈材料，晚上灯下书写。有时候，为了一个事实，连续几天找不同的老人核实。每隔一段时间，他就把写好的手稿，念给村里老人听，以求准确。他一遍遍写，一遍遍改，花了6年时间，2008年，这部图文并茂20万字的村史终于出炉。村史分上、中、下三篇，上篇为：姓氏寻根钱营，胜出文明复兴。中篇为：探索族中楷模，立标榜样人生。下篇为：大钱营村史志，催化人杰地灵。

这是一个村子生息、繁衍的记录，记下了祖训，家教、家风，村规、村风；记下了大钱营的发展变化；记下了大钱营人读好书、种好田、做好人的事迹；记下了大钱营人用知识改变命运，重教育人的感人故事。

如今，这部村史被国家民政部刊物《乡镇论坛》宣传到国内外。

创办空中家长学校　提高家长教子本领

钱金贤在编写村史的过程中，进一步体会到培养好下一代的重要性。为了使孩子们成才，自己也要出点力。于是他和钱金强、钱炳来等老同志商议，于2006年5月成立了大钱营关心下一代工作小组。小组由当初的7人，现在发展到16人。他们做的第一件事，利用村村通广播，架起了“空中学校”。除农忙季节外，坚持每天早上或晚上，用广播向家长宣讲教育孩子的理念、内容和方法。每次10～20分钟，一个内容，形式多样。讲故事、说书、唱家教歌，表扬好家长、优秀学子等。家长学校办得生动活泼、卓有成效。比如，钱金贤结合自己关心下一代的体会，编写的教子经验，很受家长欢迎。教子经为：

国家强大在孩子，一切希望在孩子。
一生主题是孩子，事业不能丢孩子。
崇文重教强孩子，强化自己为孩子。
教育不能贫孩子，生活不能富孩子。
温暖不能离孩子，感情不能冷孩子。
千万不要惯孩子，脱离劳动毁孩子。
德育第一育孩子，因势引导教孩子。
心贴心来教孩子，处处榜样给孩子。
道理教育服孩子，不能轻易罚孩子。
语言不能伤孩子，表扬激励鼓孩子。
发展眼光看孩子，多元成长育孩子。
科学方法对孩子，个个都是好孩子。

“家家都出大学生，个个孩子都成才”，“把最好的教育给孩子，把更多的时间和精力放到孩子身上”，“不比房子盖得好坏，钱挣得多少。孩子上的学好，有出息，才是最荣耀”。这是钱金贤和大钱营人的希望和企盼，也是这个村的村风。

组建关爱教育激励基金联合会，帮助贫困学子

钱金贤视大钱营为自己的家，把别人的孩子当成自己的孩子。为

使大钱营的孩子都能成才，2007 年 12 月，他牵头成立了大钱营关爱教育激励基金联合会。很短时间，基金联合会就募集了 3 万多元资金。80 多岁的独居老婆婆张月兰拣中草药卖了 5 元，说什么也要捐给基金会表表心意。钱金贤的两个儿子，一个在合肥、一个在宁老庄镇，每年都会向基金会捐款。钱法强，武汉航空测绘学院博士，毕业后在奥地利工作，回乡探亲捐款 1 万元给基金会。钱金贤和村关心下一代工作组，为这些资金的运用制订了一套完整的管理办法。基金会定时把捐款和使用情况逐人张榜公布。每年基金会对困难学子予以资助，对考上本科的学生给予一定的奖金。上初中、高中的学生获得班级名次、三好学生等，基金会提供书本、文具等物质奖励。

基金会成立以来，已资助贫困生、奖励优秀生 347 人次，有 50 多名学生考上大学本科，其中有 2 名学子取得博士学位，3 名学子取得硕士学位。钱法力，媳妇病逝，母亲脑血栓瘫痪，两个孩子上学，家庭经济非常困难。基金会资助 2000 多元，确保他一儿一女以优异的成绩完成了学业。

现在，基金会已成为助学的重要支撑和激励孩子成才的有效动力。向基金会捐钱，也变成村民们的自觉行动，这一善举他们将长期坚持下去。正如钱金贤写的《众志成城育子孙》的一首歌所言：颍水书田润后生，人生锦程书铸成。教育基金联合会，永伴祖辈子孙行。

设平台多举措　丰富青少年生活

孩子们的成长需要教育、学习、活动平台。钱金贤和关工组的成员及村民小组的负责人商议，于 2007 年初将原村小学和村大队部，改为大钱营青少年活动中心，把闲置的20多间房子先后改建了图书室，弘扬书香文化。设立了状元室、公德室、人文展教管，教育子孙向上向善。开设了文化、书法、绘画、音乐、体育、手工、科技等兴趣特长班，丰富了孩子们的假期生活，在体验中成长。

钱金贤和关工组的成员在青少年活动中心轮流值班，为村民和孩子们服务。退休至今，钱金贤写了近10万字的资料册子，包括大钱营教子经、大钱营三句经、大钱营情歌、家训、家歌、育人格言、理想格言等。如今，这些宝贵的资料有的被印刷出来贴在人文展教馆的墙上，有的被艺人演唱给孩子们听。钱金贤写的《光荣榜在全村贴》被说成大鼓书，激励家长们重教育才，激励孩子们勤奋学习，成为国家的有用人才。

钱金贤像一个乡村孩子们成长、成人、成才的使者。10多年来，他全身心地投入到关心下一代的工作中去，结出了丰硕的果实。崇文重教育子成才在大钱营村民心中，牢牢地扎下了根，并辐射到周边县市区。2014年12月，大钱营被阜阳市关工委、宣传部、妇联会、教育局命名为“为国教子示范村”，钱金贤是这个村的先进代表。2015年12月钱金贤被评为第二届“阜阳最美人物”，他应邀多次到阜阳市各县市区演讲他和大钱营关心教育下一代成才的经验。

2016年2月14日

八、为“全职妈妈”叫好

日前，阜阳广播电视周报刊登了由朱竹策划、周报记者刘少叶同志写的《全职太太苦乐记——阜阳市“全职太太”问卷调查》，我认真进行了拜读。该文贴近生活、贴近实际，根据当今社会发展的新情况、新问题，出现的一个课题，那就是无工在家或弃工回家年轻妈妈的职场称呼及做实际工作的问题。笔者就这一问题，也谈点粗浅的看法，以表对贵报的支持和关心下一代。

“自由主妇”“全职太太”“全职妈妈”等多种称呼，称“全职妈妈”更好。“自由主妇”也好，“全职妈妈”也罢，她们的主要职责和精力，同“全职妈妈”一样，那就是养育子女。当然也要花费一些精力和时间，相夫、敬老，做些家务。称“太太”是对丈夫而言，称“自由主妇”没有相对的一方，这两者都忽略了自己所做的神圣的工作——养育子女。对他们最好称呼“全职妈妈”，更符合实际，更有意义。

全职妈妈好，好在为强国兴家培养优秀人才。强国必先强人才，强人才必先强教育，强教育必先做好家庭教育。育人好像种树，家庭教育是培根，学校教育是长干、长枝、开花结果，社会教育是阳光、水分和空气。家庭教育是学校、家庭、社会大教育中的培育教育。根深叶茂，家教做好了，孩子才有后劲。人的一生要做好四件事，那就是恋爱结婚、孝敬父母、生育子女、做好自己的那份工作。而生育子女在四件事中是起决定性作用的，搞不好一票否决。投资效益最大的是培养好子女。振兴一个家庭、强大一个国家，提高国民的整体素质，提高国家和每个家庭的核心竞争力，必须抓好每一个、千万个、亿万个家庭子女的教育。全职妈妈是孩子灵魂的工程师，是在做教育的奠基工程，从事的是一项强国兴家的伟大事业，我们为全职妈妈自豪、鼓掌、叫好！

全职妈妈，好在孩子成长的黄金期，做妈妈的抓住这一特好机会，给宝宝最好的爱和教育。孩子0~12岁时，是教育的黄金期、敏感期、基础期、关键期。婴儿养体、幼儿养性，童蒙养正、少儿养志，这期间，做全职妈妈或半职妈妈，有利培养孩子成才，甚至成大才。美国总统奥巴马和号称要做“全职妈妈”的第一夫人米歇尔，精心培养两个女儿，做得很好，获得了大众的好评。日本、美国、英国的全职妈妈多，为孩子的早期教育，为孩子的成才，为整体国民素质的提高，作出了积极贡献。阜阳周报100人问卷调查，有31%的当过全职太太或全职妈妈，这个比例可能大一点，实际情况，真正的全职妈妈可能少一些。但和过去相比，全职妈妈现在多了。这是一种进步。随着经济的发展，社会的变革，人们分工的调整，我们坚信阜阳乃至全国将不断涌现出更多的全职妈妈。

全职妈妈，是城市女性的新职业，由母亲在家带教孩子，不仅可以节约保姆费，还可以节约家教费，很多女性包括高学历的妈妈乐于选择做全职妈妈。全职妈妈实际上是孩子在婴幼童期间阶段性的全职妈妈。根据自己的人格特质、价值取向、人生规划及家庭状况综合权衡，或3年、或6年、或时间更长些。做完阶段性的全职妈妈，可走出家门从事新的工作。这要早些做好新的人生职业规划和准备。

全职妈妈，好在强子必先强己。改变孩子，先改变自己。全职妈妈是不好当的。只有做称职的、优秀的全职妈妈，才能培养出优秀的孩子。全职妈妈做人、做事、与人交往等等，都要以身作则，率先垂范，给孩子作出榜样。全职妈妈要进家长学校学习，要和丈夫、孩子一起建立学习型家庭。设定好学习目标和教育计划，成员间要相互学习、互通信息。全职妈妈应注意心理养生，保持积极乐观的心态，科学的安排时间，走出家庭，和学校、社区、研究机构、企业有着密切的联系。要不断创新家教，与时俱进，用先进的教育思想、理念，把握家教的规律、原则，用适合自己孩子的教育方法，教育自己的孩子，与孩子一起成长。

全职妈妈，需要家庭和全社会的关心和支持。一切为了孩子，为了明天。教育子女，不是全职妈妈一个人的事。父亲的教育不可缺少，应尽可能的对孩子多投入一些。孩子同时拥有柔性的母爱和刚性的父爱，才能形成良好的人格特质。隔代人祖辈对孙辈也要多关爱，当好配角和助手。家长都要学会适度关爱，对孩子的生活照顾、学业进步及品格培养要做到关爱有度、宽严适度，切不可过分溺爱或过度干涉。全社会都应提高对全职妈妈的认识，高度重视支持全职妈妈，精心做好抚育子女的工作。

2012年6月5日

九、全力构建家庭教育大格局

习近平总书记在2015年新年团拜会上指出“我们都要重视家庭建设，注重家庭、注重家教、注重家风……促进下一代健康成长”。我们阜阳市关工委家教指导组是做家庭教育工作的，深感习近平同志关于家教的讲话是多么亲切、多么深刻、多么重要。是我们工作的“导航灯”“加速器”，为我们搞好家庭教育、办好家长学校，提高国民素质，教育好下一代提供了有力的思想武器和动力之源。

多年的实践使我们认识到，家庭教育是孩子成长的培根教育，家长是孩子的第一任老师。家长素质、水平的高低对孩子的成长影响极大。家教应注重科学性、针对性和适用性。要坚持“儿童为本”原则、“家长主体”原则、“多项互动”原则。要从实际出发，全力构建家庭教育大格局，发挥多位一体系统工程的作用。即党委政府的主导作用，妇联、教育、关工委等部门的指导配合推动作用，家长教育孩子的主体作用，学校办好家长学校提高家长素质的主阵地作用，社会（社区、村队、机关、企事业、社会组织）的帮教作用，专家、讲师、优秀家长、新闻媒体的引领作用，孩子受教育的主动作用，形成家庭、学校、社会三位一体的大教育体系。

近年来我市家庭教育工作形势很好，不断向广度和深度发展，重视程度越来越高，力度越来越大，措施越来越好，成效越来越明显。

党委政府重视家教工作

阜阳市市委、市政府很重视家教工作，把短板变长板，像抓经济工作那样抓好家庭教育，弘扬正能量，教育好下一代。市委书记于勇2013年6月29日批示，要求各级、各部门重视和推进家庭教育，逐步见到成效。市长李平和大家一起研究家庭教育与学校教育、社会教育的结合问题，制定了提升计划，解决大班额问题，使家长不再为孩子上学每班人数过多发愁。分管市长黄珍多次深入学校、社区、村队、企业等基层单位及关工委、妇联、教育局进行调研，指导家教工作。市和各县市区都成立了家庭教育指导委员会，建立了有效规范的组织机制、活动机制，促进了家庭教育深入开展，年年有进步，亮点多多。2013年6月，安徽省留守儿童隔代教育现场推进会在阜阳市召开，重点推广阜阳优化体制机制，加强家庭教育指导委员会的组织建设、建设一支强有力的家教报告团队伍、创新载体开展多种形式的家庭教育活动三方面的经验。

职能部门恪尽职守，抓点带面，发挥典型带动作用

市关工委家教指导组、讲师团以及各县市区关工委做家教工作的老同志，利用自己有责任心、有经验、有时间的优势，在家教中发挥了“配合、协调、指导、推动”的作用，积极主动与有关部门配合，

切实做好家教工作，每个同志都有家教工作的联系点，坚持深入实际，具体指导，总结推广典型经验。颍泉区先后作为省、国家家庭教育实验区，2013 年底，是国家家教实验区子课题——家庭教育常态化的结题期。几年来，市关工委积极参与他们的家教工作，不断总结推广他们的经验，引领全市家教工作不断创新发展。闻集镇大钱郢村在老党员、老干部、老教师的带动下，20 世纪 90 年代以来，逐步形成了良好的家教氛围，全村 1300 人，培养出 7 个博士、6 个硕士、138 名大专生，去年被评为阜阳市为国教子示范村。全市农村基层的五老同志开展对留守儿童结对帮扶活动，对留守孩子学习上辅导、生活上照顾、精神上安慰、安全上保护，弥补了留守儿童隔代教育的缺失，很有成效。市妇联在全市开展家教工作示范点创建活动，2013 年抓 48 个乡镇、社区（村）、企业争创点，这几年又抓了一批争创点，工作进展顺利，发展态势良好。市教育局发挥学校是家教主渠道、主阵地的作用，全市各类学校 3179 所，现在超过半数都办起了家长学校。周六定位家长进校学习日，2012 年启动以来，大都能坚持这一学习制度。目前，全市评出各级家教示范学校：国家级 4 所、省级 53 所、市级 36 所。这些学校各有自己的特色和品牌。网上家长学校发展到 200 余所，入网 14 万多人。界首市多次培训网校骨干，有 59 所学校入网，上网家长 4 万多人。

家教活动进学校、社区、企业、机关、群体组织，发挥讲师对家教的全面引领作用

阜阳市，市、县市区、多数乡镇中心校，三级都建立了家教讲师

团，大部分学校、部分社区（村）、企业、机关建有家教讲师组，全市现有家教讲师2847人，2015年讲4100多场，受教育70多万人次。

由市关工委、妇联、教育局联合开办的“读懂孩子·共同成长”大型家教进校园活动，家长孩子共同参与，专家现场答疑解惑，互动交流，受到家长、老师和孩子的欢迎，成为家教工作的一个品牌活动。还与《城市周报》联手开设了“教子问道”专栏，刊发家教讲师、教师、优秀家长家教方面的文章近百篇，与市养公藏书室共同组建了国学家教研究宣讲团。社区和企业是家教工作的薄弱点，2013年下半年以来，市妇联、市关工委组织讲师团成员，重点抓家教进社区、进企业、进机关等单位和社会组织，先后在瑞利名城、颍泉区老年大学、市老年大学、市老年学会、市委党校开设了科学教子育孙大讲堂，已初见成效，反响很好。颍上县建立了家长学校规范办学机制、培训教师机制、评估奖励机制的办学模式。太和县讲师团由原来的15人发展到72人。为方便家长学习，充分发挥讲师团的作用，他们成立县级家庭教育南片、中片、西北片和东北片四个分团，还聘请了15名县级家教名师，分为幼儿级、小学级、初中级、高中级，利用周六家长进校学习日，经常开展送教下乡活动，反映良好。有的家长说：“送教下乡就是好，以前没有听说过，学习家教好处多，教育子女真有效。”颍州区开展“争创合格家长、培养合格人才”活动，卓有成效。文峰小学、莲池小学、九龙中心校家长学校办得很好，颇受家长欢迎。临泉县重点解决家教几大难题：家长不自觉不主动；教育缺乏耐心与恒心；家长不能身体力行，管不住自己娱乐、打牌等问题。界首市努力做到家教六个延伸，向贫困家庭、向教师、向机关、向党校、老年大学、老年组织等延伸。不断拓展了家庭教育的渠道和教育面。

注重家教理论研究，提升指导水平

加强家庭教育的调查和理论研究，重点在发现问题和解决问题上，不断提高指导家教工作的能力，促进家教健康发展。市关工委常务副主任宁义南牵头，会同妇联会、教育局，2010 年以来主编了《成才之路》系列文萃 3 集、《阜阳市家庭教育家长学校工作研讨会论文》《留守儿童隔代教育新编》等书 150 多万字。市家教指导组张新宇同志编著的《教子十二变》被评为全国优秀图书，2012 年中国农家书屋重点出版物推荐书目，2016 年中国十佳百优家庭教育指导读物。家教专家张乐群写的《一半的教育在家庭》，马少山写的《放飞希望——家庭教育面面观》《高中生心理咨询纪实案例》，郝保民写的《家庭教育的原则和艺术》等，以及各中小学、幼儿园，结合实际编印的家庭教育、留守儿童隔代教育的教材 30 多种，数百万字，其中刊登于国家和省市家教报刊百余篇，很受家长和教师的欢迎。

广大家长家教意识逐步增强，水平不断提高

构建家庭教育大格局，推进家庭教育科学化社会化规范化常态化，目的是发挥亿万家长教育孩子的主体作用。阜阳市关工委、妇联会、教育局注重发挥优秀家长教育孩子的榜样示范作用。分别于 2010 年、2014 年召开了二届为国教子好家长表彰会，表彰 200 位好家长，并将其先进事迹选编成书，广为宣传，还组织 6 名优秀家长代表到各地巡回演讲，现场说法，生动深刻，鼓舞人心，催人重教。

广大家长重视家教、重视家风的意识逐步增强，教育孩子的水平不断提升，越来越注重科学教子育孙。很多孩子的父母工作很忙，也都抽出时间过问孩子成长的事，舍得对孩子多投入精力、多投入时间、多投资经费。家长中有一半以上的祖辈们在关爱孙子们的成长，农村中的留守儿童80%以上都由祖辈们看护，他们参加家长学校学习，教育孙子的方法大有改进，促进孩子们健康成长。

十、这里的家教咋这么好

提起安徽省阜阳市的家庭教育，人们都啧啧称赞！这里的家教咋这么让人赞叹呢？

有关部门学习指示，增强做好家教的信心和力量。市关工委家教指导组和讲师团的同志，多次认真学习了习总书记关于家教的重要讲话，深化对家庭、家教、家风建设重要性的认识，增强了协调配合有关部门做好全市家教工作的决心和信心。常务副主任宁义南同志主动协调有关领导和妇联会、教育局主编了《成才之路——良好家教家风育英才》。其中选用了副市长黄珍、市职能部门负责人、各县市区关工委主任以及讲师结合自身实际学习习总书记关于家教讲话的文章。临泉县关工委把对学习总书记关于家庭、家教、家风的重要讲话同总书记系列讲话中关于培育和践行社会主义核心价值观的重要论述结合起来，同目前青少年家庭教育状况结合起来，效果显著。临泉县妇联、县教育局等职能部门都深入学习，增强家庭教育的信心和力量。

家长学校学习指示，促进了办学规范化、常态化。颍东区和谐路小学家长学校做到了“四结合”，即学校教育与家庭教育结合、大课与小课结合、普及与提高结合、理论与实际结合。他们还开创“两名一好”活动，即创名校、名师、做好家长。通过这些活动，出现了可喜的“四大变化”：学生读书自觉了，讲文明、懂礼貌了，遵纪守法意识强了，校园和谐环境变美了。校长武方深有体会地说，通过开办家长学校，广大家长素质得到提高，教子观念和方法发生很大变化，同时密切了家校关系，形成了教育合力，实现了校园和谐融洽。阜南二中利用自身优势，先后在朱寨、王家坝等9个偏远的农村学校建立家长学校分校。阜南一所中学建立家庭教育网站，利用网络技术对家长进行家教知识宣传，很多家长还能在网上与教师进行沟通交流。阜南二小设立校长“信箱”，收集家长意见和建议，加强了家校沟通。颍泉区156所中小学、幼儿园，已全部办起了家长学校。有34所被评为国家、省、市名校。有讲师1300多人。家长学校由实验阶段步入常态化阶段。每所家长学校每学期授课3～4次。今年区和中心校两级已举办培训家教讲师讲座12场，讲师给家长授大、小课300多场，受教育家长7万多人次。

讲师学习指示，增强了做家教工作的自豪感、责任感。全市正在开展千场送教到基层活动。市第二届为国教子好家长代表宣讲团6月份深入颍泉、临泉、阜南、颍东，给家长现身说法科学教子经验，深受欢迎。农民张玉芳儿子赵福祥2014年9月在韩国仁川亚运会上得了散打冠军，她介绍了自己的教子经验。市十六中家长王俊芳讲述了好方法培养出好孩子，介绍了家教辅助儿子成为博士的经验。市家教讲师团讲师张乐群结合自己教育子女的故事，讲“一半的教育在家庭”的体会。隔代家长马少山同志讲述了帮助孙子提高学习信心的经验。市为国教子示范村颍泉区大钱营关工组长钱金贤讲述了“状元村”的教予密码。这个1300人口的自然村，在过去数十年间，走出了7位博士、6位硕士和138位大学生，被人们誉为“状元村”。

家长学习指示，明白了教育孩子的方向和内容，认清了家教的主要任务是教孩子学习做人。颍东区杨楼镇朱沟小学学生家长王艳坤介绍了家长要给孩子做良好表率的经验。他说：“孩子的模仿性强，当父母的要以身示范。我老母亲今年92岁，双目失明，我经常给她洗脚、剪指甲。我一个男孩一个女孩，孩子也学会了孝敬老人，主动请战，天天给她奶奶洗脚、经常给她奶奶剪指甲，还给我、给他妈洗脚。两个孩子很懂事。学习也很勤奋、刻苦，都考上了大学。”

十一、多点理解，多点沟通，多点放手

——百名初中生家庭教育状况调查

为深入学习落实习近平总书记三个注重讲话精神及省关工委关于开展大学习大调研大讨论的部署，2015 年 3 月 18 日，市关工委常务副主任宁义南，家教指导组、讲师团张新宇、陈家相、边志宇、马玉一行到十五中七年级 10 班、八年级 11 班，对 104 名初中生进行了家庭教育问卷调查。调查面虽然不大，却有一定的代表性。调查显示，初中生家庭教育情况良好，但仍有不少困境和问题，需要改进。

家庭教育态势良好

调查显示，初中生对家庭教育有一定的认识，家长对家庭教育的认知和做法比前些年好，很有进步，总的态势良好。初中生眼中的父母，80% 能做到以身示范，勇于担当责任、关爱老人、善待子女、勤俭节约、乐意受教、文明礼貌。他们对孩子教育的理念、内容、方法比较好。家长对孩子的教育 86% 注意道德教育，89% 注重学习教育。60% 的孩子能做点家务。70% 的家长能够与孩子沟通交流。绝大多数初中生在父母和老师的引教下都有自己的兴趣爱好，健康成长。

家长多点理解 多点沟通 多点放手

调查显示：当下初中生在情绪情感、亲子问题、学业支持、父亲陪伴等方面处于困境。父母未能充分理解青春期子女要求，其沟通方式也跟不上孩子的变化。半数初中生认为父母不理解自己，30%的家长不能够与自己沟通交流，20%多的家长对自己约束过严。问卷中八年级11班几个初中生写道："希望爸爸妈妈能够理解我，不要总是用学习来说事，有时我也有对的地方，不要认为你们总是对的。""希望也能听听我的心声音"，"希望能尊重我的意见和建议，多和我沟通交流，注重发展我的兴趣爱好。""希望父母多询问我的内心，走入我的世界，多和我加强沟通。""认真回答我的问题，不要敷衍。"八年级11班还有几个学生分别写道："希望父母可以让我有多一些自己的时间与空间。""让我多一些生活上的锻炼，让我变得更加独立和自强，也让我能够支配自己的时间，做些自己喜欢做的。"七年级十班有个学生写道："我不想让父母什么都管我，想有我自己的自由。"还有一个初中八年级的学生对父母的希望写道："多一些关爱，多一些问候，多一些理解，多一些宽容，多一些陪伴，多一些放手。"

初中的孩子，12~15岁，他们度过了婴幼童期，正值少年，经过父母和学校老师10余年的抚养教育，不同于小学生，正如他们自己所言，"长大了"，有一定的认知能力，有自己的特点。孩子大了，变了，家长对其的认识、做法一定要跟着变。要了解孩子，读懂孩子，走进孩子的内心世界，来一场供给侧的改革，给孩子最需要的东西，尤其是精神上的需求。少年养志。加强励志教育，胜不骄、败不馁，向上向善。多陪陪孩子，多沟通交流，一起学习、阅读、游玩，做亲密的伙伴。会爱孩子，该放手就放手，给孩子适当的自由的时间和空间，逐步地让他们自立起来。八年级 11 班有个学生写道："让我有一点自主权，有些事要让我自己做决定，不要事事都管着我。"

孩子对父母的感恩和渴求

调查问卷显示，初中生对父母的感情很深，总的来讲亲子关系很好。有几个孩子写道："在我心中他们独一无二，他们无可替代。""爸爸妈妈我永远爱你们。""爸妈你们不要太劳累，要照顾好自己。不要太关心我，我会好好学习的。""爸爸晚上少出去吃饭，少喝酒。""妈妈，你要吃早饭，别饿着了。""希望父母不要用太多的时间打牌，对身体不好。"

问卷还显示：多数家庭是温馨幸福的，但少数家庭不太和睦，父母时有吵架现象，两个孩子分别写道："希望你们多沟通，少吵架，让我多一点娱乐空间。""家庭和睦最为好，希望不要吵架，不要大吵。母亲不要追究父亲过多。"

问卷更多的显示：孩子们对父母的美好愿望和渴求：

一是希望父母多学习，也要"接受教育"，不断提高自己。讲话要有水平，不讲无用的。"不要唠叨，没有用，使我心烦。"

二是父母不要太溺爱我，也不要太苛刻。"姥姥过分的溺爱我。希望姥姥和姥爷不要一次给我那么多钱。""希望爸爸不要打我。"

三是希望父母批评要注意方法：一学生写道："接受我的建议不能认为自己丢脸；别在朋友或阿姨叔叔等认识的人面前，当众批评我。

这会让我很丢脸。”

四是“希望父母以后能平等的和我交流，不要以一幅‘你必须’的”命令口气，让我做什么，做什么。态度也不要那么粗暴。

五是“希望父母每年多回家几次看看我。我是一个留守儿童，和爷爷奶奶居住，深感父母不在家的痛楚。”“希望父母回阜阳老家创业办厂，我能和你们一起生活学习，那是多么好呀！”

调研组：宁义南　张新宇
陈家相　边志宇
马　玉
执　笔：张新宇
2016年3月30日

十二、父母教育子女的差异、问题及对策

——阜阳市千份父母教子问卷调查

为了了解掌握父母自身的素养、存在的问题，教育子女的状况，以便采取措施更好地做好教育下一代工作，我们市关工委联合市妇联、市教育部门，对城乡幼儿园、小学、中学学生的父母及子女已工作祖辈的父母进行了较大范围地问卷调查。

调查问卷涉及颍州区的文峰幼儿园、文峰小学、莲池小学、十五中，颍泉区的区直幼儿园、实验小学、三里小学、二中、四中、十九中、二十中、苏屯中学、姜堂中学，颍东区第十六中学，阜南县一小、二小、一初中及市政府幼儿园等十八个中小学、幼儿园的1000余名家长。问卷主要分三个方面：一是父母职业、学业、夫妻关系、行为自测、自身学习、家庭经济劳务等情况；二是对子女的教育情况；三是父母对子女的期盼及对政府和相关部门的建议。无记名的十项问卷，父母们大都能较认真地书面回答，我们通观问卷，量化计算，认真分析，又走访家长，座谈讨论，费了较大工夫。现将父母自身素养、各自的优势、弱势、教育子女的差异、问题及意见报告如下：

父母自身的同与异、强与弱

从问卷和我们平时的生活看，父母本身有其相同与不同、强势与弱势的诸多自身问题，认清父母的个人素养，这对子女的教育非常必要，十分有益。

一是从人和性别的角度讲，父母都是人，是平等的，都要受到尊重，都要尽到教育子女的责任和义务。不同的是，男女是异性，生理生育不同，性格也不同，一般来讲，男性刚，女性柔，这对孩子的教育必然产生不同的影响。

二是从学历方面讲，问卷调查显示，父母大多数都有学历，都上过不同层次的学校，大学毕业的占 10% 左右、中专中学的占 35% 左右、小学的占 30% 左右，但也有不少父母没上过学，文盲、半文盲的占 20% 以上。总的来看，父亲的学历高一些，母亲的学历低一些。这对子女的教育也会有差异。

三是从父母的职业和经济劳务挣钱收入看，问卷显示：90% 左右的父母都有不同的职业，或农民、或工人、或经商、或教师、或医生、或公务员等，不少家长经商、摆小摊，忙于挣钱，无暇教育子女。但也有 10% 左右的人是全职妈妈，子女婴幼童时期，母亲的主要工作是养育孩子。从家庭经济来源看，父亲的挣钱收入高于母亲。从家务劳动、养育子女看，母亲高于父亲。

四是从父母行为素养自测看，调查显示：父母们责任担当、以身作则、关爱老人、善待子女、助人为乐、勤俭节约等方面做得比较好。但也有差异，约 30% 左右的父母以身作则做得不够好。大体来讲，责任担当、以身作则、爱好特长父亲强于母亲，态度和谐、关爱老人、养育孩子、勤俭节约等方面母亲强于父亲。行为素养很复杂，也很难自测和鉴定，这是总的情况。

父母教育子女的差异

父母们都有同样的心，都爱自己的子女；都有同样的期盼，都希望自己的子女成人、成才、成功。教育的理念、内容、方式、方法，从总体上看大都是好的，从一个家庭父母层面上讲，或父长、母短，或母长、父短，情况不一。从父母亲们在教育孩子的诸多节点上看，问卷显示有很大的差异。

母亲们对孩子的付出要比父亲多得多。母亲从怀上胎，到生下婴儿，到养育成幼儿、童年、少年付出了巨大的创伤、艰辛和劳苦。母亲教育孩子的陪伴、游玩、读书、写字、检查作业，与学校、老师联系、与子女沟通交流远远多于父亲，大于父亲、强于父亲。

父亲们的性格奔放、阳刚、行动活动的主外、对子女的修身要求、发展方向的把握等，总的讲父亲们要长于母亲，强于母亲。

从问卷看，父母们的关系总的讲是好的，问卷显示：家庭和美的占40%左右、较好的占50%左右、时有暴力的占5%左右，离异的占4%左右。这是大体的情况。多数和谐的家庭对孩子的影响是好的，个别父母之间的暴力、离异对孩子影响很不好。

问卷还显示：有10%以上是全职妈妈，全身心地教育子女。还有不少外出打工的父母，留守儿童约占30%以上。

父母教育子女存在的共性问题

经济社会发展、人们生活改善，居家幸福，国家重视教育，父母崇文重教，把对子女的教育当作家庭的头等大事，这是主流。但父母教育子女方面还存在一些问题。问卷显示，有以下几个共性问题：

一是对子女的教育，重学习、轻德育、轻身体。

二是父母对子女时有暴力发生。

三是陪伴子女少，与子女沟通交流少。

四是进家长学校学习少。问卷统计，未进家长学校学习的占53%。

五是家教书籍少，父母自学少。问卷显示，家庭有家教书籍5本以上的占45%，5本以下的占29%，没有的占26%。颍东区第十六中学67份问卷，家教书籍5本以上的占19%，5本以下的占7%，没有书的占74%。

父母做好子女教育的意见建议

针对以上父母自身的同与异、强与弱、教育子女的差异以及存在的共性问题，对父母们提出以下教育子女的意见和建议：

1. 辩证施教，共同参与，优势互补

要正确的看待父母异性的辩证统一、性格特质的辩证统一、教育子女的辩证统一。教育子女，优势互补、相辅相成、互相促进，不可或缺，共同参与。

异性父母是平等的，孩子是共同生的，教育子女是共同的责任和义务。同时，我们要承认父母性格的差异、职业的差异、经济活动的差异、家务劳动的差异等。但有差异不等于不正视、不需要共同做好子女的教育工作。现在较为普遍的现象是父亲对子女的教育不如母亲，父母教育子女各自的优势没有很好地发挥和互补。需要共同提高认识，共同改善和加强。

父母性格特质的教育要优势互补。母亲的温柔、父母的阳刚，对子女的潜移默化、润物无声，自然效果不差。母亲对子女的爱心、无私，在情感、道德、能力、素养往往更多于父亲地影响着子女。父亲的言行举止、子女成长的行为规范水平、子女发展方向的把握，对子女的影响往往强于母亲，要负更多的责任。父母的教育各有特色，各显其能，都用于孩子，受益匪浅。任何有所作为的背后，一般都有母爱所给予的善良和父爱所给予的力量。家庭对子女缺什么，子女对社会就缺什么。拥有子女是幸福，拥有优秀子女是甜蜜的，拥有杰出子女是自豪的，这种享受大多是父母自己创造的。

父母教育时间的辩证统一。一般来讲，父母教育孩子，母亲投入的时间、精力比父亲多，付出的比父亲大。父亲一般主外，平时过问孩子的事较少。孩子又需要父亲多陪陪。这就要求父亲把自己的时间特别是业余时间尽可能多分给孩子一些。一个人有职业，也有非职业的玩意儿。往往他的非职业，业余活动比他的职业还重要，因为一个人成就怎样，往往靠怎样利用他的闲暇时间。你的闲暇时间往往决定你和孩子的终身。教子成才是父母的事业，每个家庭都应把培养教育子女放在家庭日常生活中的首位。父母应牺牲业余活动时间，共同或轮流陪孩子，要有个计划，统一安排，适当合理，以利教育子女。尤其在孩子小时候，更要多花精力、多下工夫，使孩子进入自觉主动学习的境界，以后父母就省心多了。

父母教育由分歧变统一。当下，不少父母对孩子教育的理念、内容、方式、方法不一致，这种双方分歧的教育，效果被弱化，不仅会让孩子无所适从，又会混淆孩子是非判断标准，孩子长大往往谁的也不听。如果母亲溺爱，父亲不管，孩子往往胆小、自私、不宽容；父亲过严，母亲反对，孩子到了青春期，有可能用同样的方法对待父母，攻击性强。教育孩子父母的认识、态度要统一统一，口径要一致，相互多沟通、多协商，更不能当着孩子的面批评另一方。

2. 树立科学的教育理念，以德树人、以学立业，教育孩子学会做人、学会学习、学会做事、学会交往、学会强身

先进的教子理念、健康适宜孩子的内容、好的方式、方法的家长的教育，有利孩子的健康快乐成长，否则，事与愿违，事倍功半，劳而无功，劳而负功，劳而负效。我们的家长要认真反思总结自己教育子女这方面的情况，克服纠正错误的，发扬光大好的。教育子女要以德为先，以德育人，以德树人，以德立身，德育要贯穿到孩子生活学习的全过程。生活即教育，教育即生活，时时处处都要以德育人。学习是孩子的主业，是孩子的工作。少壮不努力，老大徒伤悲。幼童少时期，家长一定要引导孩子勤奋学习，学好本领，打好人生立业的坚实基础。颍州区文峰办事处在问卷的简析中说：把孩子养成良好的读书习惯，以及热爱劳动、关心他人、尊重师长、办事认真等习惯，是家庭教育的重点，增强孩子克服学习生活中战胜困难的毅力及耐挫能力的培养是当前孩子成长中的主要问题。要经常有意识的让孩子干些力所能及的活，看工人、农民严冬盛夏劳动情形，有时也可吃些粗茶淡饭，帮助有困难的人做点好事，看一些启发儿童能看懂的真善美和勇敢、坚强、忠诚的电影、动画片等。现在有很多小胖子，孩子的体质不佳，一定引导孩子加强锻炼身体。学会做人、学会学习、学会做事、学会交往，全面发展，成人、成才。

3. 建立学习型家庭，创建书香门第

家长好好学习，孩子天天向上。家长是孩子的榜样，是孩子的第一任老师，是孩子的影子。现在又是知识经济时代、信息化时代，家长的学习，对于自身的提升，对于更好地教育孩子极为重要。我们应努力建立学习型家庭，创建书香门第。认真实行以家长自学为主，与参加集体学习进家长学校相结合的形式。每位家长每年要读1~2本家教书籍，每年进家长学校2~4次。这是必须的、可行的。

要有计划地安排好学习内容、学习时间。要认真学习教育学、心理学、社会学。阅读育儿经典著作、优秀书籍，学习他人育人经验。常进家长学校学习，不断提升育人的水平和能力。

对政府和职能部门的建议

1. 建议各级党委、政府要把家庭教育纳入工作议程，纳入精神文明建设的内容、纳入干部考核的内容

认真深入广泛地落实习近平总书记注重家庭、注重家教、注重家风的重要指示，强我家庭、强我家风、强我少年，为实现中国伟大的复兴梦做好人才支撑。

2. 建立制度，办好学校、社区（村）、企业形式多样卓有成效的家长学校

多年的实践经验证明，家长学校是家长学习、专家引导、相互交流、共同提高的好形式，要继续办好，办出品牌，办出更大的成效。

现在有诸多困难和问题，比如师资、场地、经费、家长难集中、主管部门的职责分工等等，需要妇联、教育、民政、卫计、文明办、关工委等多家部门共同协商、策划良策，抓好落实。

用制度管理、约束是个好办法。现在家长学校的运行很不规范，发展也很不平衡，是软任务，很需要建立明确的章程、制度，奖惩办法，使家长学校逐步走上科学化、社会化、规范化、常态化、实效化。

3. 关工委配合妇联、民政、教育、文明办，把社区关工委和家长学校办起来

家长学校在社区现在仍是弱点、盲点、空白点，必须下工夫，把关心下一代和家长学校的组织建立起来，由社区的负责人兼任主任和校长，其他老同志等有关人员参加，组成一套人马两个牌子的班子。各个部门齐抓共管，分工合作，形成合力，抓出成效。

关心下一代，以儿童为本，以家长教育为主体，关工委的工作既要直接关心下一代的成长教育，又应帮助下一代的家长提升教育下一代的水平和能力。关工委内设的各指导组都应加强做好家长的教育工作。

老年学会（协会）和其他老年专业群体组织及老年同志本身，也应利用自身的优势，加强对自己的子女、孙子和青少年们的教育，使之更好地成长、成人、成才。

乡镇、办事处所在地的社区，要充分利用少年宫、文化站的场地资源，办好家长学校，作出示范。

市关工委：宁义南、方建功、张新宇、吴朝明

市妇联：纪兰芳、严雪飞

市教育部门：张如明、刘顶云、魏国杰、王影、牛忠汉、陈永珍、张玉松、韩久玉、李月海、张永兴、彭华、王圆圆、高瑞。

张新宇

2016 年 6 月 26 日

辩证施教篇

一、家庭教育要讲辩证法

辩证施教问题的提出

现在，家长们对家庭教育重要性的认识越来越高，理念越来越新，方法越来越好，但是，仍有不少家长对孩子的教育存在很多问题，比如，对孩子包办代替、溺爱娇惯、虎妈狼爸式的管教、任其所长的放任，甚至出现儿子杀母的悲惨事故，以及名家、大家有时的讲话也很偏激，等等，这些做法很极端，是思维缺少辩证观念的片面性所致。

习近平总书记最近几次强调“必须学习辩证法，分清层次，认真思考”。学习辩证法，进行辩证思考，使人聪明，使人智慧，使人对问题的认识更为深刻，做事更为准确有效。对人们的工作、学习、生活，对家庭教育、学校教育，有着重要的指导作用，是每个人都应该了解掌握的一门学问，一种辩证思维能力。

片面性施教的危害性不可低估

家庭教育思维的片面性及其做法对孩子的成长很不利，是低效的，甚至是无效的、负效的。

有的家长不明白言传身教是辩证统一的。身教重于言教，自己在生活、为人处世方面不能作出表率，孩子也染上了不良习气，身上有很多毛病，甚至走上邪路。

有的家长不懂得孩子的成长教育有最佳期和最差期。不同年龄段有不同的教育重点、不同的能力和品质培养的侧重，胡子眉毛一把抓，结果事与愿违，事倍功半，事倍无功，事倍负功。比如童年生活、学习良好习惯的培养，一天犹如成年后的一年，你错过了养成教育的最佳期是很难弥补的。

有的家长不清楚理想教育和现实教育是辩证统一的。没有远大理想的指引，现实目标就没有方向，没有一个一个现实目标的逐步实现，远大目标只能是空中楼阁。或只重视眼前利益，致使孩子没有人生梦想、理想、志向，没有前进的动力，或只讲大道理，空谈理想，不能引导孩子勤奋刻苦，不怕挫折，战胜困难，结果一事无成，不能自立，还要啃老。

有的家长不知道要孩子学与孩子要学是辩证统一的。自己主观臆断，不顾孩子的感受和接受能力，对孩子要求过高过严，甚至是态度粗暴、方法简单、棍棒相加，逼孩子一定要如何如何，结果酿成了子杀母的悲惨事故，既毁了孩子，也毁了自己。中国、韩国、日本等国家子杀母的事故时有发生。这种极端案例，告诉人们，内因是根本，外因是条件，孩子是主体，家长是客体。家长要使孩子变，接受自己的观念并变成行动，外因一定要通过内因而变化，孩子只有认知家长的意志，变成自己的意志，才能收到成效。家长对孩子的教育，关键在家长理念正确、方法得当，善于调动孩子的积极性，由家长要孩子学习变孩子自己要学，奋发努力，向上向善。家长要孩子学与孩子自己要学是辩证统一的。教育的艺术不在传授知识和本领，而在于激励、唤醒和鼓舞。苏霍姆林斯基强调："只有能够激发学生进行自我教育的教育，才是真正的教育。"千个方法，万个方法，最重要的是激发孩子自我教育的方法。

家长一变，孩子就变。新问题，老问题，最重要的是家长要发现自己的问题，要进行自我反省，要有正确的人生观、价值观、世界观，要掌握先进的教育理念和方法。家长的言传身教也必须是正确的。当今，是信息社会与知识经济的时代，世界和中国都发生了重大变化，每个家庭、每个人也都在发生变化。现在的孩子比昔日同龄的孩子要知道得多、懂得多、会得多，若家长还用过去的观念和方法教育孩子是不行的。家庭教育，应特别注重变革家长的落后的教育观念、陈旧的教育内容和不当的教育方法。在变革中前进和提升，变错为对，变差为优，变旧为新；变负效为正效，变无效为有效，变低效为高效。由不称职变为称职、优秀。从改变态度开始，变轻视为重视，尽到主体教育责任，让孩子爱上学习，德智体美劳全面发展；由封闭变开放，博采国内外家教先进经验，提高育儿的水平和能力；由娇惯变培育，使孩子养成良好生活劳动习惯，自理、自立、自强；由书本教育变做人教育，以德树人；由单一读书变以学为主、知践结合；由方法不当变方法科学，注重实效。树立正确的教育观念，掌握科学的教育方法，遵循孩子身心成长发展的规律，培育孩子好的性格、好的习惯和自立、自强的意识及能力。加强与学校沟通配合，因人因时施教，使孩子像大树一样茁壮成长，成为优秀的社会主义建设者和接班人。

家庭教育要讲辩证法

毛泽东主席说：“一分为二，这是普遍的现象，这就是辩证法。”辩证唯物论的最根本的规律是对立统一规律。自然界、人类社会和思维发展都是如此。春夏秋冬、白天黑夜、晴天阴天、男人女人、老人小孩、胖子瘦子、资本主义与社会主义、公家与私家、集中思维与分散思维、抽象思维与具体思维等等，都是对立统一的。

辩证思维以变化发展视角认识事物。它最基本的特点是将对象作为一个整体，从其内在的矛盾运动、变化各个方面的相互联系中进行考察，以便从本质上客观地而不是主观地、发展地而不是静止地、全面地而不是片面地、系统地而不是零散地认识对象。比如孩子的成长婴儿养体、幼儿养性、童蒙养正、少儿养志，他们成长的不同年龄段有不同的主要问题、教育重点，家长只有读懂孩子，把握孩子成长的规律和特点，把握不同年龄段成长教育的重点、能力和品质培养的最佳期与最差期，抓住孩子不同年龄段成长的内心需求，在合适的时间里做合适的事，这才是最好的教育，才能取得事半功倍的成效。童年时代的教育一天犹如成年后的一年，应加倍呵护，切不可主观臆断，想当然以自己的错误想法去“教育孩子”。

家长应用辩证思维方式进行家庭教育，用两点论，以变化发展的眼光，从本质上系统地、完整地认识和处理不良的教育问题。任何事情都有两面性，一些做法虽然有好的方面，但也有不好的方面，关键是要掌握好度，学会辩证施教，科学育子，客观、变化、发展、全面、系统地认识孩子，做到以孩子为主体，教育理念取向和内容的辩证统一，共性与个性的辩证统一，工作质量与孩子发展质量的辩证统一，现实与未来的辩证统一。

学习辩证法　科学育子

运用哲学、运用辩证法指导家庭教育并不难，哲学、辩证法是大众的。事实上，我们的教育工作，我们很多家长都在实施辩证施教，在实践中不断提高教育能力、水平和成效。例如，家长好好学习，孩子天天向上——家长经常充电提升，带动孩子不断进步；学习书本知识与走进社会生活相结合，既要读好有字的书，又要读好无字的书；学习既苦又乐；对孩子的教育以表扬为主，有错也要批评指正等等，我们在这方面的做法是进步的，但还很不够，问题不少。

我们的广大家长为了更好地做好家庭教育，培养好下一代，应认真学点哲学，学好辩证法，善于思考，勤于总结，不断提高自身教育孩子的水平和能力，实施辩证施教，用辩证思维方式，用两点论，客观地、发展地、全面地、系统地、实事求是地对待孩子，科学育子，护航孩子健康成长。

我们的教育工作者和领导同志，以及家庭教育讲师们更要学好、用好辩证法，提高教学质量，引领广大家长更好地教育好下一代。我建议我们要加强家庭教育辩证施教的专题研究。例如：事业成功与子女成才的辩证统一，母亲教育与父亲教育的辩证统一，父辈教育与祖辈教育的辩证统一，家庭教育与学校教育、社会教育的辩证统一，德育与智育、体育教育的辩证统一，人与环境的辩证统一，精神教育与物质教育的辩证统一，博学多才与多元成才教育战略的辩证统一，孩子教育的最佳期与最差期的辩证统一，共性与个性的辩证统一，家长要孩子学与孩子要学的辩证统一，理想教育与现实教育的辩证统一，苦学与乐学的辩证统一，管与放的辩证统一，他律与自律的辩证统一，赏识与惩罚的辩证统一，表扬与批评的辩证统一等等，以期深化提升认识，更好地用辩证施教的理念指导家庭教育工作的实践。我们要抓好家长、家长学校辩证施教的试点，以便取得经验，指导广大家长辩证施教，更好地教育好孩子。

2016 年 1 月 22 日

二、辩证施教是一门艺术

关爱孩子家国强，
教子育孙多担当。
成功失败多感悟，
辩证施教成效良。

身教言传做榜样，
潜移默化好影响。
润物无声效果好，
环境和美正能量。

心育培根铸灵魂，
因人因时方法当。
多元成才天地广，
脚踏实地奔梦想。

互联互通谋共识，

五个学会[①]为要方。

三教结合[②]下工夫，

同心协力育栋梁。

① 学会学习、学会做人、学会做事、学会交往、学会强身。

② 家庭教育、学校教育、社会教育。

三、事业成功、孩子成才双丰收

——事业成功与孩子成才的辩证统一

高女士和胡先生同在一家企业工作，他们两家都有一个同岁的儿子。高女士的儿子前年硕士毕业，在一家国企银行工作，是业务骨干。胡先生的儿子初中毕业后不愿再上学，到一家私人企业打工，因劳动态度差，经常迟到旷工，完不成生产任务，被老板解雇，眼下在家待业。

高女士和胡先生的孩子为什么有那么大的差别，值得我们探索。高女士上进心强，爱岗敬业，是单位和市里先进工作者。她相夫教子，工作之余经常学习育儿知识，和丈夫分工合作，配合学校管教孩子的学习、生活，孩子逐步自理、自立、自强起来。胡先生工作尚能完成生产任务。他和爱人都好玩，家里设有麻将场，一有空闲就邀邻居来家打麻将，对孩子放任不管，很少过问孩子学习的事，耳濡目染，日久天长，孩子也养成了好玩厌学的坏习惯。

现实生活中类似这样的事例不少：有的家长事业成功孩子成才；有的家长事业成功孩子不成才；有的家长事业不成功孩子成才；有的家长事业不成功孩子也不成才。产生这种情况，原因是多方面的，孩子的成才是家长的培育、学校的教育、个人的努力。孩子未能成才，有家长的责任、个人的因素等。据有关调查，影响孩子的因素，家庭占51%、学校占35%、社会占14%。家庭教育非常重要。我们所追求的只能是事业成功孩子成才。

为什么家长事业成功非要孩子成才？道理大家都明白：孩子是家庭的后继人，祖国的未来，民族的希望。少年强，则国强。孩子代代成才，家族代代兴旺。只有事业上的成功，不是完整意义上的成功。事业上再大的成功，也弥补不了对孩子的缺失。

一个人的能力和事业成功的大小是不同的，是相对，只要尽力而为，就无悔，也不可非议。问题的关键是家长如何做到自己的事业成功又使孩子成才，取得双丰收。事业成功与孩子成才从根上讲是不矛盾的，是相辅相成、互相促进、辩证统一的。事业成功从经济上从智商情商上更有利对孩子成才的教育。孩子成才使家长更有成就感，很荣耀，也给工作增添了兴奋剂。二者之间的主要问题是在认识、投入和时间的安排上。

首先，要认识到事业成功、代代富强、孩子成才，家长不能放弃对孩子的教育权。“子不教，父之过，教不严，师之惰。”家长应担负起教育孩子的主体责任和义务。其次，要严于修身，多充电，建学习型家庭，做智慧型家长，不断提高育人的能力和水平，用科学的理念和先进的方法教育孩子。第三，身教重于言教，时时处处要给孩子好的学习榜样。“儿童从来不会好好地听从他们的长辈，但他们永远不会不模仿长辈。”第四，要妥善解决工作与育人的时间矛盾。工作再忙也要忙孩子。尽量多安排时间陪陪孩子。密切亲子关系，加强沟通，懂孩子，给孩子最需要的物质和精神食粮。第五，因人因时施教。要遵循孩子成长的规律，抓住 0～13 岁教育的黄金期，婴养体、幼养性、童养正、少养志，创造好的育人环境，使孩子养成良好的学习、生活习惯，逐步自理、自立、自信、自强起来。因人施教，多元成才。根据孩子的特点优势，培养孩子的兴趣、志趣特长，专一样，拿得出手，还愁孩子以后没饭吃？没出息？

四、父亲学习母亲　担起教子成才的重任

——父母教育的辩证统一

“有一位单亲母亲带儿子，儿子5岁多了，还蹲着解小便？”这是西安市教育学会会长许建国2012年暑期在中国行政教育学院家庭教育报告会上所讲的一件真实的事情，我听过之后，至今已3年多了，每次提到父母教育孩子的事，这句话仍记忆犹新。孩子是父母生的，也应由父母养大。父母如何共同抚养教育子女，不可或缺，非常重要。当今一个较为普遍的现象是父亲对子女的教育不如母亲，有些缺位，需要共同提高认识，共同改善和加强。

父母对子女的教育是辩证统一的，是异性一体、优势互补、相辅相成、互相促进的。

父母异性的对立统一。父母恋爱结婚，建立家庭、生育子女，这是大自然的恩赐。异性结合，生育子女，人生代代无穷矣。

父母性格特质教育的辩证统一。一般来讲，母亲性格细腻、温柔，父母奔放、阳刚。他们对子女潜移默化、润物无声的教育，自然效果不差。上面讲的那个5岁多的男孩，不站着解小便，难道不是缺父养父教的结果吗？母亲是人类最伟大而又最永恒的称谓。“江山是银，

母亲是金”。母亲是摇摇篮推动世界的手。母亲对子女的无私是人类最可贵而又最纯净的珍宝。在一个家庭中，母亲应该是在情感和道德方面教育子女的核心，母亲的爱心、能力和素养往往更多于父亲地影响着子女。父亲应该是教育子女方向的把握者。父亲的言行举止对子女的影响往往强于母亲。子女成长的行为规范水平，父亲要负更多的责任。父母的教育各有特色，各显其能，都用给孩子，受益匪浅。任何有所作为的背后，一般都有母爱所给予的善良和父爱所给予的力量。家庭对子女缺什么，子女对社会也就缺什么。拥有子女是幸福的，拥有优秀子女是甜蜜的，拥有杰出子女是自豪的。这种享受大多是父母自己创造的。

父母教育时间的辩证统一。一般来讲，父母教育孩子，母亲投入的时间、精力比父亲多，付出的比父亲大。母亲怀上孩子，生下子女，从喂奶、换尿布开始，从教走路、学说话入手，到逐步长大成人，付出了太多的心血。母亲平日里又主内，做大量的家务，真是太辛苦了。父亲一般主外，平时过问孩子的事较少。这就要求父亲向母亲学习，发挥自己的优势，担起教子成才的重任，把自己的时间尽可能多给分孩子一些。父母共同或轮流陪孩子，要有个计划，统一安排，适当合理，以利培育子女。

父母教育由分歧变统一。当下，不少父母对孩子教育的理念、方式、方法往往不一致，这种双方分歧的教育，效果被弱化，不仅会让孩子无所适从，又会混淆孩子的是非判断标准，孩子长大往往谁的也不听。如果母亲溺爱，父亲不管，孩子往往胆小、自私，不宽容；父亲过严，母亲反对，孩子到了青春期，有可能用同样的方法对待父母，攻击性强。教育孩子是父母共同的责任，认识、态度要统一，口径要一致，相互要多沟通、多协商，更不能当着孩子面的批评另一方。

父母教育孩子是一篇大文章，是一门科学。夫妻和谐、多修炼自己、多对孩子投入、用责任和智慧，一定能把子女培养成才、成功。

五、父辈为主　祖辈助力

——父辈教育与隔代教育的辩证统一

我家就住在市政府幼儿园跟前，孩子们的欢歌笑语伴我生活，倍感愉悦。家长们每天接送孩子，喜气洋洋，满面春风。我前些年也经常接送孙子上学，他现在大了，不需要了。耳闻目睹，我们阜阳和全国各地，有半数以上隔代的祖辈爷爷、奶奶、姥娘、姥爷要带孙辈。这是家庭教育的一种普遍现象，是一种大事。他们的状况、关系如何，影响着孩子的成长、家国的兴盛、民族的希望。值得我们深思。

我们父辈对儿女的教育、祖辈对孙子们的教育总的情况是好的，两个教育者之间的关系也是趋好的，但问题不少，需要改进和完善。我们应正确认识父辈教育与隔代教育的辩证统一关系。

家教成败对家庭兴衰的因果关系。古今中外，大量的事实证明，成功的家庭、家族，都是教子、教孙有方。教子有方，穷不过三代。教子无方，富不过三代。富过三代、代代富、代代强的秘诀在于要继承和发扬良好的家教功能。百年树人，人才的培养是挑重担走远路。家庭教育父辈、祖辈都要抓。家庭教育功能丧失的直接后果是“富不过三代”的现象。第一代艰苦创业，第二代受到第一代的影响，还知道用功，但到了第三代，他们没吃过苦，就容易松懈，疏于防范。不少家庭废弃了教育功能，也不重视把自己的创业精神传授给下一代，没有一个好子孙，家产就会很快败光。财富和精神的传承都重要，精神的传承比财富的传承更重要。祖辈不仅是创业的高手，更应是教育的高手。

各尽所能的共育关系。父母是孩子的第一任老师，对孩子的养育，从小到大，倾其所能。但由于工作较忙，或其他原因，把孩子的教育、生活。部分或全部交给了祖辈。祖辈尽其所能。他们发挥有爱心、有耐心、有经验、有时间的明显优势，对孩子的教育成效很好。对孩子在不同年龄容易出现什么样问题，应该怎样处置，他们知道的要比孩子的父母多得多。由祖辈带大的孩子身体素质好，在对其生活照料和安全保障方面要强于其他孩子。

主角与配角的责任关系。教育孩子，孩子的父母应当好主角，尽到主体责任和义务，祖辈们也应当多尽心出力，扬长避短，当好配角，特殊情况下祖辈们应把抚育孙辈的任务全部担当起来。

共同进步的和美关系。现在隔代教育的趋势在增长，情况是好的，很多家庭隔代教育实现了“三代同赢”，即，让父母轻松，孩子有长进，老人有所寄托，家庭和谐美满。但时代在变化，历史在进步。我们每一个人都要学习学习再学习。尤其是老人如何转换角色，当好隔代家长？如何学习新知识、克服自身弊端，和孩子一起成长？如何处理好与儿女、孙辈、亲家，乃至学校、社会的关系，跨越“代沟”，形成合力，更有效地教育好下一代，是一个新的重要课题。

六、教育孩子　要有主见

——众见与己见的辩证关系

先讲个祖孙买驴的故事。

从前，爷爷带孙儿去市场，买头小毛驴。回家的时候，先是爷爷骑着毛驴，孙儿跟在后头走。走了一段路后，遇上一群妇女。妇女就指责爷爷，说他不关心小孩，大人骑驴让小孩走路，不像话。爷爷听了感觉有理，就立即下来，改让孙儿骑驴，自己跟在后头走。又走了一段路，遇上一群老年人。老人指着小孩骂，这小子真不孝，年纪轻轻的骑着驴，让老人走路。孙儿听了觉得有理，就叫爷爷上来一起骑。两人又走了一段路，遇上一群养驴人，养驴人指着祖孙二人说：" 这么小的毛驴，两个人骑着走，太狠心了，这驴儿肯定会累死的。”祖孙二人听了想想也是，索性两人都下来牵着驴走。途中又遇上一群年轻小伙子，青年人指着两人风趣地说：“你们两个傻瓜，有驴不骑，真是笑话。”祖孙二人听了觉得也有道理。但是，他们的处境很困难：爷爷骑驴有人责备，孙儿骑驴有人指责，两人都骑有人非议，两个都不骑又有人取笑。所有的选择似乎都不妥当。剩下的唯一选择就是两个人抬着驴走。他们也这么做了。结果在经过一座独木桥时，两个人不小心把驴掉在溪沟里摔死了。

这个“祖孙买驴”的故事，哲理性很强，提示我们：在教子成才的漫长道路上，众说纷纭，意见不一，自己要有主见，必须排除干扰，坚定自己的信念，按照自己设定的方向，走自己的路。如果前面没有路，也要勇敢地闯出一条路来。

认清并处理好众人的意见和自己的意见之间的关系很必要很重要。常言讲“兼听则明，偏听则暗”，众人的意见从总体上讲反映了大多数人的想法看法，多是正确的，符合当时的情况和他们的意愿，但由于个人站的角度不同，受到局限，有的意见不见得正确。真理有时掌握在少数人手里，个人的意见往往也是正确的。这就要处理好接纳众人的意见与坚持个人的意见的关系。三人行，必有我师。“取其精华，去其糟粕”。接纳众见与坚持己见并非处于对立的位置，有相辅相成的作用。对我们的学习、工作有莫大的好处。

我们既要学会接纳众人的意见，又要勇于坚持个人的意见。坚持个人的意见并不是一味坚持自己错误 的想法和观点，而是正确的意见。一个人善于思考，能分辨是非，不能误解什么事都是别人的对，自己要有见地，要自信。人之所以为人，因为会思考，有想法，从而产生自己的价值观，根据自己的价值观进行取舍。

古今中外坚持己见成功的事例太多了。如特斯拉极力主张交流输电，达尔文主张物竞天择，优胜劣汰，还有哥白尼、布鲁诺、商鞅，几乎每一个伟大的主张都是在一片指责声中提出。马云，高考考了3次，后考上杭州师范英语专业，搞起电子商务，外人讥讽，可他有主见，如今，全世界都知道他创建了淘宝网和支付宝。

父亲教育子女成才，要处理好社会舆论、众人的说法、意见与自己个人意见的关系，要勇于善于坚持个人的正确主见；要坚信自己的孩子有潜能、能成才；要对孩子多投入时间和精力；要抓住孩子教育成长的黄金期、关键期；要培养孩子远大的梦想、志向，顽强的意志、勤奋刻苦的精神；要有适合自己孩子的好方法。

欧洲文艺复兴时期著名的画家达·芬奇从小爱好绘画。父亲送他到意大利的名城佛罗伦萨，拜名画家佛罗基奥为师，从画蛋入手，画了一个又一个，足足画了10多天，老师见他不耐烦了，就说不要以为画蛋容易，1000个蛋中没有两个是完全相同的，即使同一个蛋，只要变换一个角度，形状也就不同了，蛋的椭圆形轮廓就会有差异。所以，要在纸上把它完美地表现出来，非得下番苦功不可。从此，达·芬奇用心学习素描，经过长时间勤奋刻苦的艺术实践，终于创作出许多不朽的名画。

著名的物理学家爱因斯坦，童年时并不显得聪明，3岁时才学会说话，父亲因而认为他是个傻子。上学后，有位老师对他父亲说："你的孩子将一事无成。"甚至勒令他退学。16岁时，他报考苏黎世大学，又因成绩差而名落孙山。但他并不灰心，通过勤奋学习成了杰出的物理学奠基人。曾有青年问他是怎么学成的，他写下了这样一个公式 $A=x+y+z$（A代表成功，x代表勤奋学习、工作，y代表好的学习方法，z代表少说废话）。

蔡笑晚，有6个子女，个个成才，被誉为博士之家，他的主要经验是，有主见，特立独行。抓早教，开发孩子的潜能；扬优势，争时间，让孩子实现跳级或读少年班；进行励志教育，使孩子少年立志，激情奔放，斗志高昂；按照孩子自己的愿望发展自己，厚积薄发；鼓励孩子考上大学是求学的真正开始，不要松口气，要不停步，抓紧抓好，取得更大成绩。

马拉松长跑者有三重境界——见人、见己、见众生。王国维在《人间词话》中曾言：古今之成大事业、大学问者，必经过三种之境界：“昨夜西风凋碧树。独上高楼，望尽天涯路。”此第一境也。“衣带渐宽终不悔，为伊消得人憔悴。”此第二境也。“众里寻他千百度，蓦然回首，那人却在灯火阑珊处。”此第三境也。家庭教育教子成才是一门学问，很深的学问，很高的艺术，家长只有很好的修炼自己，才能内化于心，有主见，有智慧，外化于行，教子成才，成功。

世上无难事，只有肯登攀。

七、营造孩子健康成长的家庭环境

——家庭环境与孩子成才的辩证关系

先讲个狼孩的故事：

1920年印度传教士辛格在一个巨大的白蚁穴附近，发现狼群中有两个“狼孩”。辛格把她们送进了米梅纳普尔市孤儿院。据辛格讲，这两个孩子刚回到人类社会之初，具备狼的特点，有明显的动物习性：吞食生肉，四肢爬行，喜暗怕光，白天总是蜷缩在阴暗的角落里，夜间则在院内、外四处游荡，凌晨1～3时像狼似地嚎叫，给她穿衣服，她却粗野地把衣服撕掉。她目光炯炯，嗅觉敏锐，但不会说话，没有人的理性。辛格牧师夫妇俩为使两个狼孩能转变为人，作出了各种各样的尝试。其中的一个阿拉玛到第2个月，可以发出“波、波”的音，诉说饥饿和口渴了。遗憾的是，回到人间的第11个月，阿玛拉就死去了。另一个卡玛拉4年后掌握了6个单词；将近5年的时间学会了两脚步行，但快跑时又会用四肢。经过5年，她能照料孤儿院幼小儿童了。她为自己想做的事情（例如解纽扣儿）做不好而哭泣。大女孩卡玛拉一直活到17岁。但她直到死时还没真正学会说话，智力只相当于3、4岁的孩子。

人们不禁会问，这位8岁的女孩，她原来是人呀，怎不具人的禀性变成“狼”了呢？这一实例有力地说明了社会生活、家庭环境对人的心理发展的决定性意义。由于这位女孩自幼落到狼群中，由狼群喂养长大，有长达8年的时间在狼群中生活。虽然她有人的遗传基因，具有人的一切外貌特征、生理机构和感觉器官，确确实实是由人生育出来的，但她没有一般人的心理机能和理性思维能力。这是因为她自幼脱离了人的社会生活，脱离了家庭，虽然生下来就具备说话的神经机构，但没有同人们接触，没有同人们进行交往，所以不懂得人类的语言；虽然她有人的脑，以及各种感官神经机构，但没有在家庭和社会中生活，没有受到家庭、学校和社会文化环境的熏染，没有得到正常的发展与训练，所以无法形成人的心理现象和精神世界。相反，由于她长期过着野兽的生活，在兽群的生活环境中，原有的那些人的神经机构发生了萎缩，身体的特征也发生了一些变化，时间越长，其狼的习性就越多，这就是使人慢慢变成“狼”的原因。类似的猪、羊、熊孩也如此。可见，仅有人健全的脑，若离开人的家庭和社会生活环境，人的心理也不可能正常发展。狼孩卡玛拉被带回人群中生活后，经过精心护理和培养，逐渐恢复了正常人的心理状态。

家庭环境是孩子成长、成才的根基，是社会环境中的一个微观环境，除了家庭成员结构、生活水准、居住条件、父母职业等因素外，还应包括家庭经济环境、教育环境、文化环境、实物环境、语言环境、心理环境、人际环境等，潜移默化、润物无声，对孩子的成长、成才有重大的影响，决定着孩子的成才状况。使孩子或积极或消极，或成功或失败，或成龙或犯罪。我们看到的那些工匠世家、戏曲世家、美术世家、医生世家、教育世家、科技世家、政治世家等等，以及这本书讲到的钱学森、钱三强、钱伟长钱氏科学世家、美国爱德华教育世家都佐证了家庭环境、家庭文化对后代的职业，对后代的成长、发展的影响非常之大。家庭环境十分重要。

家庭环境与孩子的成长至关重要，是辩证的关系，互为作用、相辅相成、对立统一。好的环境有利孩子成长，成龙成凤，差的环境不利孩子的成长。家庭环境好，孩子成才成功能建设好更好的家庭环境，进而培养更好的孩子成才。形成良性循环，代代强，家族旺，民族兴，国家强。

家庭环境对孩子成长这么重要，父母也都清楚自己后半生生活的幸福和成功感完全是建立在孩子以后能否成功和幸福的基础之上的，这样父母就会不遗余力的去培养教育好自己的孩子，去营造好的家庭环境。

营造好的家庭环境，要明白并着力做好以下五点：

1. 父母的身教是关键中的关键。他的作用应占孩子以后学业有成的80%。父母掌握了孩子的命运，但有很多家长还蒙在鼓里。孟子的成功看似是择校的结果，其实，主要还是孟母家教的功劳，“断机教子”，让孟子勤奋，“买肉啖子”，教孟子诚信。家长的一行一言，孩子都看在眼里，记在心里，学着做。因此，家长一定要注重身教，时时处处给孩子做榜样。

2. 注重家庭精神环境的建设，下工夫修身，消除精神垃圾。现在有不少父母自觉不自觉制造的精神垃圾，在侵蚀、毒害孩子的心灵，严重影响孩子的身心健康成长。一是粗俗的语言。一些父母在家里不讲语言文明，夫妻间经常出言不逊，言语粗俗，对孩子骂不绝口。这些粗俗的语言像病毒一样毒害着孩子的纯净心灵。二是暴躁的脾气。

脾气暴躁、性格乖僻、开口便骂、举手便打，使孩子胆战心惊。孩子是父母坏脾气坏性格的受害者，孩子的坏脾气和坏性格与其说是从父母那里传来的，不如说是从父母那里学来的。三是夫妻关系不融洽。如果夫妻间感情不融洽，关系紧张，势必危害孩子的身心健康。在恶劣的家庭气氛中生活，孩子纯洁活泼的天性会受到压制，饮食、睡眠、学习都会受到不同程度的影响，身心受到摧残。四是不良习惯。父母的懒散、贪睡、不讲卫生，孩子看在眼里，记在心里，学到身上。五是不良嗜好。据青少年吸烟者的调查，其父母双方或一方吸烟者比父母不吸烟者多3~5倍；酒鬼的子女一般也比同龄人更早地沾染上酗酒的恶习；赌博的危害更甚，孩子不仅容易从父母那里学会赌博，而且在一个彻夜打牌或打麻将的家里，孩子也不可能有安静的学习环境。孩子生活在赌博者的身边，学习、品德大多不可避免受到影响。另外，还有的父母喜欢吹牛、撒谎、自私、占小便宜等，这些都躲不过孩子的眼睛和耳朵。父母的一言一行，无论是美丑善恶、高尚卑俗，都会深深地在孩子的脑海里扎根，直接影响他身心的发育和成长。因此，要想孩子身心健康、成龙成凤，父母应该加强自身的修养，杜绝或减少家庭精神垃圾的产生。

3. 营造良好的消费环境。现在，人们的生活很好，和过去比，简直是天天过年。对孩子更是要什么给什么，不要也给，穿的是名牌衣服，吃的是山珍海味，上学有的还车接车送。条件过分的优越，会给家教氛围带来阴影，从而使孩子过早学会享受生活而不用劳动创造生活。优越的物质条件也会使家长在潜移默化中把成人的一些不良消费观念用行动教育给孩子。穷养男孩，物质生活不能太好了，富养女孩，精神生活要健康丰富。因此，家长要理智创造一个良好的家庭消费氛围，培养孩子艰苦朴素，勤俭节约的良好习惯和优良作风。

4. 营造人际关系环境。对孩子要尊重，多倾听，多陪陪，不能一言堂，不能专制式、命令式的管教。努力营造民主、平等、亲爱、欢快的人际关系。

5. 营造爱学习、长智慧的环境。家长要为孩子提供丰富、整洁、优美、爱阅读、爱提问、爱交谈、爱操作的环境，尊重、培养孩子良好的兴趣，帮助孩子养成自学的习惯，提高自学的能力。

6. 营造意志环境。勇于担当的责任心、坚忍不拔的意志力、顽强不屈的精神对一个人的成功至关重要，决定着孩子能走多远能飞多高。锻炼孩子的责任心、意志力从幼儿园阶段就要开始。比如做甩手的动作，全家人都参加，每天一次 300 下，要坚持下去，营造这样的氛围，对锻炼身体、培养孩子的意志非常有益。

世界著名未来学家、著作《大趋势》的作者约翰·纳斯比特说："中国最宝贵的资源是孩子的潜能。"他强调对孩子听说读写语言能力的培养，认为无语言无沟通。他赞扬春秋时期的"百家争鸣"和儒家的哲学所强调的在交谈中运用雄辩之术。他说好的家庭环境有 6 大支柱：爱心、好奇心、自信心、知识、上进心、恒心。因此，我们一定要努力营造好的家庭环境，以利孩子成长、成才。

八、健康少儿　注重预防

——辩证养生的几个问题

现在，少年儿童胖墩墩多，也有很瘦的，胃病、糖尿病、癌症也时有发生，健康问题比较突出，日久天长身体不佳，势必影响到以后的生活和工作。产生这些问题的原因是多方面的，其中最重要的是不注重预防，也没有处理好养生强身的一些辩证关系。

家长运用辩证法指导、改善自己和孩子的养生，对身心健康十分有益。反之，非常有害。

任何事情都有两面性，同样，一些养生的生活内容和生活方式虽然有好的方面，但也有不好的方面，关键要掌握好度，用辩证思维方式，用两点论，认识和处理生活中不良的问题，注重预防，做好饮食模式和生活方式的改善，从小科学养生，才能增强体质，健康少儿。

下面，结合实际，谈几点用辩证法指导少儿养生的粗浅认识。

吃荤与吃素的辩证统一

胖子和“三高”人群，往往都是吃出来的，吃荤过多积累而成的。发达国家由于多吃动物性食物，最后食物会集中在肠部消化，肠部压力更大，这也是他们肠癌高发的原因。世卫组织前不久警告“红肉致癌”。但素食吃太多也不好。专家指出，素食中含有大量质量相对较低的蛋白，多以植物性食品为主容易让人过量进食，而其主要在胃部消化，长期这样下去，必然对胃造成过重的负担。

我们到底该吃荤还是该吃素？专家的意见和我们在生活中的体验，荤素合理搭配才是王道。荤食和素食是对立统一的，人体缺哪一样都不行。吃什么东西都要讲究度，不管荤还是素，长期偏食一种，而且营养搭配不均衡，最后身体，肯定出问题。身体需要的是营养的全面协调，虽然一般主张以素食为主，但该吃荤的时候一定要吃，人体所需要的主要营养成分一样都不能少。如果孩子没有充足的肉类摄入，将面临营养不良甚至贫血的危险。为了达到健康的最佳状态，以及恪守预防在先的原则，应该选择杂食，多吃蔬菜和水果，少喝含糖饮料，少吃油炸食品，少吃西餐或快餐，这样才能做到膳食平衡，远离营养不良。

做到膳食平衡包括三个方面：一是要求摄入适量的热能；二是摄入的各种营养素含量充足，各种营养素之间配比适宜；三是要求人体在进食时酸性食物与碱性食物的摄入应保持一定的合理配比水平，使人体 PH 值保持一种较稳定的弱碱性，即 PH 值 7.35 ~ 7.45。不少代谢病的病因是膳食中忽视酸碱平衡的结果。酸体乃百病之源。70% 的病来自酸性体质。一日三餐的饮食营养平衡是抗病健体的基础。我们既从宏观上认识饮食的阴阳与酸碱属性是一种动态的平衡关系，是相生相克、互相依存的辩证关系，又从微观上研究与诠释具体食物的相对属性，最后落实到如何运用膳食以调节体液的酸碱平衡上。

提高生活质量最大限度避开疾病的困扰，既要正确地调节饮食结构，不但要吃，还要会吃，吃得科学，吃得有道理。还要有良好的饮食习惯。不良好的饮食习惯同样能加重胃的负担，比如长期吃饭不规律，常吃冷食，或者吃得过快、过热、过饱，都会对胃造成很大刺激，长此以往，极易造成胃炎、胃溃疡甚至胃癌等疾病。

我们要善待自己的肠胃，学会聆听肠胃的“呼唤”。比如吃饭不香、没有胃口、不想吃等，这些信号常是一些疾病的先兆。我们只有学会用心聆听，并能认真分析种种身体信号，认真对待，并加强锻炼，才能有个健康的体魄。

动与静的辩证统一

“动则养形，静则养神”。

人的生命在于运动。活动、活动，要活就要动。动为纲，奔健康。静能储精蓄气养神。动与静是对立统一的。动静结合，动静平衡，缺一不可，关键要掌握好度，动的度、静的度、动静平衡的度。

“动”指的是人的各种活动、运动、劳动、娱乐等形式的锻炼身体。“动”，最佳之选是走路，以身体感觉不吃力，微微出汗为宜。打拳、练气功、养花、种草、旅游、做家务也都是很好的活动。劳动者、干活人永远年轻，不少70多岁的农民，身体仍是棒棒的，他们常年活跃在田野上，耕耘不止，让人敬慕。现在中小学生，特别是高中、初中的学生突出的问题是运动太少，一定要加强锻炼，每天不少于1个小时。孩子的运动，也要注重平衡性锻炼、力量训练，柔韧性锻炼、有氧锻炼、和小朋友一起锻炼。

静则养神。静的内涵丰富，意义重大，形式多样。少年儿童要注重静睡。每天不少于10个小时。睡眠要讲究质量，睡得静、睡得熟、睡得香，方能更好地养精蓄锐，有精气神。早睡早起可增加免疫力，有益抗击感冒等病毒侵入。孩子喜欢动，也要静心。心静自然凉、自然平、自然和。静还可以进入更高的境界，“非宁静无以致远”。

按照现在的说法，动静的主要标准，那就是，运动适当，心理平衡。

健康与疾病的辩证统一

健康与疾病是辩证统一的，二者之间，于一个人的身体中，在一定的条件下，可以互相转化，由量变为质变，即一个健康的人，不注重预防，没有健康饮食模式、生活方式，小病不治，日久天长，将会酿成大病，甚至不治之症，走向死亡。一个有疾病的人，甚至得了绝症的人，只要治疗得法，自己又能正确对待，有一个好的积极战胜疾病的心态，多方配合，便可转危为安，战胜病魔，恢复健康。

看看我们周边、身边的人，近些年来包括少年儿童，患病的人越来越多，三高的人、恶性肿瘤的人与日俱增，给我们敲响了警钟，我们要认真反思这些人及孩子们的健康问题、饮食结构问题、生活方式问题等等。

对孩子要加强健康教育，注重与其沟通、交流和引导，尤其家长对孩子健康卫生知识的学习、科学的生活习惯、运动习惯的引导更为重要。这正是：

健康之路多学习，三分治疗七分防。

从小重视强身体，医疗保健我懂行。

环境宜居卫生好，绿色发展我弘扬。

合理膳食好营养，清调排毒好胃肠。

生活方式重健康，远离烟酒和麻将。

动静结合多锻炼，选择优项变特长。

家人朋友常旅游，盛世美景共分享。

健康少儿从我行，健康中国奔富强。

九、奋斗成就人生美好梦想

——和家长及青少年聊梦想与实干的辩证关系

我在参加家庭教育座谈会、演讲会、报告会时，家长常常提到一个很重要的课题，即孩子成长的人生梦想、理想、志向、目标，我和他们聊得很热火，谈得很贴心，也很有收获。

下面就梦想问题，就家长的提问我所作的一些对话，谈的自己的一些粗浅认识，记录如下：

请张老师谈谈对梦想的理解

答：习近平总书记说：中国梦、我的梦，就是祖国富强，民族振兴，人民幸福。他还指出“有梦想，有机会，有奋斗，一切美好的东西都能够创造出来。”他还在五四青年节与各界优秀青年座谈时指出：“现在，青春是用来奋斗的；将来，青春是用来回忆的”，“只有进行了激情奋斗的青春，只有进行了顽强拼搏的青春，只有为人民做出了奉献的青春，才会留下充实、温暖、持久、无悔的青春回忆”。总书记的重要讲话对国家的发展、民族的振兴、对全国人民的鼓舞、对青少年的成长发展，有很强的针对性和指导性。

13 亿多中国人民，男的，女的，老的，少的，各行各业，上上下下，让我们用你的梦、我的梦，共同编织中国梦，追梦，筑梦，圆梦，就一定能实现中华民族伟大的复兴，这是战略性的部署、行动，具有重大的现实意义和深远的历史意义。

梦想的实现靠奋斗。

奋斗可以给人带来无数可能，只有奋斗，一切都是可以改变的。

奋斗是对生活工作热爱的内生动力。

奋斗是积极向上的时代精神缩影。

奋斗的机会对所有人公正开放。

为创业奋斗是实现自我价值很有效的路。

把个人价值的实现和国家发展需要结合起来是非常幸福的事。

为梦想拼搏，全世界都会为我们让路。

别报怨，踏踏实实干，才能有更好的生活。

青少年最厚重的底色是奋斗。

有了梦想，就会有方向，有动力，有自信，有毅力，更坚强，更勇敢。人生被一连串的梦想支配着，梦想成全了人生。因为梦想，生命才有了寄托，人活着才觉得有意义，才感到有趣味，才能将生命力发挥到极致，使你的生命更绚丽，生活更美妙，人生更精彩，未来更辉煌。

1953 年，美国哈佛大学曾对当时的应届毕业生做过一次追踪研究，其中有一项调查是询问那些毕业生是否对未来有梦想，有清晰明确的目标，以及达到目标的书面计划，结果只有不到 3% 的学生有肯定的答复。20 年后的 1973 年，研究者再次访问了当年接受调查的毕业生，结果那些有明确梦想目标及计划的3%的学生，在20年后不仅在事业成就，快乐及幸福程度都高于他人，而且这3%的人的财富总和，居然大于另外97%的所有学生的财富总和，可见，有梦想、设定目标的巨大力量。

马云的梦想——马云的电子商务帝国已朝着“让天下没有难做的生意”的目标挺进。2006年6月26日，美国著名的财经杂志发布的全球50位最具影响力商界人士排行榜上，马云作为中国内地唯一的企业家人选，排名第15位，比比尔·盖茨还要高出6位。近些年他的事业又有新的发展。

从马云成功奇迹中，我们可以得到很多启示：

一是有梦想、有目标可以创造一个有价值的人生。

二是不管是人的一生，还是人生的每个时期，每个阶段，还是做任何事情，都要有明确的正确的目标。

三是将个人目标变成众人的目标，团队的目标，才能无坚不摧，无往不胜。马云的思路境界很高，他说：“不要让你的同事为你干活，而让我们的同事为我们的目标干活，共同努力，团结在一个共同的目标下面，要比团结在你一个企业家底下容易得多。所以首先要说服大家认同共同的梦想，而不是让大家为你干活。”

马云把自己的梦想变成同事、员工的梦想。他的价值观是“六脉神剑”：“诚信、敬业、激情、拥抱变化、团队合作、客户第一”。其中“激情来自动力，动力来自梦想，说得更直接一点，企业的目标、愿景，在这个梦想之下，员工能团结起来，参与进来。他希望未来中国80%的生意是通过阿里巴巴、通过雅虎，通过淘宝网和支付宝来完成的。马云和他公司的同事，相亲相爱如一家人，为大家、为国家。

阿里巴巴B2B公司上市创造了中国互联网有史以来最大的富人邦——近1000名百万富翁”。

四是应全面地、客观地、辩证地看待顽皮的孩子。马云小时候是个顽皮的孩子，喜欢舞刀弄枪，学习成绩不好。一个人是变化的、发展的。一个孩子一旦有了梦想，有了持久的激情，一定会成才、成功。我们的家长要读懂孩子，引导他们树立人生的梦想、理想、目标，促进他们走上成才的正确轨道。

2016年安徽省理科第一名的阜阳市太和一中高三（29）班学生邢梦琳，阜阳文科第一名的太和中学高三（31）班张梦，这两个姑娘取得如此好的成绩，原因是多方面的，其中有一个共同的非常重要的因素是：她俩都有远大的梦想，伟大的志向，说来很巧，两个人的名字都有一个梦字。张梦的班主任李子臣告诉记者：“张梦是一个有远大志向，而且学习刻苦，善于思考和钻研的学生。他很善于管理时间，劳逸结合，学习效率很高。”邢梦琳的班主任张彬评价邢梦琳：“她有远大的理想，学习计划性很强，不是整天只知道闷头学习的书呆子，该玩的时候玩，而且一旦坐下来学习，她的心比谁都要安静，很有自制力。”邢梦琳自己说：“家里书很多，父母也爱读书，受他们的影响，我也爱上了读书。平时比较读散文、人物传记和一些励志书籍。”

奋斗成就梦想，实干创造辉煌。我们随着年龄的增长，都越来越觉得梦想的可贵，实干的重要。梦想与实干是相辅相成，互为作用，辩证统一的。人类就在梦想中一步步从荒蛮走向文明，从过去走向未来。每个人都有过非常美丽而伟大的梦想，千万不要因为一时得不到他人的理解与支持而轻易地放弃，没有人能预知我们的未来，明天是靠我们自己去创造的。明天就在我手里，我们追逐、执著，坚持着。不要在九十步之前倒下，九十步之后，每一步都比之前所有的步履更艰难。只有牢牢抓住我们美好的梦想，朝着它奋斗，锐意进取，顽强拼搏，永不停息，才能登上最高最美丽的顶峰。享受无限风光在梦想成真的快乐。森林是那么青翠，山峰是那么俊秀，河流是那么清澈，蓝天是那么蔚蓝，世界是这么美好，人生活着为追梦是那么有意义。

怎样认知孩子成长需要梦想

答：美好的梦想、理想，远大的目标在生活中发生，并会产生巨大的动力。关爱孩子成长、成才、成功，应牢牢抓住树立人生梦想、理想、目标这一最大功效的法宝。

梦想是孩子成长的动力。

一名中学生对爸爸说，我没有学习的动力，您给我点动力吧！

爸爸很困惑，问我怎么办。我给他讲了三个人在一个工地上干活的故事：

三个工人在同一个工地上搬砖。问第一个人："你在干什么？"

"你没看见我在搬砖呀！"第一个人不屑地回答。

问第二人："你在干什么？"

"我在挣钱呀！"第二个人满头大汗地回答。

问第三个人："你在干什么？"

"我在盖一座辉煌的大厦。"第三个人望着工地自豪地回答。

后来呢？第一个人一直是个"干活的人"；第二个人靠打工挣到

了钱；而第三个人成了出色的设计师。

我对这位父亲说，梦想，是孩子成长的动力。中国有句古话："志不高者智不达"。志向不高远的人，潜力很难发挥，智力也达不到高峰。帮助孩子树立理想和志向，是父母的责任。

孩子的梦想、理想在我们生活中产生，有时候一句话、一个故事、一个偶然的机会，都会使你产生一个梦想、理想，进而形成终生目标，直至取得成功。

莱特兄弟小时候看着空中展翅飞翔的雄鹰，萌发了人也能在空中自由自在飞行的梦想，在父亲的鼓励下，后来全身心投入飞行事业，发明了飞机。1903 年 12 月 17 日上午 10 时 35 分，他们完成了世界首次动力飞行，实现了人类飞翔的梦想，开创了人类飞行的新时代。

孩子天生都有梦想，童年是梦想的故乡，少年是多梦的季节。梦想是鸟儿飞翔的翅膀，不展开翅膀，你永远不会知道你究竟能飞多远。梦想是人生宝贵的财富，是心灵世界的阳光。一个人心中有了梦想，就会在希望中生活，并不断创造生命的奇迹。人的一生能走多远，很大程度上取决于童年的梦想有多大。大梦想大成功，中梦想中成功，小梦想小成功，没有梦想很难成功。

一个会爱、真爱孩子的家长应当精心保护孩子的梦想，这样梦想的种子才有可能长成参天大树。因为任何一个成功都是从梦想开头的。但是很多父母面对孩子的梦想，会说那是不切实际的好高骛远。他们应明白，正是有了梦想，不切实际才有可能变为实际。梦想就像人体成长所需微量元素与氨基酸，缺少它，大脑的营养就跟不上，思维就会迟钝，没有想象力、创造力。父母要学会启发孩子的梦想，让孩子在无数个梦想中，充分发挥想象力和创造力。

孩子梦想的形成有什么样的规律

答：传统意义上心中似有可能又无把握的想法称为梦想，成功率极大的想法称为理想。

孩子梦想的形成不是偶然的，是有规律的。由萌发一个想法至形成，到逐步确定，再到宏大的愿望，越来越具体，直至立下决心、实现目标、取得胜利。大体讲是八部曲：梦想——理想——兴趣——特长——志趣——目标——创新——成功。

一般来讲，小学是人生志向的一个小小转折点，初中是第二成熟期，高中是第三成熟期，梦想、理想能否实现，第二、第三成熟期是关键。这种讲法完全符合心理学研究的结果。中小学是理想目标开始形成到逐步确立阶段，是形成梦想、理想、目标基础的关键期。据统计：小学高年级到高中二年级，由兴趣发展为理想目标的人数百分比从20．03%逐步上升到46．5%。

我们如何理解高中生呢？高中生是人生目标形成的关键期。

高中生是人生命运的一次大转折。将要告别未成年人，他们长大了，成人了。

高中生是人生职业的一次选择。将根据自己的兴趣、特长、志向和国家的需要确定人生职业目标。

高中生是自我修养的一次亮相。在这个“决战”的期间，每个人的德行和学业自我大亮相，是优是劣全看得很清楚。

高中生风华正茂，青春焕发，激情飞扬，是拼搏收获的黄金期。

高中一年级是高中三年的初始期、基础期、重要期。

我们家长、老师要理解他们，做好为他们成长及人生选择的引导和服务工作。要根据梦想、理想、目标形成的规律，抓住“关键期”，采取各种行之有效的教育活动，不失时机地引导少年儿童找到属于自己的梦想、愿望、理想和目标。

国际象棋大师谢军的脱颖而出，与她的母亲尊重孩子的选择有密不可分的联系。

那年，谢军面临着要么去棋队，要么继续上学放弃下棋的选择。她想上学更想去下棋，因为只有她自己知道，只要往棋盘前一坐，她就会无比地畅快、兴奋。而妈妈，这位毕业于清华大学自控系的电子工程师，为独生女儿考虑更多的是她的学业和前途。作为一个有文化素养的妈妈，既不愿家长干预断送一个确有天才的棋手，也不愿女儿为此耽误一生。

于是，母女间进行了一次很严肃的交谈，那时谢军才 12 岁。“你很喜欢下棋，对吗?”小谢军看着妈妈，从没见妈妈这么严肃过，有点害怕，但依然点点头。“那好，不过你要记住，下棋这条路是你自己选择的，既然你选择了下棋，今后，要对自己负责任!”

试想，如果当年妈妈硬逼着谢军读书，压制她对国际象棋的爱好，那么，现在谢军也许会坐在大学的教室里，而我国就会少了一个出色的棋手。谢军的身后，有一位伟大的母亲!

孩子梦想成真要经兴趣、特长的路径，使兴趣向特长、志向发展，要注意些什么呢

答：一是认识兴趣的重要性。

兴趣是指对某种事物或活动所抱有的态度和特殊的认识倾向。

兴趣是最好的老师，兴趣是学习的动力，兴趣是一个人走进成功大门的钥匙。

清代思想家梁启超十分强调培养孩子兴趣的重要性，他说："教育事业，从积极方面说全在唤起兴趣；再从消极方面说，要十分注意，不可摧残兴趣。"

兴趣是孩子走进成功大门的钥匙，是实现人生目标的开始。孩子能不能成功，关键是他的兴趣能不能早一些被发现，而且被大人所注意。考试分数不能代表孩子所有方面的能力，而兴趣是很重要的，它是事业成功的基础。家长在生活中要细心发现孩子的兴趣动向，要重视培养孩子的积极兴趣。

二是家长不要把自己的兴趣强加给孩子。

每个人都有自己的兴趣爱好，或许孩子的兴趣爱好受到家长的一定影响，但并不是每个孩子的兴趣动向都会与家长的保持一致。如果不一致，往往不会起到好的效果。因为家长要孩子所学的是他不感兴趣的，他就不会全身心地投入到学习中去。他这时的学习只是在应付身边的你，或许此时孩子的心神早已跑到九霄云外去了。因此，家长千万不要把自己的兴趣强加在孩子身上，而是要根据孩子自身的兴趣去培育孩子。

三是制订合理的兴趣学习计划，全面培养孩子。

兴趣是需要强化的，但兴趣强化的方式不是给孩子更多的压力，而是为孩子制订一个兴趣方面的合理计划，让孩子在不知不觉中学到更多。兴趣浓厚了，提高学习成绩自然不在话下。

家长基于孩子的学习兴趣培养孩子时，往往会出现顾此失彼的现象，孩子所感兴趣的学科学得很好，但最后却可能成了“坡脚将军”，严重偏科。因此，家长要基于孩子的学习兴趣点，全面培养孩子，使其既有所特长，又能全面发展。

四是要帮助孩子将众多的兴趣筛选为两三个兴趣，乃至一两个、甚至一个兴趣，并把这个把兴趣发展为志趣，成为自己的特长和终身目标。

人的99%是共性，个性仅占1%，或0.1%或0.01%，或0.001%等。人类的伟大在于每个人都在为整个人类作出1%、0.1%、0.01%、0.001%的贡献。你是天才，你有你的个性和优势。你应做真正的自己，立志奋斗，发挥自己的特长和优势，作出1%、0.1%、0.01%、0.001%的不同贡献，就是了不起的。

360行，行行出状元。现在发展到1000多个行业，每个行业都有领军人物、状元。人生有限，事业需专，每个人都应把有限的时间和精力集中起来，做一件应当做、有志趣、可能做的实实在在的事情。

让我们帮助孩子找准人生坐标，充分发挥他志趣的潜能，坚持不懈地干好自己该干的也能干好的那件事。

怎样对孩子进行梦想教育

答：人生梦想目标教育重在实践，贵在协力。家庭、学校应联合起来把对学生的人生梦想目标教育贯穿在学习、生活及各项活动之中。比如这方面的专题报告会、座谈会、演讲比赛、学科的教学，六一、五四的节日，个人的生日，平时的读书、看电影、看电视、上网、旅游等。家长要做个有心人，在平时的生活、学习中，不断提醒孩子，经常给孩子打气、鼓劲。润物无声，形式多样，生动活泼，不断提高这方面的技巧，引导孩子逐步确立人生目标。

学校很重视对学生的梦想、理想教育。初中一年级也就是七年级上学期的语文课本（人民教育出版社）就有一篇课文，是流沙河写的诗《理想》。理想，多么诱人的字眼！人类有了理想，才能使世界不断向前发展；你我有了理想，所以能向着既定的目标不断努力。理想是什么？读了这首诗，你对理想的内涵也许会有新的理解。诗曰：

理想是石，敲出星星之火；
理想是火，点燃不灭的灯；
理想是灯，照亮夜行的路；
理想是路，引你走向黎明。

饥寒的年代，理想是温饱；
温饱的年代，理想是文明。
离乱的年代，理想是安定；
安定的年代，理想是繁荣。

理想是珍珠，一颗缀连着一颗，
贯古今，串未来，莹莹光无尽。
美丽的珍珠链，历史的脊梁骨。
古照今，今照来，先辈照子孙。

理想是罗盘，给船舶导引方向，

理想是船舶，载着你出海远航。
但理想有时候又是海天相吻的弧线，
可望不可即，折磨着你那进取的心。

理想使你微笑地观察着生活；
理想使你倔强地反抗着命运。
理想使你忘记鬓发早白；
理想使你白头仍然天真。

理想是闹钟，敲碎你的黄金梦；
理想是肥皂，洗濯你的自私心。
理想是一种获得，
理想又是一种牺牲。
理想如果给你带来荣誉，
那只不过是它的副产品，
而更多的是带来被解的寂寥，
寂寥里的欢笑，欢笑里的辛酸。

理想使忠厚者常遭不幸；
理想使不幸者绝处逢生。
平凡的人因有理想而伟大；
有理想者就是一个“大写的人”。

世界上总有人抛弃了理想，

理想却从来不抛弃任何人。
给罪人新生，理想是还魂的仙草；
唤浪子回头，理想是慈爱的母亲。

理想被玷污了，不必怨恨，
那是妖魔在考验你的坚贞；
理想被扒窃了，不必哭泣，
快去找回来，以后要当心！

英雄失去理想，蜕作庸人，
可厌地夸耀着当年的功勋；
庸人失去理想，碌碌终生，
可笑地诅咒着眼前的环境。

理想开花，桃李要结甜果；
理想抽芽，榆杨会有浓阴。
请乘理想之马，挥鞭从此起程，
路上春色正好，天天太阳正晴。

理想是指路明灯。没有理想，就没有坚定的方向；而没有方向，就没有生活。

聋哑儿子成了龙

颍上县中学教师李士铎的儿子李龙听力不行，一岁多时到处看医生，没查清原因，也没治好。这让望子成龙的父母十分揪心，但又不甘心儿子的残缺。儿子是他的希望，四五岁时就教他数数、识字、写字，倾注其特殊的爱，施以特殊的方法，付出比教正常孩子多十倍百倍的辛劳，使儿子逐步能够用书面和别人简单地交流。儿子 11 岁时父母送他到阜阳特殊学校学习。

2003 年，李龙 16 岁，上小学 5 年级，李士铎利用暑假时间，带儿子去首都北京，参观了八达岭万里长城，看了天安门广场升国旗仪式，在瞻仰毛主席纪念堂时，他向父亲要钱，买了一束鲜花，怀着无比崇敬的心情献给毛主席，虔诚地三鞠躬。这次父亲的游教，使他深感祖国山河的壮美，中国和毛主席的伟大，他眼界大开，心胸宽广，油然产生了美好而远大的人生理想目标。他在日记中写道："我要奋斗，我要做个强者。"

激情是扑不灭的火焰，远大的理想产生巨大的动力。自此之后，李龙的学习越发勤奋刻苦，成绩优良。他的剪纸《池塘一角》被华夏剪纸博物馆作为上品永久性收藏。考试在班里都是第一名。他小学毕业后，跳级考取南京特殊学校 8 年级，从 8 年级又跳到 10 年级（高一）。学习如饥似渴，更加刻苦用心。时常晚上在被窝里借着手电筒的光看书，有一次被生活老师发现，收去了他的手电筒，他心急如焚，与老师理论，终于说服了老师，还给了他的手电筒。2010 年，他顺利考取了天津理工大学聋人工学院计算机与技术专业。他志向远大，毕业后，想自己创业当个老板，以实业报国为民。如今，他父亲打心眼里高兴，常笑眯眯地对人夸李龙："我的聋哑儿子成了龙。"

白莽校长组织家长和教师对孩子进行梦想理想目标教育

阜阳市十五中校长、全国模范教师白莽矢志教育，关爱学生，勇于创新，注重励志教育，给家长讲让孩子树立人生目标的重要意义，他请专家给家长作“引导孩子树立人生理想目标”的报告。他要求教师科学有效地抓好对学生的理想目标教育，把课堂教学和社会实践中的理想目标教育结合起来。他采取多种形式鼓励学生树立远大的理想和美好的人生志向、目标，大大提高了学生学习的积极性。第一批“明日之星展示——优秀学生风采格言掠影”宣传栏里镶嵌了600名学生光彩耀人的照片和一条条鼓舞人心的格言：“青春有梦，勇敢去追，超越自我，勇往直前”“有目标才有努力，有努力才有希望”“人生最重要的是要有目标与达到目标的决心和毅力”“上进心是成功的第一秘诀”“以天下为己任、领导时代，驾驭未来，超越期望，超越自我”“有志才有希望，美梦化作理想，坚持才能成功，奋斗铸就辉煌”，催人奋进，刻苦向上，创造美好的明天。

他认真贯彻“以人为本、科学管理、突出特色、和谐发展”的办学理念，使学校教育和家庭教育、社会教育有机地结合起来，突出工作特点，强化学生的人生志向、目标教育，管理水平年年上新台阶，各项工作井然有序，成绩斐然。学校被评为“人民满意的学校”，“阜阳市巾帼文明岗”单位、“阜阳市五·一劳动奖状”先进集体等，社会 声誉进一步提升。

刁卫华校长带领的阜阳三中用梦想和激情实现超越

阜阳三中，在以刁卫华校长为首的一班人带领下，全体师生，秉持先进的教育理念、崇高的教学目标，发挥“敢为人先、勇于拼搏”的精神，学校与家长联手，与合肥八中结对合作，与台湾同胞建立新华爱心基金合作，连续开办“珍珠班”，并建立校友基金会，开设“清颍班”，帮助家困学优的学生健康成长，完成学业实现人生梦想。

连续四年创造了“中考低分进、高考高分出”的奇迹。

走进三中，一幅画，一幅绵绵春雨里播撒希望种子的图画；一曲歌、一曲炎炎夏日里挥洒辛勤汗水的颂歌；一首诗、一首阵阵秋风里采撷丰收果实的史诗。走进三中，你就走走了姹紫嫣红的阳春，走进了激进涌动的盛夏，走进了橘红橙绿的金秋。在这里，你一定能领略三中人步履的坚实、学子的铿锵、激情的澎湃、硕果的馨香……

三中人深深领悟到：只有梦想才能超越，才能摆脱平庸；只有激情才能感动自己，感召他人；只有敏感才能抓住一切机遇，领略生命的美和奋斗的意义；只有体验才能真正实现人生的价值。

2016 年 8 月，第 31 届里约奥运会中国队取得辉煌成绩，中国女排 12 年后再夺金牌，为国争光，顽强拼搏精神，值得国人学习。

怎样处理好家长的梦想和孩子梦想的关系

答：不能把自己的梦想强加给孩子。

望子成龙、盼女成凤，是每个做父母的期望，乃人之常情。但凡事都有个度。作为父母，应该怀有一颗平常心，对孩子的期望要实事求是，因势利导，顺其自然，不要超越实际去强迫孩子。著名的教育家陶行知先生说过：“不要让孩子成为人上人，不要让孩子成为人下人，也不要让孩子成为人外人，要让孩子成为人中人。”“人中人”就是“平常人”，就是心底平和、能与人和谐相处的心理健康的人。作为家长，不要把自己的梦想强加给孩子。

现在有些家长对孩子的期望，陷入了“过高、过多、过急、过早”的“四过”误区。俗话说，“行行出状元”。父母应该明白，不可能每个孩子都上大学，不上大学还有别的路可走，只要好好干，照样有出息。对孩子的成长也不能认为只有成为什么“家”才是人才，要设身处地地为孩子排忧解难。不要让孩子承受强大的思想压力。不切实际地急于求成、拔苗助长，只会事与愿违。每一位家长应该清楚地了解到，扶助你的孩子意味着与他分担各种考验所带来的压力，而控制和操纵孩子意味着给孩子带来更多的负担，否则必然陷入家庭教育的误区。

细想一下，古今中外凡成大事者，有几人是由父母安排的？比如，马寅初的父亲当年给马寅初安排的前途是当账房先生，而马寅初选择的道路则是离开家乡，到上海、天津，再到美国求学，拿回耶鲁大学经济学博士学位，后来成为著名的经济学家。孩子在成长过程中，一般会主动选择适合自己未来发展的道路，父母额外给孩子制定学习内容和人生规划，如果孩子本身喜欢的话，他可能当成乐趣和享受，这当然最好；但实际情况未必如此，大多数孩子把这些当成一种负担，甚至是一种折磨。无数事实验证，凡是孩子不感兴趣的，父母强迫他学的东西，其结果一般是不理想的。孩子不仅不会成为父母理想中的“家”，甚至可能会影响孩子对学校功课的学习，从而使孩子产生厌学情绪。而且孩子处在长期压抑的心情下，其生长发育及精神健康都将受到影响。

因此，希望每位父母不要把自己的梦想强加给孩子，尊重每一个孩子，为孩子的学习创造一个宽松的自由空间，让孩子尽情地成长，充分地自我展示和发展。父母还应该多给孩子鼓励、支持、爱护，帮助孩子发掘内在的灵性和才智。

怎样帮助孩子制定实现人生目标规划

答：人生需要规划，孩子也同样需要为自己确立一个人生的远景目标。

少年儿童时期就制定一个人生的远景目标，的确是件不容易的事情，但是心想事成，只要放在心上，当作一件大事，下点工夫，目标规划还是可能制定的。应注意掌握以下要点。

一是目标的方向要正确。目标的方向不对，肯定不行。比如一个本来特别适合搞自然科学，他的数理化思维非常灵敏，你一定要让他搞绘画，搞文学，那么，这个方向就不对。反过来，一个学生可能在艺术方面，包括文学、诗歌、绘画、音乐、影视等方面很有天分，而且有这种爱好，你一定要他去搞数理化，肯定也不妥当。

现实生活中，有很多所学非所爱好，所用非所学，所用非所长的怪事，这叫什么呢？叫目标选择不对。

二是目标的高低要合适。

目标过高，会造成人为的压力，使人生畏而不能实现。

目标过低也是错误。给自己定了过低的目标，就没有积极的状态，没有干劲，没有奔头，没有创造力，不能使自己的生命进入最佳状态。

过高或过低的目标，会伤害一个人，伤害一个企业，伤害一个集团，同样会伤害一个国家。

目标过高或过低都是错误的。好的目标，就是方向是正确的，高低是合适的。

三是目标的选择要服从社会需要。

人生目标的选择往往与社会的需要相矛盾，原因是多方面的。当发生个人的目标与国家和社会的需要不一致的时候，个人的目标要调整，服从国家和社会的需要，以适其志。

四是机遇成就目标。

机遇是一种导致人的行为、事业成功的时机和际遇。俗话说："碰巧的机遇"，"巧遇贵人相助"。机遇成才成就目标是一条重要的成才规律。华罗庚巧遇良师校长王维克的帮助终成数学家。我们要积极为孩子成长成才创造机遇。

五是远规划近安排。

一个人一生的宏大的目标，需要进行远期的设想、中期的规划、近期的计划、眼前的安排。为实施总目标要分期制定每个阶段的具体目标。

远期的规划是十年、二十年、三十年以后的事，要有个大体的设想，主攻的目标，有利条件，不利因素，采取的主要措施，达到的基本要求等。

中期的、近期的规划、计划，我们可以理解为主要是中学、小学时期十一、二年的学习目标，可再分为高中、初中、高小、中小、初小几个小阶段，每个小阶段都要有细化的目标，主要的对策，达到的成效等。

眼前的安排更要具体，是一周、一天的计划，学习、生活、体育锻炼、参加社会活动等方面的计划。

梦想在于调教，兴趣在于培养。家长要以强烈的爱心，有效的形式，灵活的方法，引导、培养孩子的兴趣、特长，逐步树立美好远大的梦想、理想。

人的生命和竹子一样，是有阶梯的。竹子是一节一节长高的，人的生命也一样，是有阶段的。我们家长要等待孩子一节一节地往上长，不要期待孩子一下子就长得很高，那样肯定没有基础。生命的成长是有过程的，孩子梦想、理想的确立也是有过程的。

自我教育是重要的教育。外因，家长的调教是关键；内因，孩子自身是根本。家长一定要使“让孩子有梦想”，变成孩子“我要有梦想”，家教的工作能做到这样的程度，就成功了一大半，孩子就大有希望了。

关爱留守儿童，怎样更好地调动他们成长的积极性

答：留守儿童是一个重要的课题，是重大的社会问题，党和国家非常重视，全社会都非常关心，做了大量工作，取得了可喜的成绩。

留守儿童是希望，是人才，是财富，我们要积极引导留守儿童追梦、筑梦，发挥潜能，成才，成功。

现在有的同志对留守儿童的看法不够全面，只看到留守的弊端，没有看到留守的有利一面，没有更多的积极引导，从而影响留守儿童潜能的发挥。没有放错地方的资源，只有不会利用的资源。留守儿童不是什么问题儿童，而是问题家长。我们应从积极心理学、哲学、人才学的观念，用正确的眼光和方法去认识、去对待他们。

“穷则益坚”“穷不失志”“自古雄才多磨难，从来纨绔少伟男”。从古今中外和我们对大量的留守儿童的调研中，说明留守儿童具有大量非留守儿童不具备的优点，如坚强的意志、吃苦耐劳、尊重老人、有同情心、勇于承担等 。他们从小不靠父母、不依赖年迈的祖辈，能

够生活自理，经常做点家务，干点农活，多经磨炼，培养了生存能力，打下了发展基础，能够早自理、早自立、早自强。

授之以鱼，不如授之以渔。授之以礼，不如授之以理。我们全社会要唱响“留守儿童早自强”，用赏识和智慧开启留守儿童的未来，用科学和方法提升内涵，用互动和自主打造高效。让留守儿童内心强大起来，克服自卑、读书无用的错误想法，感到自己行，感到学习有奔头、有劲头。要转变观念，增强心力，做到九个转变：

变优势为强势，变自卑为自信，变读书无用为读书可以改变命运，变泄气为争气，变成绩差为成绩优，变弱为强，变穷为富，变分居为聚居，变梦想为现实。

心强志高远，奋斗梦成真，梦想的实现靠奋斗，靠坚持。奋斗是生命的强音，奋斗是对生活学习工作热爱的内生动力，奋斗的机会对所有的人都公正开放，奋斗可以给人带来无数可能，奋斗可以改变一切。为求知学习成才，奋斗是实现美好梦想自我价值的有效路径。

我深信，少年儿童、留守儿童，在党和政府的关怀下，在学校校长、老师的谆谆教导和无微不至的关怀下，在家长的抚育下，在全社会的关爱下，奋发努力，刻苦学习，一定能够早成才，早自立，早自强。

十、张扬个性　多元成才

——孩子共性与个性的辩证统一

2015年，一对夫妻家长带着女儿找到我，叙说孩子今年初三了，学习成绩不太好，初中毕业怎么办，上什么学，担心以后的发展和前途。我询问了家长和孩子的一些情况，这对夫妻男的是公务员、女的在事业单位，在孩子小的时候夫妻俩忙于工作，对女儿很少管教，孩子养成了好玩、不爱学习的习惯，成了学困生。但孩子的情商很好，很健谈，偏外向型，身高1.7米以上，长得很俊。我建议这对夫妻家长：根据女儿的优势、特长、兴趣，扬长避短，选个适合自己今后发展的专业，不上高中，上中职、高职是个不错的去向。事后他们认真思考，又到南京、北京有关院校做些实地考察，结果是女儿考取了北京第二外国语学院航空乘务专业。现在女儿学习劲头很大，外语及专业成绩很好，还被选为班长。前途很好。

这件事也引发了我的一些思考，当下，很多家长对如何更有效的培养教育孩子，孩子的共同点是什么，自己的孩子有什么特性，怎样发挥其优势成才，并不清楚，很必要从理论和实践的结合上弄明白：孩子的共性与个性的关系，怎样张扬个性，多元成才。

唯物辩证法认为，共性即普遍性，个性即特殊性，两者密切联系，不可分割，是辩证统一关系。一方面共性寓于个性之中，并通过个性表现出来，没有个性就没有共性，另一方面，个性也离不开共性。孩子的主要共性是每个人的智商基本一样、都很天真、活泼、可爱、潜能大、可塑性强、教育跟上去都能成才。但每个孩子又都不一样，各有各的个性、特点、优势。因此，教育具有共性，更有个性。

爱心、知识、进步是每个家长期盼孩子成长的共性，思维方式、创新能力、独立个性是每个家长长期盼孩子成长的个性。家长对孩子的教育应从共性着眼，坚信孩子能成才，从个性入手，下工夫，施良策使孩子成才。

共性与个性、合格与特长，全面发展与个性发展是相辅相成、互为作用、辩证统一的，不能割裂开来，不顾全民素质和孩子综合素养发展，而一味追求精英教育的做法，我们倡导和谐教育，在全面发展的基础上，促进孩子个性发展，培养具有创造性、能动性的社会主义建设者和接班人。

实施和谐教育促进孩子个性发展。和谐教育是为孩子全面和谐发展而实施的教育，一方面从整体育人功能上必须德智体美劳等多方面的教育互相交织、互相渗透并有机地寓于个性化教育之中，呈现为一个统一的完整的过程使整体育人功能建筑在五育联结的结实的、网状结构的基础上。另一方面从整体育人的目标上全面提高儿童在德智体美劳及个性等方面健康、和谐地发展。

实施扬长教育，着力个性发展、优势发展、差异发展，有利于促进孩子健康成长，多元成才。人的99%是共性，个性仅占1%，或0.1%，或0.01%，或0.0001%等。人类的伟大在于每一个人都在为整个人类作出1%、0.1%、0.01%、0.001%的贡献。你是天才，你有你的个性和优势，你应做真正的自己，立志奋斗，发挥自己的特长和优势，作出1%、0.1%、0.01%、0.001%的贡献，就是了不起了。对学困生的孩子实施扬长教育，可以让学困的孩子扬长成长。扬长教育是挖掘每个孩子潜能，培养每个孩子特长，发展每个孩子个性的教育，它是以“相信每个孩子都存在巨大潜能和尊重孩子个性差异”为理论依据的。一是学困孩子有“长”可扬；二是学困孩子可以“扬长”，只要家长帮助孩子找到自己的特长，搭建扬长的平台，鼓励他大胆“扬长”，采用“低、小、多、快”的扬长策略，学困孩子可以转化优秀孩子，成才、成功。

个性发展，要树立多元化的人才观。人才，指有才识学问的人。德才兼备的人；指才学、才能；指人的品貌、人才出众。我们要正确的理解什么叫人才，才有利于培养孩子成才。要树立多元化的人才观。既有高学历又有实际工作的能力，是人才；有学历，没有能力，不能叫人才。学历不高，但很有能力，有特长，在某方面出众，不能不叫人才。人才，有全才、复合型人才、专才等等很多种类。人，不可能都成为全才，有专才足以生存发展。我们的社会需要多元化的人才，我们学校、家庭要培养孩子的专才。

个性发展，要提高孩子的学习兴趣。兴趣是最好的老师。家长要创设丰富的学习情绪、开展多样性活动，让孩子获得成功体验，树立自信，帮助学而不“困”，学有所获，学有所乐。

个性发展，要因材施教，循序渐进。苏姆林斯基说过：“世界上没有任何东西比人的个性更复杂、更丰富多彩。”对于发展阶段的儿童，有着独特的个性和深不可测的巨大潜能，我们家长要配合学校老师共同开发孩子的潜能，增强孩子的想象力和创造力，张扬孩子的个性。要努力做到教育家陶行知提倡的“六个解放”，即解放孩子的头脑、双手、嘴、眼睛、空间、时间，最大可能地发展孩子的潜能、想象力、创造力，以及个性特长。

孩子的个性特长发展是个渐进的过程，从幼儿园、小学、中学到大学，从幼儿、童年、少年到青年，家长要做不同的工作，逐步形成，突显出来。不同阶段，家长要做不同的工作，逐步取得成效。

教育经验可以互相学习，但不可复制。一个同样的方法对别人的孩子适用，对自己的孩子不一定管用。凡是对自己的孩子有效的方法都是好方法。家长只要多在孩子身上花些时间和精力，一定能找到好方法，收到成效。

学校教育可以更多的解决共性问题，而孩子的个性的成长和培养更多的是来自于家庭，需要两者之间的合力。学校共育，着眼共性，张扬个性，相得益彰。

认识和处理好孩子的共性与个性的关系，张扬个性是为了孩子以后更好地发展和就业。家长要早些谋划，认准自己孩子的优势特长和社会的需要，下工夫让孩子的个性、特长、潜能得到充分发挥，一定能成才、成功。

十一、由苦学走向乐学

——快乐与刻苦教育的辩证统一

“给孩子一个快乐的童年，让他敞开玩，学习不好没关系，快乐就好，长大就好。”“孩子的童年，就要让他刻苦学习，苦点没关系，不要讲什么快乐。”这两种讲法，都有些道理，但也都有点偏激，从一个极端走到另一个极端。

孩子的学习是快乐的，也是艰苦的，乐和苦是对立统一、相辅相成、互为作用的。对孩子既要进行快乐学习教育，又要进行刻苦用功教育，由苦学走向乐学。能否做好，关键要掌握好度。既要给孩子一定的学习任务，完成学业，全面发展，又不能压力过重过大，一定要适度，使孩子健康快乐成长。

产生这种不当的说法和教育方式，对孩子的教育很不利，主要原因是误读了快乐教育。心理学认为，“乐”和“苦”是一种心理状态。快乐通常是指盼望或追求目标达到后、或需求得到满足后，继之而来的紧张情绪的解除及愉快的心理体验。

快乐教育不等于快乐。快乐可以是肉体的感受，而快乐教育是促进人发展的，是理智的探险，凡是不能促进人发展的活动都不能称之为教育。快乐教育是一种适度的教育，不要让孩子学习那些超出他能力范围之外的东西。快乐教育是一种个性化的教育，教育的内容要适合孩子的兴趣爱好。快乐教育是目的与过程的统一。快乐既是学习结果，也是学习过程感受。

快乐教育的出发点和归宿，是让孩子人生幸福、学会快乐并让这种快乐的能力持续一生。能否达到目的，首先要了解孩子内心真实的需求和他想要达到的目标。人的生理、安全、社交、尊重、自我实现这五种需求在孩子身上都会得到体现。让孩子敞开玩、不学习，从某种程度上讲，忽略了孩子的内心需求，并不能带给孩子真正的快乐。阜南县马云，11 岁，学习勤奋，成绩优异，还被评为全国孝老爱亲好人。另一个 16 岁的李传辉（化名）用砍肉菜刀杀母，这正反两个少年典型案例，从一定程度上讲是家长自身对孩子的影响及其对快乐童年和快乐教育的不同理解、不同教育方式造成的。家长应用积极有效的方法帮助孩子实现自己合理的需求。

其次，从小培养孩子勤奋学习的习惯和品质，发展孩子的兴趣爱好特长，学好科学知识，打好基础，为以后走上社会增加竞争力。

第三，成功有助于快乐。少壮不努力，老大徒伤悲。艰难困苦玉于成。从小自己的事自己做，动手动脑不懒惰，未来自己能把握，先苦后甜一辈子快乐。家长要尊重孩子的良好意愿，引导支持孩子美好的人生追求，鼓励孩子刻苦学习，向上向善。但不要太多增加孩子的压力。

第四，教育要生动活泼，寓教于乐。对于小学生来说，更应该通过各项活动学会怎样做人、怎样学习。家长和教师在课外，可带领孩子经常做游戏，在玩中受到教育，得到提升。带孩子多去户外活动，又长见识，又提高他们的兴趣。多参加一些体育活动，又长身体，又提高他们的团队精神。多带孩子去书店、图书馆看看。在教室的一角建一个图书柜，家庭里有固定的阅读时间等等。这些更能开发孩子的好奇心、想象力和创造力，孩子也能通过这些活动学到更多的知识和能力。

十二、重在培养孩子自觉自主学习的能力

——家长要孩子学与孩子自己要学的辩证统一

“望子成龙、望女成凤”是家长们企盼孩子成才的宏愿，但往往事与愿违，恨铁不成钢，不能实现自己的意愿，这就要认真反思，找找原因了。

外因是条件，内因是根本。外因是客观，内因是主观。家庭教育家长是外因，孩子是内因。外因、内因都重要，外因能使内因起变化，变好才是目的。家庭教育的成效如何，关键在家长善于调动孩子的积极性，由家长要孩子学变孩子自己要学，重在培养孩子自觉自立学习的积极性和能力，向上向善，追求进步。教育的艺术不在于传授知识和本领，而在于激励、唤醒和鼓舞。父母怎样做才能成为好家长，成就好孩子呢？习近平总书记说：“家庭是社会的基本细胞，是人生的第一所学校。”“我们都要重视家庭建设，注重家庭、注重家教、注重家风。”《中国共产党廉洁自律准则》第八条要求党员“廉洁齐家，自觉带头树立良好家风。”美国总统奥巴马说：“在我们生活所依附的岩石中，最重要的岩石是家庭。对孩子来说，父母是教师和教练，是导师和生活角色的模范，是成功的榜样，亦是推动我们走向成功的人。”

我在家庭教育中，深刻地认识到，要成就孩子，家长要扮演好榜样、好向导、好权威、好伙伴、好鼓手等五个角色。

好榜样。身教重于言教，以自己的敬业精神、勤于学习、人际关系、婚姻关系、美好的家庭等模范行为，润物无声，潜移默化，影响孩子的成长。

好向导。引导孩子树立基本的道德意识和伦理规范，为孩子的人生观、世界观、价值观打下基础；帮助孩子建立自我概念和自我价值；培养孩子美好的人生理想，规划护航美好的未来；丰富孩子的精神世界。

好权威。给予孩子及时、正确的行为指导和训练；培养孩子自控自律的行为习惯，不断提升孩子自理、自立、自强的能力；制定规则，监督执行，奖惩有度；教给孩子生活、学习、处人、处事的方法；激发孩子良好的成就动机，在成功和失败的时候能准确归因，学会应对困难和挫折；在孩子小时，令孩子信从，有靠山感、安全感；随着孩子长大，成为顾问，令孩子愿意将大事告知父母，听取父母意见；当孩子想起父母时，心里是踏实的。

好伙伴。呵护孩子的心灵；从生命和人格的角度去尊重孩子；和孩子一起商量着制订规划，一起看书、学习、游玩；主动关注、回应孩子的需求、情绪，既不忽略孩子，也不溺爱孩子，孩子越小，越要把时间多花在孩子身上；从小建立与父母的安全依恋；让孩子体会并学会爱、信任、尊重、耐心，学会辨识自己的情绪并恰当表达情绪；帮助孩子扩大自己的关系圈，学会与他人互动；当孩子想起父母时，心里是暖洋洋的。

好鼓手。当好宣传员、司号员，从小经常给孩子讲励志故事，讲成败典型，讲人生梦想、理想，使之学有榜样，追求进步。孩子取得成绩及时恰当表扬鼓励；遇到困难挫折及时帮助，使之树立信心，坚定意志，一往直前，像被司号员鼓动的士兵一样勇往直前。通过不断鼓舞激励孩子的进步，就能将家长们的意愿变成孩子的自发行动，由家长要孩子学，变孩子自己要自觉主动学，奋发有为；由家长他律，变孩子自律，高标准、严律己，成人成才，有所成就。

阜阳市第十六中学教师、班主任、家长王俊芳，教学、教子有方，不仅把班里的孩子培养得很优秀，而且把自己的孩子教育得品学兼优。他儿子 13 岁读高中，16 岁读大学，20 岁读研，在读硕博期间，每年都获得 2 万元以上的奖学金，2013 年 24 岁博士毕业，在国家建行开发中心工作，是业务骨干。她的主要教子经验是：善于引导调动孩子的主观能动性，用好方法培养好孩子。她说，我很注重培养孩子的一流心态。孩子的成绩不好可以补，可孩子如果没有上进心，任你说破天他也很难刻苦学习。她善于发现孩子的优点，及时鼓励表扬，让孩子获得成就感，这样就能增强他的自信心。只要能培养孩子的自信心，她从不放过生活中任何一个细节。孩子摔倒了，她在一旁看着不去拉他，而是笑着说："宝宝很棒，可以自己爬起来啊！"他自己爬起来！拍拍身上的土，她就为他鼓掌，用手抚摸他的头，高兴地说："宝宝真棒啊！"这时儿子就回报她一个甜甜的笑。时间久了，孩子就养成了自己摔倒自己爬起来的好习惯，抗挫折抗困难的好品质。孩子的主要任务是学习，专心致志地学习是取得优异成绩的重要条件。培养孩子专心致志地学习习惯，从培养阅读习惯做起。她平时不论工作多忙，总是抽出时间与儿子共同阅读，分享体会。对孩子来说这是一种无声的教育，比唠叨的效果强百倍。她儿子是个喜欢读书的孩子，还喜欢作批注，写读书笔记，他已养成不动笔墨不读书的习惯。开始是她陪儿子一起阅读，后来是她故意装着不明白，向儿子请教，儿子觉得比妈妈知道的还多，很有成绩感，阅读更积极了，也因此培养了孩子专心致志学习的好习惯。她儿子从小就喜欢帮妈妈做家务，说是做家务，其实是帮倒忙，但她总是不失时机地夸他："宝宝真勤快呀，比妈妈班里的学生勤快啊，妈妈班里的东东可懒了。都上初三了都还不会做值日，我让东东向你学习呀。"儿子听了，回报一个甜甜的开心的笑，以后更爱帮她做家务，做得越来越好，而她每次都有不同的夸词。有一次，儿子很伤感地跟她说："我们班的王飞豹真可怜。"妈妈说："为什么呀？""他没有妈。妈妈，我带他到咱家来好吗？"妈妈高兴地说："好啊，我儿子长大了，富有同情心啊。"其实那时候她儿子刚6岁啊。从此，她儿子经常带王飞豹到自己家玩，好吃的给他吃，好玩的给他玩……像这种生活细节太多了，但她从没有放过任何一个，所以她的儿子勤劳善良，有责任感，做什么都要求更好。由于他具有一流的心态，所以很多方面根本不需要妈妈操心。

我们再从反面讲几个例子，说一说因内变化的重要性。

甘肃省会宁县高中生司某锤杀母亲，已满18岁被判死缓。其母张桂珍，带他从农村来城里上学，租房居住，含辛茹苦抚养儿子，对他要求过高过严，经常打他。2014年3月12日凌晨5时30分，司的母亲叫儿子起床上学，其间二人发生口角，司不理解母亲，平时积怨很深，一气之下，拿起出租房内一把铁锤朝睡在床上的母亲猛砸多次至死。

韩国一名高中生不堪高考压力，2011年3月杀母藏尸。用凶器刺入母亲颈部，把尸体藏在房内约8个月。这名学生成绩不错，母亲却不满意，有时甚至不允许他吃东西或睡觉，母亲要求他必须考第一，进入韩国最好的法律大学。他参加高考模拟考试，大约70万名考生，他排大约4000名，他涂改为62名，母亲却仍不满意，用棒球棒打他。得知母亲打算去学校，他怕篡改成绩单暴露，因而将母亲杀害。

日本一高中生，被批评心生不满，2015年5月19日杀害自己的母亲和祖母。行凶原因只是因为两名亲人批评其在生活和学习等方面态度不端，令他心生不满。

这三个杀母的极端案例，告诉我们，内因是根本，外因是条件，孩子是主体，家长是客体。家长要使孩子变，接受自己的观念并变成行动，外因一定要通过内因而变化。孩子只有认知家长的意志，变成自己的意志，才能收到成效。家长切不可将自己的意志强加给孩子。同时目标的高低要适当，方式方法也要得当。否则毁了孩子，也毁了自己。

父母是孩子的天然教师，他们对儿童，特别是对幼儿的影响最大。教育孩子是一门学问，更是一门艺术。培养孩子成才成功，是一项长期而艰巨的工作，需要家长们辩证施教，用心尽力坚守！

十三、童年时代教育 一天犹如成人后的一年

——孩子成长教育的最佳期与最差期的辩证统一

事物都有其共性和个性以及自身运动的规律，同样，家庭教育和孩子的成长，也都有共同点和不同点及其规律。规律问题也是哲学问题，是辩证的。孩子的成长不同年龄段有不同的主要问题、教育重点，家长只有读懂孩子，把握孩子成长的规律和特点，把握不同年龄段成长教育的重点能力和品质培养的最佳期与最差期，抓住孩子不同年龄段成长的内心需求，在合适的时间里做合适的事，这才是最好的教育，才能取得事半功倍的成效。童年时代的教育一天犹如成年后的一年，应倍加呵护，切不可主观臆断想当然以自己的错误想法去“教育孩子”。

学龄前时期是孩子性格、情绪、情感、行为习惯、社会性和认知等发展的最重要和关键时期。家长要为孩子提供健康、丰富的生活和活动环境，培养孩子健康体魄、良好生活习惯和品德行为，让他们在快乐的童年生活中获得有益于身心的发展。这个时段要发展孩子的口语能力，培养孩子丰富的想象力与好奇心，开发潜能；培育孩子的性格，形成人格的主动性。这个阶段孩子特别好动、爱玩，家长要陪孩

子在玩中成长，不可片面地进行智力开发，识字并不是越早越好，3岁前识字会影响孩子的想象力、形象记忆等方面的发展。不可过早地把孩子送到各种培训班接受小学式教育。

小学阶段是基础教育的基础，是习惯养成的关键期。如果说人生是一幅风景画，小学就是这幅风景画的底色。小学阶段看似不起眼，却决定着整个人生的色调。如果小学阶段让孩子在爱和阳光的沐浴下，打下快乐、自信、阳光、智慧的底色，孩子就会成长为一个自信、快乐、阳光的人。反之，如果小学阶段的底色没打好，就可能为孩子的人生造成难以弥补的缺憾。小学六年决定孩子的一生，而家长要做的就是提前知道、全面准备、科学引导，陪孩子一起走过。家长要督促孩子坚持体育锻炼，增长自我保护知识和基本自救技能，鼓励参与劳动，培养良好的生活自理习惯和学习习惯，引导孩子学会感恩父母、诚实为人、诚实做事。要关注培养孩子的成功感、勤奋感和自立感，重在养成孩子良好的学习习惯。尤其低中年级是养成良好学习习惯的重要期、最佳期。从心理机制的角度看，习惯是一种需要，如果不这样做，就会感到别扭、不自然。从脑机制的角度看，习惯是在重复出现的、有规律的刺激下形成的，是大脑皮层上的兴奋点之间建立起来的巩固的暂时神经联系。好习惯一旦形成便比较稳定，而坏习惯一旦形成也比较难纠正。孩子在小学高年级时与初中、高中时期的学习习惯基本相似，这表明到小学高年级再去培养学习习惯效果就已经不明显了。

初中阶段，是孩子自主意识、个性倾向、选择意识逐步增强的阶段，同时这个阶段孩子的发展还有很多不确定性，是学生的迷茫期。家长要对孩子开展性别教育、媒体素养教育，培养孩子积极学习态度，使孩子爱上学习，掌握好学习方法，能够自己掌舵。

高中时期是学生个性形成、发展倾向的显著阶段，这个阶段的孩子更有主意，对自己的未来也有了一定的规划。家长要引导孩子自主选择，要与教师共同鼓励孩子与同伴交往；引导探索和思考“我是谁”，“我将来要做什么？”等问题，让孩子达成“自我同一性”。即对自我的确认和对有关自我发展的一些重大问题，诸如理想、职业、价值观、人生观等的思考和选择，形成一个比较稳定的人格。如果孩子不在中学阶段达成自我同一性，对未来发展就会产生不良影响。青春期问题是孩子飞速发展的一个时期，孩子在叛逆中证明自己的独立性和存在，家长要重塑亲子关系，转换角色，从管理者到陪伴者。

阜阳市中医院院长宁南义和他的爱人都是医生，夫妻俩都是卫生战线上的佼佼者，还是家庭教育的楷模。他的儿子宁晓旭是清华大学土木工程本科生，又连读路桥专业研究生，毕业后被北京市市政工程管理局招录。我采访他的教子经验，他很谦虚地说：“没啥好谈的，主要是俺两口子爱看书、学习，孩子也跟着学，孩子在幼儿园和小学低年级期间多陪陪他看书、做作业，养成好的学习习惯，上初中、高中时，家长就省事了。”我又走访了这个孩子初中班主任姜丽老师，姜老师说：“宁晓旭懂事、好学，没让我操心。”

马先生是国家公务员，爱人经商做小生意。他家有个儿子，孩子小时候，父亲工作忙，应酬多，母亲整天张罗生意，孩子交给保姆照护，夫妻俩很少过问孩子学习的事，孩子十分贪玩，学习成绩很差。上初中有些学科听不懂，考试成绩不及格，在同学面前没有面子，转了两个学校，混到高中毕业。后来上职业大专，成绩也不佳，谈几次对象也没成功。他父母后悔地说：“孩子在3~9岁的六七年是养成好习惯的最佳期，我没有做好。现在只好补课，但补课的成效不佳。”

由此可见，如果不了解孩子各方面能力的发展顺序、不同时期的特点，不知道不同时期的教育任务重点不一样，就会使孩子错过一些能力发展的关键时期和成长契机。只有掌握孩子的成长规律，把握孩子不同阶段的发展需要、发展任务，抓住孩子成长的最佳期，处理好最佳期与一般期的关系，才能减少教育的随意性、盲目性。

应对学生每个成长阶段的特点，北京市在教育综合改革中提出了全链条的六字诀：学前“玩”起来，小学“慢”起来，初中“宽”起来，高中“活”起来，职业教育“高”起来，大学教育“新”起来。

孩子们有其共同相似之处，但各自的性格、智力、情商等等都不一样。一把钥匙开一把锁。因此，对孩子们的教育、兴趣的培养、职业的选择等，要因人、因材、因势而异，家长切不可脱离孩子和时代变化的实际随意行之。

讲个农家院走出个亚运冠军的故事。太和县旧县镇新村集赵庄张玉芳、赵良明的儿子赵福祥，2014 年9 月24 日，在韩国仁川亚运会上得了散打冠军，为国、为家争了光。他之所以能取得出色的成绩，得益于父母的支持。赵福祥学习成绩优良。但小学毕业，迟迟不到中学报到。在他爸的追问下他才说出实话想到武校学习。他父亲先是考验他，给他出个难题，说你能在3 天之内，连翻10 个“鲤鱼打挺”就让你去。没想到赵福祥得了这话天天到田地里练习，顺利完成任务。赵福祥父亲说，兴趣是最好的老师，便与爱人商议，决定让赵福祥进武校学习。并与赵福祥深谈：“路是你自己选择的，可不能半途而废呀。”于是赵福祥进了育英武校，走习武这条路了。他爸爸很支持他，在自家院子前面挖了坑，花 30 元钱买了一车沙子，让他学跳远。儿子喜欢打乒乓球，他爸亲自动手给他做了一副球拍，整天陪他练习。后来，他又喜欢足球，他爸爸就卖了小麦买足球，前前后后小福祥踢烂了 10 多个足球。赵福祥习武的路子不是一帆风顺的，高难度的训练难以承受，还枯燥乏味，他一度产生放弃的想法。在他父母和老师的引导下，他从打米花团百发百中的成功中尝到了喜悦，他深深地认识到“只有坚持到底才能赢得胜利，半途而废是懦弱的表现。”打那以后，他更加刻苦训练，知难而进成了他的决心和习惯。

十四、赢在教育成长的每个阶段

——长跑与短跑的辩证统一

“不能输在起跑线上”，这话本身没有错。体育赛跑竞技有百米短跑，数百米、千米中跑，数公里、数十公里长跑等。短跑距离短，时间少，就要起跑快、速度快，咬紧牙关用尽全力，一鼓作气跑到终点，才能赢得胜利。中跑、长跑距离较长、很长，与短跑相比，更要体质好、精神状态好、有节奏、有意志、有毅力、有耐力，才跑到终点，拿到不同的成绩、名次。长跑与短跑、快与慢、当前与长远是辩论对立统一的，要取得胜利，必须掌握内在规律，适度、区别恰当处理。

人生和赛跑相似，既是短跑，更是一场百年长跑的马拉松。要经历幼儿、童年、少年、青年、中年、老年几个阶段。人生辉煌，赢得胜利不是一件易事。慢养孩子，静等花开。

一个人从出生到大学毕业，学业有成一般要22年，其间幼儿童年少年是基础。基础不牢，地动山摇。人生的起跑点婴幼儿童年这一阶段，既不能输，要着力培育孩子良好的生活行为、学习习惯、优良的性格、开发智力，又不能拔苗助长，给孩子过重的负担、参加太多的兴趣班、提升班等，否则欲速则不达。因为这阶段他们的身心正处于成长时期，凡事都要有个节度。

在青年、中年、老年阶段各有不同的特点，特别要把握好人生的每个节点。人生是一场学习力、智慧力、体力、意志力、长跑力的大赛，谁笑到最后，笑得最长、笑得开心，得到人们的认可和尊重，才是真正的赢家。

如果说“起跑线”是家长为孩子营造的外部环境，那么最终谁能冲过终点线，还是取决于孩子在整个马拉松中怎么跑这个关键内因——天资与努力。对于人生这场马拉松而言，早跑那么几步算不上什么——马拉松从来没人抢跑，因为绝不会“输在起跑线上”。卢梭说过：“大自然希望儿童在成人以前，就能像儿童的样子。”家长应该还原孩子应有的样子，不要违背孩子发展的自然规律，不要违背孩子发展的内在“时间表”。与其拼命去拓宽“起跑线”，不如从小培养孩子浓厚的求知欲、良好的学习习惯、品质能力，以及带着兴趣学习的信念。这才是能否赢得人生这场马拉松的关键。

因此我们要把握好人生的长跑和短跑的关系，尽力引导孩子设计好人生的规划，既要有长期目标、中期打算，还要有近期安排，着眼长远，立足当前，一步一个脚印，取得一个一个阶段性的成功，赢在成长教育的每个阶段，直至最后胜利辉煌。

阜阳职业技术学院副教授、安徽省陶行知研究会常务理事、阜阳市家庭教育讲师团讲师张乐群，既是一位出色的教育工作者，又是一位好家长。2001 年，他荣获省妇联、关工委、教育厅、卫生厅“安徽省家庭教育园丁”称号，2014 年被评为阜阳市第二届“为国教子好家长”。他有两个孩子，大的是女儿，华东师范大学教育学博士毕业，现在加拿大创立并发展了自己的公司。小的是儿子，有个性，好活动，注重融入社会，高中毕业后，当过兵，做过保安，后南下广东打工搞了营销工作，现在是中国某大公司广东分公司的副总经理。他的教育主要经验是：能够正确处理孩子成长长跑与短跑的辩证统一关系，坚持以儿童为本，尊重子女的年龄特征和个性特征，循序渐进，因材施教，促使他们身心和谐发展；他不包办，不强制，创造宽松的环境；坚持循循善诱，使子女的个性和才能得到充分的发展。他不仅为子女们的今天负责，而且更为子女的明天负责；不仅着眼于子女眼前的发展，而且还着眼于子女的长远发展，体现了可持续发展观，使子女都具有发展的后劲。具体经验体现在他的著作《“一半的教育”在家庭》。

十五、既要会管　又要会放

——管与放的辩证统一

孩子的成长如树苗，需要父母的爱，需要管护、抚养和教育，也需要放手。婴儿期重点是精心呵护喂养，幼儿期主要是保育，童年、少儿期更要重视管教，幼童少期都要用好“引”和“放”，适时适度地放，不断提高自理、自立能力，以便成年后独立出来，成为社会意义上的公民，承担自己的责任和义务。管和放是矛盾对立、互相依存、辩证统一的关系，关键要把握好管和放的度，要会管、会放。

树苗长成小树，需要主人施肥、浇水、修枝、剪杈，成长成小树后，主人可少费心力，它便能抗御一些灾害，渐渐地长成大树，根深杆粗叶茂，能经得起暴风骤雨的袭击，展示材干，为人们和社会作出风险。反之，如果树苗不经主人呵护，任其疯长，七股八杈，不能成才。

现在，家长们教育孩子的能力和水平虽然不断提高，但仍有不少家长没有处理好管和放的关系，没有掌握好度，没有管和放的好方法，严重影响着孩子的成长。有的家长对孩子管得过分、过严、过死、过细，孩子没有自由空间，事无巨细，都要听家长的安排。有的家长对孩子特别溺爱，包办代替式的管理，孩子能自己做的事，也由家长操办。有的家长虎妈狼爸式的管教，方式方法粗暴，事与愿违。有的家长对幼小的孩子撒手不管，任其自由生长，孩子很任性，身上的毛病很多。有很多农民工将幼小的孩子交给祖辈管养，只养不管不教，失去了孩子成长的最佳教育期，影响孩子的一生。

要学会管教孩子。择那样管教这是一门学问。家长对孩子管的不当，主要是认识问题、方法问题，需要提高管教的认识和水平。对孩子不能不管、不能过了头的管、不能死管。“子不教、父子过。教不严，师之惰。”严管还是必要的，严管是厚爱，严父出英才，严师出高徒。严管要得法，要注意方式方法。要与孩子商定几条规约，认真兑现。严管要因人而异，因时而异。有的孩子悟性高，很自律，管教的任务就很轻松。有的孩子比较顽皮，不太听话，家长就要多对齐操心，多下工夫。孩子在幼童期是一张白纸，模仿性强，家长要以身示范，让孩子养成良好的性格和习惯。对孩子的管教内容重在如何做人，加强道德教育，为人诚实友善、勤奋上进，爱学习、爱劳动、爱祖国，使之茁壮成长。

要学会放，凡是孩子自己能做的是就放手让他自己去做，不要怕挫折失败，在历练中才能更好地成长，对孩子放手是一种理智的爱。真正的爱是一种保护，也是一种剥离，剥离意味着子女的独立，英国著名心理学家西尔维亚认为，世界上所有的爱都以聚合为最终目的，只有一种爱以分离为目的，那就是父母对孩子的爱。父母对孩子真正的爱不仅在于情感的付出、关心和照顾，更在于主动割舍和自觉剥离，还给孩子一个自主的天空，可见，爱孩子，父母就应学会放，让孩子独立起来。溺爱、过度保护的结果其实是对孩子养成自主生存能力的剥夺和伤害，影响孩子的社会化进程，影响孩子成为独立的社会公民。让孩子独立起来，不能局限于物质方面，还要在精神方面，精神方面往往更重要，从小让孩子学会抉择，其实是一种责任的担当。孩子好比放风筝，有一根绳牵着他，让他在天空中飞翔，等他成熟了，就把他变成飞鸟，任其飞翔。

有这样的一个故事：一个中国朋友暑假期间把自己13岁的儿子送到了澳洲一朋友家代为照看。没想到朋友的第一份见面礼是这样一段话："我是你爸爸的朋友，但我要告诉你的是，我对照顾你的生活并不负有责任，因为我不欠你爸爸的，他也不欠我的，所以我们之间是平等的。你13岁了，基本生活能力都有了，所以从明天起，你要自己按时起床，我不负责叫你。起床后，你要自己做早餐吃，因为我去工作，不可能替你做早餐；吃完后你得自己把盘子和碗清洗干净，因为我不负责替你洗碗，那不是我的责任；洗衣房在那里，你的衣服要自己去洗。另外，这里有一张城市地图和公共汽车的时间表，你自己看好地方决定要去哪里玩，我有时间可以带你去，但若没有时间的话，你要弄清楚路线和车程，可以自己去玩。总之，你要尽量自己解决自己的生活问题，因为我有自己都是事情要做，希望你的到来不会给我增添麻烦。"

这个故事道出西方家庭和东方家庭的不同之处，背后透出来的是文化背景的差异。东方家庭教育一贯注重亲情和温情，理智往往不足，结果很容易泛滥成灾，酿成很多悲剧。而西方家庭教育偏于理性，注重个体的独立性和自我发展。中西方教育孰优孰劣暂且不论，现实是：中国的父母对孩子宠爱过分却是事实，尤其是独生子女的父母和祖辈更为严重。中国父母只要是自己有的，巴不得全部给孩子，恨不得把孩子的下辈子也给他们准备好，不愿意孩子受到哪怕一丁点儿委屈。结果却无意间剥夺了孩子自我成长的机会，后患无穷。

对于多数中国家长来说，基于人类本能的温情之爱那是没得说，但从教育出发的克制性的理智之爱却相对缺乏。这里面有文化的基因，但更多的是认识的原因。

要学会爱孩子，理智地爱。真正的爱是一种保护，也是一种剥离，剥离意味着子女的独立。英国著名心理学家西尔维亚认为，世上所有的爱都以聚合为最终目的，只有一种爱以分离为目的，那就是父母对孩子的爱。可见，爱孩子，父母就应学会放，让孩子独立起来。溺爱、过度保护的结果其实是对孩子养成自主生存能力的剥夺和伤害，影响孩子的社会化进程，影响孩子成为独立的社会公民。让孩子独立起来，不能局限于物质方面，还要在精神方面，精神方面往往更为重要，从小让孩子学会抉择其实是一种责任和担当。父母对孩子真正的爱不仅在于情感的付出、关心和照顾，更在于主动割舍和自觉剥离，还给孩子一个自主的天空。未成年人时期，好比放风筝，有一根绳牵着它，让它在天空中飞翔。等他逐渐成熟了，就把他变为飞鸟，任其在天空翱翔。

2015 年 11 月，我去澳大利亚游览，遇到一个导游叫壮其林，家是我国广西人，父母都是公务员。他本人聪明、调皮、好玩，学习成绩一般，上武警学校毕业后，17 岁时父母放他到澳大利亚上学，住在一对澳大利亚夫妇家，并作监护人。前两年家庭给生活费、学费，第三年仅给学费。他去澳大利亚时，不会英语，下工夫，先是半年过了语言关。接着是一边上学，一边打工，解决了自己的生计问题。经过多年的磨炼，提高了自己独立生活工作的能力。现在做导游兼职留学生工作。花 70 万澳元买了一套房子，占地 500 平方米，建筑面积 360 平方米。还结婚建立了家庭。他深有体会地说：“父母对我的放手，是最好的爱。好儿女就要勇闯天下。”他对父母和澳大利亚的干爸干妈及岳父母非常孝敬，他们称赞杜其林是好后生。

我女儿对她儿子的教育比较有方，能巧用引和放。她尽管工作很忙，也经常陪幼小的儿子学习、做作业、玩游戏。她说，父母的陪伴是了解孩子最好的方式，这种了解才能更好地在孩子成长的点滴中做到适时适度地引导，做好在孩子成长的关键期适时适度地放。

孩子蹒跚学步时，常常摔倒，在倒地的那一刻他哭着伸出小手，示意让妈妈把他拉起来。但她妈妈引导性地告诉他，好孩子应该自己爬起来继续学走路，男子汉要学会坚强。后来他不止一次摔倒，也不止一次哭过，但总是自己爬起来。

孩子六七岁时，母子出行有时坐公共汽车，这时他妈妈又引导他，“你是小男子汉，要照顾妈妈。”从此孩子每次下车，都接下他妈妈手里的东西，并嘱咐说：“妈妈，你慢一点儿。”孩子的懂事让他妈妈欣慰。

孩子上学后，常常要求家长给听写生字、生词。由于工作忙、家务多，这时他妈妈想，一定要放手让孩子自己学会独立学习。于是引导他：学习是自己的事，要想办法自己完成。后来孩子想了一个办法，用录音机把要听写的生字、生词录下来，然后再放出来自己独立完成。

外孙在父母的引教下，学习勤奋，成绩优良，生活自理能力不断提高。他聪明、敏捷，小学三年级下学期，学校举行百米赛跑，他荣获学校冠军。2015 年暑期他参加北京市太空翼足球夏令营活动，吃饭、穿衣、训练多方面自理能力均表现出色。他爱好足球，是队里的主力队员，学校举办的年级足球比赛，他的团队和他个人均荣获冠军。2015 年 9 岁的外孙上小学四年级，逐步学会了自理自主，我相信到了初中高中后非常受益。

十六、以学为主　知践结合

——学习书本知识与走进社会生活的辩证统一

实践出真知，真知又反过来指导实践。实践—理论—实践—理论—实践，反复无穷，推进人类进步、历史发展。

人们获取知识有两个途径，一是实践知识，二是书本知识，一个人在成长、工作过程中，不同时期两种知识的获取各有侧重，但都不能少。学生获取知识的主要途径是学习书本知识，但也要适当走进社会生活，获取实践知识。以学为主，知践结合。学习书本知识与走进社会生活是辩证统一的。

教育受政治路线的制约。政治路线对家庭教育、学校教育、社会教育起引领作用。新中国成立以来，我们的教育有沉痛的教训。大跃进时期，过分强调教育与生产劳动相结合，学生参加劳动过多，读书学习的氛围不够。文化大革命十年动乱，停课闹革命，教育荒废，损失惨重。改革开放以来，拨乱反正，教育逐步走上正确的轨道。学生以学为主，德智体美劳全面发展。家长对家庭教育的认识越来越高，方式方法越来越好。

但是，现在也明显地存在两个突出问题：一个是受市场经济负面影响，尤其是农村不少家长认为“读书无用”，上大学花钱多，用时长，找工作又难，工资低，不如早打工，早挣钱。于是孩子初中没毕业，就带他们外出打工，挣现钱。学习改变命运，知识成就未来。尤其是在当今知识经济时代、信息时代，我们更应该把眼光放远一些，注重让孩子多念些书，多学一些知识。“十三五”规划，明确指出要普及高中教育。我们应让孩子打好书本知识学习的基础，厚积薄发，因材施教，多元成才。

我家乡有个孤儿，他父亲外出打工煤气中毒而死，母亲因病死去，一个姐姐也出嫁了。在他大姑和姐姐及我们的引导、帮助下，他在阜阳市一职高读完了三年中级建筑专业，又考上了阜阳职业技术学院。当他看到本庄的一些小伙伴没读完初中就随父母外出打工挣现钱了，就辍学跟人去北京打工了。我们得知这一信息，就立即劝他继续上学，一是知识就是力量，可以改变命运。二是建筑业大有发展前途。三是党和国家对孤儿等困难群体及中高职教育有特殊的照顾优惠政策。经过耐心地劝说和帮助，他不再打工，很乐意地继续读书了，进步很快，成绩很好。他毕业后，愉快地从事了建筑行业。

阜阳市颍泉区闻集镇大钱营崇文重教，是我们学习的榜样。他们不比谁家的房子盖得好，钱挣得多，比孩子的学上得好。这个自然村有 315 户，1300 口人，在过去 50 年间，走出了 7 位博士、6 位硕士，共计 160 多位大中专生。该村被誉为“状元村”。钱启仁一家有五朵“金花”，个个学业有成。大女儿钱慧仙，北师大研究生，是北京联合大学教授。二女儿钱天秀，香港浸会大学博士，在中国科学院医学研究所工作。三女儿钱伟华，安徽师范大学毕业，中学高级教师。四女儿钱维东，蚌埠医学院毕业，蚌埠医学院副主任医师、副教授。五女儿钱多秀，香港中文大学博士，北京航空航天大学教授、硕士生导师。这些并非是村里的个例。多年来，村里没有一个失学儿童，上学的梯队可以从小学一年级一直延续到博士、博士后。每年高考后，大钱营至少会有一两个大学生，从来没有落空过。尊重知识、崇文重教，已经是大钱营村的习惯，形成了良好的氛围，像吃饭、睡觉一样自然。

存在的另一个突出问题是：只注重书本知识的学习，读死书，死读书，不走进社会生活，书本知识和实践相脱节，结果是高学历、低能力。实践出真知，历练长才干，社会是一个大学校。我们既要读懂书本知识，又要体验无字的社会生活知识。一个人从出生，经幼儿园、小学、中学到大学毕业，20 多年的成长期，仅注重学习书本知识，不走进社会生活是不行的。因此，我们必须引导孩子学会处理好学习书本知识与走进社会生活的辩证统一关系。既要注重书本知识、现代网络知识的学习，又要适时适当走进社会生活，在体验、历练中提高自己。

我孙子，他在父母和老师及我的引导下，爱学习、爱阅读，又积极参加社会生活，德智体全面发展。上幼儿园和小学时，我们看书、写文稿，他跟着学，养成了爱看书的习惯，《上下五千年》是他最爱看的书。8 岁时清朝十二个皇帝的顺序年号、名字他能说得一清二楚。平时有空闲他就往新华书店跑。高一、高二时学习成绩突飞猛进，班里前几名。平时，他积极参加社会生活。小学一年级时，他参加全国第三届少年儿童故事大赛，获铜奖。小学四五六年级他的文章《为牛挂彩》《纫针的启示》等多次刊登在《颍州晚报》《成长周报》上。初中时参加学校举办的才艺表演，他演的双簧，获得师生的认可和称赞。高一时，他写的小说《我，行走在路上》，由阜阳《清颍》杂志选载。高一时，学校举办学生自主运动会，他被选为主持人，出色地完成了任务。2014 年 10 月，阜阳市各高中一年级选派参加模拟联合国专题活动，他作为模拟俄罗斯的记者，获得起草最佳文件奖。2015 年 9 月他参加安徽省共青团举办的国学比赛，获得秀才奖。2015 年他参加阜阳市唱歌比赛荣获第一名。2015 年 3 月他被评为阜阳市三好学生。

我们家长应积极引导孩子自主学习书本知识的同时，适时适量适当引导孩子参加社会生活。积极配合学校开展社会实践活动，定期和孩子共同参与参观体验、专题调查、研学旅行、红色旅游、文艺展演、体育活动、志愿者服务和社会公益等活动，增进亲子沟通和交流，营造良好家校关系和育人氛围，让孩子在丰富多彩的社会生活体验中立德树人，树立社会主义核心价值观，提高交往、处事的能力，增长各方面才干。阜阳市第四中学在老庄建设 10 亩实验基地，让学生走进田园，以劳养德，增强与劳动人民的感情，认识农作物，珍惜果实，这种做法很好。

高考改革从一定意义上讲就是强调学生学习书本知识与社会生活相融合，考察学生的综合素质，未来发展的潜能。2014 年 9 月，国务院颁布《关于深化考试招生制度改革的实施意见》，明确将综合素质评价作为学生毕业和升学的重要参考。可以预见，综合素质评价建设将成为高考改革的重难点。家长需要了解，什么是综合素质评价？教育部在《关于加强和改进普通高中学生综合素质评价的意见》做了如下界定："综合素质评价是对学生全面发展状况的观察、记录、分析，是发现和培育学生良好性格的重要手段，是深入推进素质教育的一项重要制度。"同时，将评价内容分为五个方面：思想品德、学业水平、身心健康、艺术素养和社会实践。

综合素质评价本身不是目的，而是通过这一过程，从学生的经历中发现他（她）是一个怎样的人。其目的在于引导学生去发现自己的兴趣，做自己最喜欢的事情，发掘自己身上特殊的闪光点和潜力，从而帮助学生从单纯考试训练中解放出来，实现自身全面发展。同时，在这个过程中要推动实现中学教育的多样化和个性化。我们家长要配合改革，配合学校，引领孩子健康成长，全面成长，多元成才。

十七、表扬为主　批评为辅

——表扬与批评的辩证统一

表扬与批评是思想工作中常用的两种方法，也是家庭教育中必须掌握和运用的最基本的管教艺术。

但是我们在家教工作的实践中，往往看到有的家长没有处理好表扬与批评的关系，或一味表扬不批评，或批评过多不表扬，或表扬言过其辞不符实，或批评不分场合不分轻重等等，没有达到表扬与批评的目的，甚至起负效应，这就需要认真反思了。

认清表扬与批评的关系。在生活中，每个人常常面临着表扬与批评，它是辩证统一、相辅相成、互相促进的。人的本质是渴望肯定，人人都爱听表扬，人是不可能没有赞许的。表扬是抚慰灵魂的阳光，如春风拂面，可以使你满心欢喜，信心倍增，激发潜能，学习工作劲头更足，成效更大；每个人都是有缺点的，需要外界帮助。批评是照耀心灵的镜子，可以促使你认清自己的缺点、错误，加以改正，更好地进步。孩子更是如此。

注重表扬与批评的艺术。不同的表扬与批评的方法，导致的后果是不同的。巧妙地运用表扬与批评，不但有利于帮助孩子找准自身的优势与不足，更有利于孩子良好学习生活习惯和优良性格品质的养成。在对孩子成长教育的整个过程中，表扬与批评都要贯穿其中。在思想、心理、认知等诸多方面与孩子形成良性互动的教学交流，使孩子比较顺从地认可家长的理念，较好地实现促进学习、上进。

提高表扬与批评的艺术，要着重做到以下几点：

一是多赏识多表扬。教育孩子的秘密在于相信孩子、赏识孩子、解放孩子。没有赏识就没有教育。赏识教育是一种艺术，是激发孩子兴趣最好的营养剂。因为天才是强烈的兴趣和顽强的入迷创造出来的，只有浓厚的兴趣才能使人成为这个领域的拔尖人物。现在有很多家长教育孩子的心理有些错位，不用赏识的目光去看待孩子的优点，而是用挑剔的眼光找孩子的毛病。最可怕的是用别人家孩子的长处，去比较自己孩子的短处，越比越觉得自己的孩子不如别人家的孩子。盲目的比较，会产生许多不良后果，使你的孩子失去了自信，失去了上进心。当家长的没有任何理由对孩子说泄气话，要千方百计发现孩子身上的闪光点，为孩子呐喊加油。

二是扬善于公庭，规过于私室。表扬与批评要注意场合。在亲朋和孩子的伙伴面前表扬孩子的优点、取得的进步、成绩，使孩子有面子，更能激发他的上进心。对孩子的缺点、错误，一般单独私下批评、谈心、交流，摆事实、讲道理、找根源、订规矩，态度、语言让孩子有满意感，痛下决心改正错误。

三是因人而异。对外向型的孩子不宜过多的表扬激励，以防止他滋长骄傲和虚荣；而对内向的孩子，则多表扬多激励，以激发他的自信心。

四是“旁敲侧击”具体化。对孩子的批评，有时不要指名道姓，可含糊其辞，旁敲侧击的暗示，使他心领神会，这样效果更佳。

五是要及时、要具体、要有尺度。

总之，多赏识、多表扬、多鼓励、增劲头、强信心；巧批评，去缺点，趋完美，得提升。“希望孩子成为什么样的人，就让孩子深信他是什么样的人。”他的愿望一定能实现。

十八、孩子能够自律　你的教育成功了

——自律与他律的辩证统一

交通规则其中有一项叫做红灯停、绿灯行。我亲眼目睹一个青年骑自行车在红灯亮的时候，他仍不停车穿马路，这时一辆小轿车飞驰而过，将他和自行车撞飞于路旁，摔成手腕骨折，幸好还没有生命危险。

红灯外在要求是他律，叫他停行，他却不能自律仍行，造成一起交通事故，车毁人伤。他如果能自律，自觉遵守交通规则，绝不会造成这种后果。

自律是自我约束，主要靠道德约束和个人修养，他律是接受他人约束，主要靠法律法规的强制和各种形式的监督。自律是内因，他律是外因，外因通内因起作用，自律是根，他律是辅。自律是一个不断提高自己素质修养的一种自我的约束力，体现了内因外因、自律他律的对立统一、相辅相成不可偏废。

家庭教育中的自律与他律是父母教育子女的一项重要任务，是由他控走向自控的一种自主管理艺术。孩子能够做到自律、自律性很强，是一种境界，说明你的教育成功了。最好的孩子、最成功的人是最自

律的人。

自律力、自控力对孩子的成长意义重大，关键要做到以下五点：

一是以身作则，帮助孩子养成良好的品格特质。榜样的力量是无穷的，有什么样的父母就有什么样的孩子。润物无声，潜移默化，父母要给孩子好的影响。父母要带头帮助孩子在诚信、善良、志向、勇气、毅力、责任心以及自信心等方面养成良好的品格特质，这是人生成功的基础，更能增强自律力，也更能成功。

二是家长要给孩子建立适当的规矩。没有规矩不成方圆。在家庭教育中，要把握好爱和规矩、自由和纪律之间的平衡，不要片面给孩子“爱的自由”。所以培养孩子的自律力，很重要的一点是给孩子立规矩，让孩子的行为有原则。立规矩要早，如果没有把这一点有效的传递给孩子，孩子的坏习惯都已经形成了，到那时再想引导和改变孩子的行为，已经很难。孩子能自己吃饭时，就让他自己去吃，不要喂。孩子自己的事比如铺床、叠被、穿衣、整理书包他自己能做就一定让他自己做。也要建立做点家务的规矩，比如扫地、刷锅。学习上做完作业再玩，写字要工整认真，特别是第一次学习写字，写不认真一定要重写。对人要有礼貌，不能说脏话，在家里不能为所欲为等。孩子小，不要指望一次说了就能做到，一个规矩放在那里一成不变。要在执行落实中不断修改，坚持下去。我小时候，母亲对我要求很严，上小学时，我经常做点家务，早晨起来拾一圈子粪才上学，假期里编茓子，使我养成了爱劳动的习惯，终身受益。我在颍上当县长期间下乡检查工作，到半岗区一个村，一户村民正在打圈编茓子，我上去帮把手，一下拉近了和他们的关系，了解了很多真实情况，对我的工作很有帮助。

三是父母对孩子要控制好情绪，保持一个平和的心态。父母、学校、老师对孩子要求的事，不一定都能办好。孩子好玩，不好好看书、不认真做作业，和小伙伴打架，发生这些事，不能急，不能发火，要有自我管理情绪的自觉，要掌握一些和孩子沟通交流过程中控制自己情绪的方法。比如要冷静、要冥想、三思再开口，要反问自己，这是我自身的问题吗？大人学会克制，孩子才能克制。我在这方面做得不好，也打过孩子，效果不好，教训深刻，深深地认识到家长加强自律控制好自己的情绪是多么重要，又是多么难呀。再难也要控制好。

四是要鼓励孩子的好行为。人人都喜欢赞颂夸奖，孩子更是如此。他自觉地做了一些好事，比如每周六打扫房间，每天晚上认真刷牙、放学后把自己的书包带回房间、玩完玩具后收拾整齐、自己穿好衣服准备上学、把脏衣服送去洗、拾了钱送给警察、扶摔倒的老人起来、不乱丢废纸、过马路守规则等，孩子取得的每个成绩都要适时恰当年肯定、表扬。可建立记功本，较突出的一笔笔记下来，日久天长，孩子的好行为自然变成好习惯、好品质，自律性自然会逐步增加。

五是限制孩子的无法使人接受的行为。对使人无法接受的行为，比如打人、威胁他人、踢人、咬人、纠缠、大喊大叫、乱发脾气、争吵、乱吃东西、乱画、乱扔垃圾等，父母要预先告知孩子，这些都是不允许的，不能做。一旦发生了，要在保护亲子情感联结的前提下限制这些行为。教育具有缓慢性，不可能立竿见影地收到预期的教育效果，不要觉得父母强调过的问题孩子就不再出现。列宁都说过：“青少年犯错误，连上帝都会原谅的。”孩子犯了错误不能打骂，要有耐心，要平等沟通，要以攻心为上，与孩子拉近心理距离，动之以情晓之以理，孩子自然会改掉错误的行为，由他律转化为自律，做父母的就再也不用每天像侦探一样时刻警惕孩子的一举一动，搞得很疲惫。

孩子能够自律，你的教育成功了。

后记

张新宇

培根润心重家教，夯实基础根子牢。教子用好辩证法，提升功能出英豪。

当今，在知识经济时代、信息时代，教育决定了国民素质的高低，也决定了国家竞争力的强弱，人们更加重视教育、重视对孩子的教育。同时，也有不少困惑和不当的做法，以致事与愿违、事倍功半，甚至无效、负效，酿成悲剧，这就需要加强学习，吐故纳新，用先进的理念、正确内容、好的方法教育子女。

我退休时，思考最多的是如何为教育好下一代做点事情，接受组织的安排，在阜阳市关工委、市老年学会重点做家庭教育工作。除做好这两个方面的日常工作外，个人先后出版的《调教——如何引导孩子确立人生目标》，很爱读者喜爱。《教子十二变》被评为全国优秀图书，2012 年中国农家书屋重点出版物推荐书目，2016 年中国十佳百优家庭教育指导读物。近几年，结合实际，又写了一些文稿：报告、讲座、调研、学习笔记、论坛发言，以及报刊选载的文章等，一些家长和同志们认为这些“东西”有价值，对做家庭教育很有用，建议我再出一本家教书。我很感谢大家对我的信任、鼓励和期望，于是我就把这些文稿分四部分，集成书稿。第一部分为领袖导论篇，习近平总书记论述注重家教，加强青少年教育。第二部分为名人受教篇，四个国家领袖习近平、普京、奥巴马、朴槿惠儿童少年青年时期受教育成长的故事。这些伟人所领导的国家虽然制度有别，但他们受教育成长中有很多共同点，他们的优点极具代表性，他们的人生有强大的激励性，他们从小立志，践行梦想，为国富强不懈奋斗的精神品质，是广大家长和青少年学习的榜样。用对伟大梦想的追求、勤奋读书的精神、昂扬的斗志、英勇的气概、自立自强的能力、坚忍不拔的意志、坚定的信心引导孩子走向卓越，成为一个有出息的人，有益于人民的人。尽其努力，顺其自然，无怨无悔。第三部分为培根润心篇，主要讲重视家庭教育，把培养孩子成才当作父母的事业，放在家庭日常生活中最重要的位置，注重家庭教育的理念更新，抓住教育的主要内容、节点。大教育，家教育培根润心、学校教育长知增智、社会教育体验磨炼，各有侧重，不可或缺、互为作用、相辅相成。书中列举了古今中外成功、失败的案例，较多的是优秀的典型，或许能提高读者阅读的兴趣。英烈张勇的日记折射出他受教成长的路径，对中小学生很有益。阜阳市党委、政府主导，妇联、教育、关工等各职能部门齐抓共管，构建了家庭教育的大格局，推进家庭教育科学化、社会化、规范化、常态化。第四部分为辩证施教篇，这是当前很多家长面临的亟待解决的问题。家庭教育，要掌握孩子成长的规律和不同年龄段的特征，客观、全面、发展、变化地看待孩子，因人因时施教，用辩证思维方式，坚持两点论，掌握好教与学的度，切不可走向极端。这一部分较系统讲了家教的一些辩证问题，每篇文章都加上主标题，主旨更加明确。以上这几部分有机结合起来，构建成一本较为完善、主线鲜明、脉络清晰、特色突出、多方需要的家庭教育的书。

我在写这本书的过程中，得到多方面的关心、指导、帮助和支持。市关工委主任王振杰、常务副主任李方国、宁义南以及王学敏、史万春、任学龄、方建功、任以平、吴朝明，家教讲师团和各县市区关工委的同志，市委常委、宣传部长胡明莹、副部长柳廷峰、李涛，市妇联会主席郭琳、副主席纪兰芳、市教育局局长梁红群、副局长张如明、市文明办副主任邢思杰、市老年学会会长姚登恒、市职业技术学院副教授张乐群，新闻媒体等都从不同的角度，给予指导、帮助和支持。中国发展出版社的编辑和中国著名教育家、资深教授、博士生导师、北京师范大学教育管理学院原院长、中国教育学会原会长、现任中国教育发展研究中心专家咨询委员会副主任、教育部教师专家委员会主任顾明远等同志对本书的具体指导修改意见，在此，一并表示诚挚感谢。

由于水平所限，本书难免有不妥之处，敬请专家同仁和读者批评指正。

2016 年 8 月 26 日